말씀과 계시를 통한 요한계시록 난해구절 해석

종말의 모든 비밀이 밝혀지다

(제1권)

제갈 요한 목사 지음

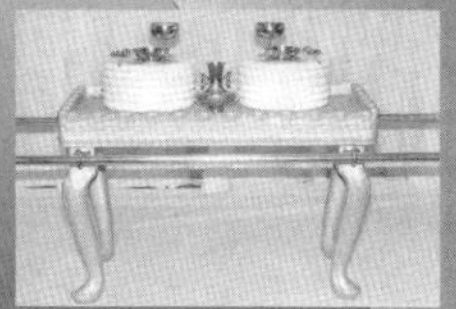

말씀과 계시를 통한 요한계시록 난해구절 해석

예수능력 출판사

머 릿 말

　　본서를 쓰게 된 동기는 몇 년 전 창세기의 난해구절 해석서인 **"창조의 모든 비밀이 밝혀지다"**라는 책을 내놓을 때에 서문에서 독자들에게 마지막 때의 세계 역사를 보여줄 "종말의 모든 비밀이 밝혀지다"라는 책을 내놓겠다고 약속했었기 때문이다.

　　그리고 또한 작금에 너무나 많은 이단, 사이비들과 잘못된 종말론 자들로 인하여 하나님의 말씀을 편벽되고 왜곡되게 해석하여 진리를 변질시킬 뿐만 아니라 이현령비현령식의 아전인수격의 무지하고 무법한 엉터리 해석인 거짓된 진리가 하나님의 교회와 성도들을 미혹하고 타락시키고 있어서, 만일 그냥 내버려두었다가는 옛말에 "악화가 양화를 구축한다"는 말과 같이 이제 거짓된 진리가 참된 진리를 몰아내어 이 세상에 판을 치게 될 뿐만 아니라, 하나님의 교회와 백성들을 캄캄한 암흑과 수렁 가운데 빠지게 할 것이기 때문에 이 글을 쓰게 된 것이다.

또한 주님 오실 때가 너무나 가까워져 예언된 말씀들이 다 성취돼가고 있는 이때에 **모든 교회들은 영적 잠을 자고 있을 뿐만 아니라 너무나 무관심하여 주님의 재림과는 아무 상관없는 미련한 다섯 처녀와 같이 혼인 잔치에 들어가지 못할 교회가 되었으므로** 잠자는 교회들을 깨우기 위해서도 본서를 쓰게 된 것이다.

그리고 한 걸음 더 나아가 본 필자가 진리의 혼선과 변질을 바로잡고 참된 진리를 세우기 위하여 불가피하게 본서를 써서 변증하게 된 것이며, 그리고 또한 이보다 더 중요한 이유는 주님의 강권하신 사랑과 은혜 때문이다.

참으로 우리 주님은 2천년 전에 인류를 위하여 이 땅에 오셔서 온갖 고난과 핍박을 다 당하셨을 뿐만 아니라, 십자가에서 못 박히시고 그 피를 다 쏟아 참혹한 죽음으로 당신의 목숨을 내놓으실 때에 아버지 하나님께 인생들을 긍휼히 여기시고 구원해달라고 처절한 울부짖음으로 간청하신 것처럼, 종말에 이르러서도 이세상과 인생들을 바라보시면서 비통히 여기시고 계실 뿐만 아니라 지금도 계속해서 하나님의 보좌 우편에서 아버지 하나님께 인류를 위하여 대언하고 계신다.

이제 이세상의 때가 다 되어서 끝이 왔고 하나님의 심판만을 남겨놓고 있는 이때에 아직도 수많은 인생들은 하나님의 망극하신 사랑과 그 은혜를 받아들이지 않고 있다. 그리고 또한 캄캄한 암흑 속에서 갈 바를 알지 못하고 있을 뿐만 아니라 심지어 인간의 패역함과 죄악성은 인간이라고 부르기조차 힘들 정도로 인면수심의 모습으로 변질되고 타락되었기에 하나님의 진노만 쌓여가고 있다. 더군다나 이세상의 그 무도함과 불법성은 목불인견으로서 참된 진리와 거룩함과 경건은 찾아보기가 어려워졌다.(마치 노아 때와 소돔과 고모라 때와 마찬가지로 의인들을 찾아볼 수가 없는 형국이 되었다.)

　　이런 시기에 본서를 세상에 내놓고 하나님의 종말의 역사를 증거 한다는 것은 마치 마이동풍격과 같이 되기 쉽고 또한 자치잘못하면 사람들에게 조롱과 핍박을 당하기가 십상이다.

　　더군다나 잘못된 종말론주의 자들이 주의 재림 날짜까지 유포시켜 외치다가 불발탄 됨으로 인하여 사회적으로도 큰 물의가 일어나 이제는 불신자들조차도 멸시하는 지경에 이르렀고 믿는 백성들도 이러한 일로 인하여 종말에 대해서 입만 벙끗해도 이단시하는 세상이 되었으므로 인하여 종말에 반드시 성취되어야 할 하나님의 말씀을 덮어버리는 결과가 되었다.(물론 이것은 사단, 마귀의 전략으로 어찌하든지 종말에 대해서 왜곡 되게 하고 미혹시켜서 믿는 백성들이라도 멸망시키려는 궤계이며 음모이다. 또한 자기들의 때가 얼마 남지 않았기 때문에 최후의 발악을 부리고 있는 것이다.)

그러나 순교자적인 일사각오의 정신과 믿음으로 본서를 세상에 내놓게 되니 진리를 아는 자들과 하나님의 백성들에게는 진리의 다림줄이 되며 등불이 되어 그 눈을 밝게 만들 뿐만 아니라 우리 주님의 재림을 사모하고 준비케 할 것이며 또한 종말의 되어질 일들에 대하여 확신을 갖게 할 것이다.

아무쪼록 수많은 사람들이 본서를 통하여 이단, 사이비와 잘못된 종말론에서 벗어나 참된 믿음과 진리에 이르기를 바라고 믿지 않은 수많은 사람들에게는 두려움과 경종이 되고 또한 하루속히 회개하고 복음을 받아들여 예수 그리스도를 믿고 영생에 이를 뿐만 아니라 특별히 하나님께서 이 세상을 심판하실 때 멸망에서 구원받기를 간절히 바란다.

덧붙이는 말

본 책은 요한계시록의 말씀을 중심으로 구약의 예언서와 성경 전반에 걸쳐 모든 말씀을 연결하여 성령의 조명하심과 천사의 계시를 통하여 풀어내었다.

그러므로 본서의 해석은 이 세상의 어떤 성경해석자가 풀어놓은 것보다도 더 뛰어나며 탁월하다. 왜냐하면 종말에 대한 해석은 성경주석가들의 인간 지식적 한계를 뛰어넘지 못하지만 본 해석은 하나님의 특별섭리로 당신의 사자를 보내시어 밧모섬에 있는 사도요한에게 마지막 때의 일을 계시하듯이 본 필자에게도 천사를 보내어 종말의 역사를 이루실 하나님의 말씀을 밝히 조명하셨기 때문이다.

그리고 그 말씀을 조명하실 때에 이세상의 나타날 역사들을 구체적으로 알게 하셨을 뿐만 아니라 성경에 감추어진 오묘한 비밀들을 깨닫게 하셨다.(기가 막힐 정도로 계시가 크고 엄청나도 성경말씀의 법과 진리에 맞지 않으면 그 계시는 하나님의 엄중한 심판을 받게 된다.

특별히 사람이 사는 날 동안에도 무심코 뱉은 말까지도 심판 날에 그 말로 인하여 심판을 받게 될 터인데, 하물며 종말에 대해서 계시를 받았다고 말하면서 이 세상을 혹세무

민 한다면 그 죄악은 너무나 크고 중할 것이다. 그러므로 본
필자도 두려운 마음으로 본서를 쓰고 있는 것이다.)

특별히 이 시대는 말세중의 말세로써 주님의 재림이
임박하였고 기록된 예언의 말씀들이 다 성취되어 가고
있다. 이러한 긴박한 때에 세계교회는 바벨적 혼합주의
와 세속적 오염으로 인하여 변질되고 타락되어가고 있
을 뿐만 아니라, 이 세계를 비추어줄 진리의 빛을 잃어

가고 있으니 이 얼마나 안타까운 일인가!

그리고 한국교회는 유불선 3교와 무속신앙 위에서 기독교가 전래되었기에 하나님의 말씀에 깊이 뿌리를 내리지 못하였을 뿐만 아니라 그 영향의 여파로써 기복, 신비, 무속의 태생적 한계를 벗어나지 못하여 복술적 기독교가 되어버렸다. 그리고 또한 서양에서 기독교가 전래될 때에 기독교의 부작용도 함께 들어와서 안팎으로 기독교의 본질과 진리가 오염되어 타락되어 가고 있고 또한 설상가상으로 많은 이단과 사이비들이 양산되어 판을 치고 있으니 이 얼마나 안타까운 일인가!

특별히 하나님께서는 한국민족에 대해서 큰 계획과 비젼을 가지고 계신다. 그러기 때문에 이 민족은 많은 시련과 고통을 이 세상 어느 민족보다도 더 많이 받게 하셨다.(일제 36년 식민지 지배, 남북분단과 6.25전쟁 등)

계3:19 "무릇 내가 사랑하는 자를 책망하여 징계하노니…"
히12:6 "주께서 그 사랑하시는 자를 징계하시고 그가 받아들이
　　　 는 아들마다 채찍질하심이라"

이처럼 이 민족을 연단하심은 종말 기에 이르러 열국 가운데서(육적 이스라엘 민족이 열국 가운데에서 하나님 앞에서 으뜸 되고 장자된 것처럼) 한국 민족을 영적 선민으로써 제사장, 왕, 선지자 같이 쓰시기 위해서였고 또한 마지막 때의 종말복음을 위탁하여 모든 민족에게

주님 재림의 나팔을 불게 하시기 위함이다. 그러므로
이 민족과 한국교회는 하나님 앞에서 막중한 역사적 사
명을 갖고 있으므로 더욱 더 분발하고 힘을 내어 진리
의 기치를 높이 세우고 일어서야 하겠다.

> 사60:1-3 "일어나라 빛을 발하라 이는 네 빛이 이르렀고 여호
> 와의 영광이 네 위에 임하였음이니라 보라 어두움이 땅을
> 덮을 것이며 컴컴함이 만민을 가리우려니와 오직 여호와께
> 서 네 위에 임하실 것이며 그 영광이 네 위에 나타나리니
> 열방은 네 빛으로, 열왕은 비취는 네 광명으로 나아오리
> 라"

그러나 한국교회와 종들 그리고 성도들은 캄캄한 흑
암 속에서 유리하는 별들처럼 갈 바를 알지 못하고 방
황하고 있으니 오호 통재라! 번영, 축복, 성공, 만사형
통, 육적이며 정욕적인 황금우상 맘몬의 신앙이 이 땅
에 주님의 몸 된 교회들을 덮고 있으니 이 어찌 주님의
핏 값으로 세워진 교회라고 할 수가 있겠는가?

또한 이 땅에 누구보다도 거룩하고 의롭고 진실해야
할 하나님의 종들과 성도들이 변질되며 타락되어가고
있으니 이 어찌 종말의 심판을 피할 수가 있겠는가?

이 모든 원인들은 한국교회가 진리의 말씀에서 떠난
결과로써 시홀의 물, 쑥물, 독물, 누룩의 떡을 주의 종
들이 먼저 먹고 성도들을 먹였으므로 이로 말미암아 사
욕을 쫓을 스승들을 많이 두게 하여 병들게 하였으니,
그것은 마치 인간의 육체가 오염된 것을 먹으면 몸에

병이 생기고 심하면 죽듯이 오염된 비 진리를 먹게 되면 그 영혼도 반드시 죽게 되는 것이다.

그러므로 이 어찌 이 민족과 교회가 종말의 역사를 성취할 주님의 나팔수가 과연 될 수 있을까? 마땅히 자문자답해 보아야 할 것이다. (예레미야 선지자가 나라를 위하여 피눈물을 흘리며 통곡하듯 이 땅에 사는 하나님의 종들과 백성들은 마땅히 나라와 민족을 위하여 애통하며 기도해야 할 것이다.)

> 애2:18-19 "저희 마음이 주를 향하여 부르짖기를 처녀 시온의 성곽아 너는 밤낮으로 눈물을 강처럼 흘릴찌어다 스스로 쉬지 말고 네 눈동자로 쉬게 하지 말찌어다 밤 초경에 일어나 부르짖을찌어다 네 마음을 주의 얼굴 앞에 물 쏟듯 할찌어다 각 길머리에서 주려 혼미한 네 어린 자녀의 생명을 위하여 주를 향하여 손을 들찌어다 하였도다"

그러나 하나님의 계획하시고 세우신 일들을 누가 감히 거역할 수가 있겠는가? **이제 당신의 교회들을 통해서 온 세계에 증거 하실 종말의 진리를 우리가 바로 알고 눈이 열려서 잘못된 종말관과 비 진리들을 분별하고 물리쳐야 하겠다.**

그리고 하나님의 양떼들을 정로로 인도하여 다시 오실 주님 앞에 바로 서게 해야 할 것이다. 특별히 그러한 의미 속에서 본서는 다림줄이 되고 칼이 되어서 변론하며 증거 할 것이다.

아무쪼록 본서를 통하여 수많은 주의 백성들이 바벨

적 혼합주의와 만국을 미혹시키는 복술에서 빨리 빠져
나오기를 간절히 소망한다. 그리고 또한 진실로 이세상
의 끝은 다 되었고 주의 재림은 너무나 가까이 왔기 때
문에 슬기로운 자들은 혼인잔치를 위해서 등과 기름을
반드시 준비해야 할 것이다.

마라나타!... 주 예수여 어서 오시옵소서!!

P.S : 특히 본 필자의 천학비재한 짧은 학문과 지식으
로 이 글을 썼으니 때로는 세련되지 못한 문장
과 제대로 표현하지 못한 글들도 있어서 이 글
을 읽는 독자들마다 잘 이해하기 어려운 부분도
있을 줄 안다. 그러나 그러한 지엽적인 문제에
마음을 빼앗기지 말고 본 저자가 전하고자 하는
내용과 그 뜻에 당신의 마음을 두기 바란다.

그리고 본 계시록을 1장에서부터 22장까지의 내
용을 장절마다 순서상 한절씩 차례차례로 자세
히 해석하여 쓰려고 했으나, 그렇게 되면 너무나
많은 분량의 책이 나와야 할 뿐만 아니라 방대
해져서 한권의 책으로는 다 수용할 수 없었기
때문에 여러 권으로 나누어 시리즈로 출간하게
되었다.

또한 각 장절마다 순서대로 한절씩 해석하는 것이 정도이지만, 그것보다는 독자 여러분들이 계시록 책을 읽다가 가장 궁금해 하고 의문 나는 부분을 중심으로 하여 무작위로 선택해서 질문과 대답의 형식으로 써내려갔다.

그리고 또한 이렇게 쓰게 된 이유는 특별히 독자들이 종말론과 계시록에 대해서 빨리 이해하고 깨닫게 하기 위해서 고뇌하여 쓴 것이니 이 점 양해해주기 바란다.

차   례

14

종말의 모든 비밀이 밝혀지다
(제1권)

종말의 모든 비밀이 밝혀지다

계시록을 기록한 목적은 무엇입니까?

대답

처음과 나중이시며 알파와 오메가가 되신 하나님께서 천지만물을 창조하신 사건을 창세기에 기록하듯 이 세상 종말의 역사를 계시록 책에다 쓰시는 것은 마땅하다.

특히 성경책은 하나님의 생각과 뜻을 나타내셨을 뿐만 아니라 장차 이세상과 인생들에게 행하실 일들을 세우신 청사진이며 그 분의 계획, 법, 언약, 진리... 등등이다.

하나님은 당신이 세우신 말씀을 통해서만 일하시고 역사하신다. 만일 하나님께서 성경에 기록된 대로 행하시지 않는다면 그 분 스스로가 거짓말쟁이가 되신다. 그러므로 **종말의 일도 계시록의 말씀을 통해서 당신의 장차 일하실 계획을 발표하신 것이다.**

뿐만 아니라 이 계시록의 말씀을 읽는 자마다 하나님만이 만유의 주가 되시고 절대주권자이시며 전능자가 되신다는 것을 깨닫게 될 것이다.

왜냐하면 이 세상 모든 역사는 성경에 예언된 말씀대로 다 이루어져가고 있기 때문이다.

그리고 더 나아가 창세 이후 타락되고 변질된 모든 만유를 본래의 자리로 회복하고 되돌리기 위함이니,

장차 하나님께서는 존재하는 모든 것들을 계시록의 말씀을 통하여 다 성취하시는데(특별히 하나님께 반하는 온 우주에 존재하는 모든 악들을 일소하고 선한 것들만 상존케 할 것인데 그러한 모든 역사도 하나님의 섭리와 경륜의 일환이다.) **바로 예수 그리스도 안에서 전부 성취하게 되실 것이다.**

질문 2

하나님께서는 왜 계시록 책을 난해하게 기록하여 수많은 자들이 해석하였지만 전부 하나같이 헷갈리게 하여 해석하는 자들이 이현령비현령 식으로 주석하여 지금까지 나온 계시록 해석 책만 해도 수천 권에 이릅니다. 그 이유는 무엇입니까?

대답

이렇게 하신 이유는 하나님의 모략으로써 이 세상 끝 날에 되어 질 일에 대해서 **하나님만이 절대주권자요 결정권자로서 이 세상에 어떤 존재도 이 일에 대해서 간섭하거나 영향을 미치게 하지 못함이다.** 만일 예를 들어서 사람이 몇 시간 뒤에 일어날 일들을 안다면 그

일들을 변경하거나 자기에게 유리하도록 조작할 수가 있기 때문이다.

　이처럼 하나님께서는 장래의 모든 일에 대해서는 그분의 때와 기한이 이르기 전까지 감추어두시는 것이 하나님의 섭리이다.
　그러나 작금에는 과거 어느 시대보다도 계시록 책이 수없이 해석되어 나오고 있다는 것은 종말의 때가 가까워져 가고 있기 때문이다.(종교개혁가 칼빈이 계시록을 3장까지만 해석하고 더 하지 못한 이유는 그가 성경에 대해서 무식했기 때문이 아니라 하나님의 때와 경륜에 부합되지 않았기 때문이다.)

　그리고 더 나아가 온 우주와 모든 만유들도 하나님이 기록하신 이 영원한 말씀에 대해서 살펴보기를 원할 것이고 하나님과 그분 말씀에 대해 경외심과 두려움을 가져 근신하며 복종하고 영광을 돌리게 될 것이다.
　또한 온 우주에 악의 세력과 구원받지 못할 이 땅의 모든 인생들에게는 깨닫지 못하게 해서 심판하시기 위함이다.

　그리고 믿는 백성들과 하나님의 종들은 계시록 책의 말씀이 너무나 난해하기 때문에 그 비밀과 뜻이 무엇인가 궁금해 하고 또한 알기 위해서라도 더욱 성경 말씀에 대해서 더 전념하며 연구하고 상고하게 될 것이다. 그리고 또한 나 여호와 하나님만을 찾게 될 뿐만 아니라 지혜를 간구하며 의지하게 만들기 위함이다.

사29:9-12 "너희는 놀라고 놀라라 너희는 소경이 되고 소경이 되라 그
들의 취함이 포도주로 인함이 아니며 그들의 비틀거림이 독주로
인함이 아니라
대저 여호와께서 깊이 잠들게 하는 신을 너희에게 부어 주사 너희
의 눈을 감기셨음이니 눈은 선지자요 너희 머리를 덮으셨음이니
머리는 선견자라
그러므로 모든 묵시가 너희에게는 마치 봉한 책의 말이라 그것을
유식한 자에게 주며 이르기를 그대에게 청하노니 이를 읽으라 하
면 대답하기를 봉하였으니 못하겠노라 할 것이요 또 무식한 자에
게 주며 이르기를 그대에게 청하노니 이를 읽으라 하면 대답하기
를 나는 무식하다 할 것이니라"

질문 3

계시록 말씀을 잘 깨닫기 위해서는 어떠한 마음과
자세를 가져야 하겠습니까?

대답

하나님께서는 이 세상의 마지막 때의 일을 기록하셔
서 예수님께 주셨고 이것을 계시를 통해서 천사를 보내
어 밧모 섬에 있는 사도요한에게 허락하셨다.

그러므로 사도요한과 같이 그 심령에 변화가 일어나
마음이 청결하고 거룩하여 하나님의 계시를 받기에 합
당한 그릇이 되어야 하며 또한 말씀과 주님 때문에 많

은 시험과 환난을 받으면서도 믿음과 인내가 있어 감사할 뿐만 아니라 기뻐하면서 신의 성품을 갖추게 될 때에 밧모섬과 같이 외로운 고도에 있어도 하늘이 열리고 미래가 보이게 된다.

특히 옛적 동양 사람들이 말하기를 도를 깨달은 자는 골방에 앉아있어도 천하의 일을 다 안다고 하였다.

※ 하나님의 말씀을 주님께로부터 받거나 그 말씀을 기록한 저자들은 그 말씀과 함께 많은 시험과 환난 핍박을 겸하여 받게 되는데 그 이유는 다음과 같다.

첫째는 거룩하고 순결한 말씀 그 자체가 이 세상과 양립할 수가 없을 정도로 이 세상은 죄악에 찌들어 있고 또한 이 세상을 주관하는 사단 마귀가 하나님의 말씀을 대적하고 있기 때문에 말씀 받은 자가 고통을 당하는 것이다.

둘째는 말씀을 기록하고 전하는 자들은 언행심사가 말씀과 일치를 가져와야 만이 하나님의 심정이 되고 마음이 되어 동병상련의 심정으로 그 말씀을 기록하고 전하는 자들이 된다.

그러나 인간의 죄악성은 영혼 깊숙이 박혀있어 하나님의 말씀과 일치를 이루지 못하니 말씀 받는다는 자체가 큰 고통인 것이다.

특별히 하나님의 말씀이신 주님께서도 이 세상에 오셔서 어떤 대우를 받으셨는가?
탄생 시부터 말씀이신 주님이 이 세상에 머물 곳이 없어 말 먹이통에 거하셨고 또한 이 세상에 사시는 동안 홀대, 배척, 혹독한 핍박, 고난을 당하시다가 결국은 이세상이 말씀이신 주님을 십자가에 못 박아 잔인하게 처형하였다.

> 눅9:58 "예수께서 가라사대 여우도 굴이 있고 공중의 새도 집이 있으되 인자는 머리 둘 곳이 없도다 하시고"

또한 수많은 믿음의 선진들과 하나님의 종들도 모두가 다 하나같이 예수님의 발자취를 쫓아 살았다.(이사야, 예레미야, 에스겔, 베드로, 스데반, 바울, 요한 등 전부 비참한 삶을 살았다.)

이처럼 하나님의 말씀대로 산다고 하는 것은 이세상과 사람으로부터 버림받게 되는 것이다.

> 마16:24 "이에 예수께서 제자들에게 이르시되 아무든지 나를 따라오려거든 자기를 부인하고 자기 십자가를 지고 나를 좇을 것이니라"

그러므로 요한계시록을 잘 깨닫기 위해서는 사도요한과 같이 깨끗한 심령의 그릇이 되어야 할 뿐만 아니라 많은 시련과 고난 속에서도 믿음을 배반치 않고 주님만을 바라보며 또한 사모함이 있어서 간절히 구할 때에 하나님께서는 성령의 인도하심과 감동하심을 통하여 하늘 문을 여시고 종말의 계시를 알게 하신다.

난해하고 어려운 계시록을 잘 해석하는 방법은 무엇입니까?

대답

앞선 질문에 답한 것처럼 해석자의 심령의 깨끗함이 제일로 중요하고 이어서 성경지식과 지혜가 풍부하여 말씀에 막힘이 없어야 할 뿐만 아니라 사통팔달하여 한쪽으로 치우치거나 편벽되지 않으며 또한 성령에 충만하여 하나님의 깊은 것도 통달하여야 한다.

그리고 **제일 중요한 것은 하나님의 특별은총을 사도요한처럼 입어야 한다.** 특별히 주님의 제자가 많이 있었을지라도 종말의 비밀은 사도요한에게 맡기셨지 베드로나 바울에게 주시지 않았다는 사실이다.

이처럼 비밀 중의 비밀인 계시록을 하나님의 섭리 속에서 잘 이해하고 올바르게 해석하기 위해서는 하나님의 특별은총을 입어야 하는데, 그것은 마치 구약의 야곱의 12아들 중 요셉처럼 총애를 입어야 하고 또한 바벨론에 포로로 끌려간 사람이 많아도 다니엘처럼 특별은총을 입어야 한다.

> 단10:10-11 "한 손이 있어 나를 어루만지기로 내가 떨더니 그가 내 무릎과 손바닥이 땅에 닿게 일으키고 내게 이르되 은총을 크게 받은 사람 다니엘아 내가 네게 이르는 말을 깨닫고 일어서라 내가 네게 보내심을 받았느니라 그가 내게 이 말을 한 후에 내가 떨며 일어서매"
> 단10:19 "가로되 은총을 크게 받은 사람이여 두려워하지 말라 평안하라 강건하라 강건하라 그가 이같이 내게 말하매 내가 곧 힘이 나서 가로되 내 주께서 나로 힘이 나게 하셨사오니 말씀하옵소서"

그리고 또한 **계시록의 말씀을 잘 이해하고 해석하기 위해서는 완전한 영감과 지혜를 주시는 일곱 영의 역사와 천사의 인도를 받아야 한다.** 이 일에 대해서 사도 베드로는 벧후1:19절에서 **"샛별이 너희 마음에 떠오르기까지 너희가 이것을 주의하는 것이 가하니라"**고 하였는데, 이 샛별은 예수님 탄생 시 동방 박사들이 예수님을 만나기 위해서 별의 인도를 받은 것처럼 종말의 역사도 재림의 주님을 만나기 위해서는 샛별의 인도를 받아야 한다.

특별히 이 샛별은 지혜와 명철과 총명을 상징하는데, 그것은 다름 아닌 천사들이 왕래하며 하나님의 뜻을 알려주고 깨닫게 하는 역사이며 또한 성령의 완전케 하시는 영감, 곧 일곱 영의 역사이다.

사11:2 "여호와의 신 곧 지혜와 총명의 신이요 모략과 재능의
　　　신이요 지식과 여호와를 경외하는 신이 그 위에 강림하시
　　　리니"
단9:21-23 "곧 내가 말하여 기도할 때에 이전 이상 중에 본 그
　　　사람 가브리엘이 빨리 날아서 저녁 제사를 드릴 때 즈음에
　　　내게 이르더니 내게 가르치며 내게 말하여 가로되 다니엘
　　　아 내가 이제 네게 지혜와 총명을 주려고 나왔나니
　　　곧 네가 기도를 시작할 즈음에 명령이 내렸으므로 이제 네
　　　게 고하러 왔느니라 너는 크게 은총을 입은 자라 그런즉
　　　너는 이 일을 생각하고 그 이상을 깨달을지니라"
슥4:1-2 "내게 말하던 천사가 다시 와서 나를 깨우니 마치 자
　　　는 사람이 깨우임 같더라
　　　그가 내게 묻되 네가 무엇을 보느냐 내가 대답하되 내가
　　　보니 순금 등대가 있는데 그 꼭대기에 주발 같은 것이 있
　　　고 또 그 등대에 일곱 등잔이 있으며 그 등대 꼭대기 등잔
　　　에는 일곱 관이 있고"

질문 5

　계시록을 해석하는 방법들이 너무나 많아 나중에는
중구난방 식으로 수많은 해석들이 쏟아져 나왔는데 이
렇게 된 이유는 다 무엇 때문입니까?

대답

　하나님께서는 계시록을 기록하실 때에 인간의 모든
지혜와 지식을 다 동원하여 쥐어짜도 알 수 없도록 상

징과 비유, 은유, 비밀의 언어로 기록하게 하셨다.(하나
님께서 친히 일곱 개의 도장을 찍어서 인봉하였다. 그래서
7인이라고 하신 것이다.)

특별히 이렇게 하신 이유에 대해서는 앞에서도 일부
답변을 하였지만, 더 중요한 이유는 다음과 같다.

하나님께서 계시록의 말씀을 상징과 비유의 언어로
기록하게 하신 것은 그 말씀이 종말에만 국한되어 이루
어질 말씀만이 아니고 어느 시대, 어느 때에든지 계시
록의 말씀을 전부 적용할 때마다 다 들어맞게 하셔서
모든 시대마다 그 시대의 교회와 성도들에게 교훈 주시
기 위함이다.
그래서 하나님께서는 상징과 비유의 언어로 표현하
셨는데, 특별히 이러한 방식은 무엇인가 딱 부러지게
해석할 수 있는 원리가 있는 것이 아니고 그 말씀을 어
떻게 해석하느냐에 따라서 그 뜻의 차이가 크게 날 수
가 있는 것이다.

그러나 계시록의 말씀은 궁극적으로는 이세상과 인
생들을 구원하고 완성하는데 있어서는 조금도 부족함이
없는 책이다.

사28:9-10 "그들이 이르기를 그가 뉘게 지식을 가르치며 뉘게
　　　도를 전하여 깨닫게 하려는가 젖 떨어져 품을 떠난 자들에
　　　게 하려는가
　　　대저 경계에 경계를 더하며 경계에 경계를 더하며 교훈에

교훈을 더하며 교훈에 교훈을 더하되 여기서도 조금 저기
서도 조금 하는구나 하는도다"

사34:16 "너희는 여호와의 책을 자세히 읽어보라 이것들이 하
나도 빠진 것이 없고 하나도 그 짝이 없는 것이 없으리니
이는 여호와의 입이 이를 명하셨고 그의 신이 이것들을 모
으셨음이라"

사46:9-11 "너희는 옛적 일을 기억하라 나는 하나님이라 나 외
에 다른 이가 없느니라 나는 하나님이라 나 같은 이가 없
느니라
내가 종말을 처음부터 고하고 아직 이루지 아니한 일을 옛
적부터 보이고 이르기를 나의 모략이 설 것이니 내가 나의
모든 기뻐하는 것을 이루리라 하였노라
내가 동방에서 독수리를 부르며 먼 나라에서 나의 모략을
이룰 사람을 부를 것이라 내가 말하였은즉 정녕 이룰 것이
요 경영하였은즉 정녕 행하리라"

질문 6

왜 이단들은 모두가 다 하나같이 계시록의 말씀을
들고 나오고 있으며 또한 계시록 말씀을 해석하다가 이
단이 되는 이유는 무엇입니까?

대답

계시록의 말씀은 은혜와 구원의 책이 아니다. 심판과
상급의 책이다. 그러므로 그 심령이 불량하거나 교만하
거나 악한 자들은 장차 이 세상 끝 날에도 심판받아 멸
망당하게 되지만, 또한 그 마음을 변화 받지 않은 상태

에서 계시록의 말씀을 해석하다 보면 반드시 미혹 받게
되어 계시록의 말씀을 잘못 해석하거나 가감하게 되어
사는 날 동안에도 멸망 받게 하신다. 그러면 그 때에
사단 마귀도 그 사람의 심령에 들어가 역사하여 이단의
교주가 되게 하거나 거짓 선지자가 되게 만든다는 사실
이다.(똑같은 도랑물이라도 뱀이 먹으면 독이 나오고 젖소
가 먹으면 우유가 나온다.)

> 벧후1:20-21 "먼저 알 것은 경의 모든 예언은 사사로이 풀 것
> 이 아니니 예언은 언제든지 사람의 뜻으로 낸 것이 아니요
> 오직 성령의 감동하심을 입은 사람들이 하나님께 받아 말
> 한 것임이니라"
> 벧후3:16-17 "또 그 모든 편지에도 이런 일에 관하여 말하였으
> 되 그 중에 알기 어려운 것이 더러 있으니 무식한 자들과
> 굳세지 못한 자들이 다른 성경과 같이 그것도 억지로 풀다
> 가 스스로 멸망에 이르느니라
> 그러므로 사랑하는 자들아 너희가 이것을 미리 알았은즉
> 무법한 자들의 미혹에 이끌려 너희 굳센 데서 떨어질까 삼
> 가라"

특히 요한계시록은 성경에 다른 어떤 말씀보다도 더
욱 영적인 말씀이고 심판의 말씀이 되기 때문에 그 말
씀 한절 한절마다 천사와 사단 마귀와의 싸움이 있다.
(선지서와 예언서의 말씀은 언젠가는 반드시 성취되어야 하
기 때문에 사단마귀는 항상 그 말씀을 훼방하고 대적한다.
그렇지 않으면 자기들이 멸망당하기 때문이다.)

그래서 하나님의 백성들이라 할찌라도 잘못된 종말
론을 들어버리면 그 마음이 너무나 강퍅해지고 완악해

져서 바른 진리의 말씀을 조금치도 듣지 못하게 된다. 그러므로 종말론 이단에 빠진 자들은 돌이키기가 매우 어렵다.

특히 사단 마귀는 장차 요한계시록의 말씀을 통해서 심판받고 완전히 멸망당하기 때문에 어떻게 해서든지 사람들이 계시록에 대해서 무가치한 책이 되게 하여 보지 못하게 할 뿐만 아니라 관심을 갖지 못하도록 역사하고 있으며 또한 잘못 깨닫고 해석하게 만들어 진리에 이르지 못하고 어두움 속에 있게 만든다.(요한계시록은 신약성경을 편집하였던 교부들 시대에도 홀대를 받았고 심지어 종교개혁가들 조차도 계시록 말씀의 진가를 잘 알지 못하였다.)

고후4:3-4 "만일 우리 복음이 가리웠으면 망하는 자들에게 가리운 것이라 그 중에 이 세상 신이 믿지 아니하는 자들의 마음을 혼미케 하여 그리스도의 영광의 복음의 광채가 비취지 못하게 함이니 그리스도는 하나님의 형상이니라"

그리고 또한 하나님께서도 계시록 말씀에다가 가감하면 심판받고 멸망하도록 의도적으로 편집하여 불택자나 심령이 더럽고 추악한 자들이 계시록을 해석하다가 스스로 망하게 하셨는데, 그들은 이 세상 살아 있는 동안에도 자기 스스로 재림주, 감람나무, 보혜사 등을 참칭하게 하셨을 뿐만 아니라 참람하고 가증한 이단자나 거짓 선지자가 되게 하셨다.(계시록의 말씀을 잘못 풀고 해석하면 사단 마귀가 그 사람에게 들어간다. 마치 그것은 이스라엘 초대 왕 사울이나 예수님 12제자 중 가롯유다에게 역사한 것처럼 돼버린다.)

참으로 계시록의 말씀은 너무나 두렵고 떨리는 말씀이다. 함부로 해석해서는 안 된다.(사단 마귀가 하나님의 말씀 중 제일 싫어하는 부분이 요한계시록이고 두 번째가 창세기 책이다. 왜냐하면 창세기에서 사단 마귀의 정체가 밝혀졌기 때문이고 또한 요한계시록에서는 사단마귀가 심판받고 멸망당하기 때문이다.

그러므로 창세기 책에서도 그 말씀을 읽다가 잘못 해석하게 되면 요한계시록 책 그 다음으로 이단들이 많이 나온다. 특별히 하나님의 백성들은 이 두 부분의 책을 읽을 때에는 심령을 거룩히 해야 할 뿐만 아니라 반드시 기도를 많이 해야 하고 성령의 감동과 인도를 받아야 할 것이다.

그리고 또한 우리가 알아야 할 것은 창세기 말씀을 읽을 때마다 조심하지 않으면 잘못 해석하게 되고 또한 성경 전체가 전부 어그러지게 되는데, 그것은 마치 옷을 입을 때 첫 단추를 잘못 낀 것과 같다.)

어떤 주석가들은 요한계시록을 전부 영해(알레고리)로 해석하기 때문에 나중에는 역사성이 결여돼 버리게 되었을 뿐만 아니라 요한계시록의 말씀을 교훈적 의미로써만 보게 되는데 이것은 합당한 것입니까?

대답

하나님의 말씀은 히4:12절에 보면 살아있고 운동력이 있다고 하였으며, 또한 살전2:13절에 보면 믿는 자 속에서 역사한다고 하였다. 이처럼 **하나님의 말씀은 하나의 교훈적인 글만 되는 것이 아니라 그 자체가 생명, 역사, 권능이며 하나님 자신이다.**

그렇기 때문에 하나님께서는 이 말씀으로 천지만물을 창조하셔서 그 사건을 창세기에 기록하셨고 이제 이 세상의 종말에 일어날 일에 대해서는 전부다 요한계시록책에 기록하셨다.(이단들은 창세기도 전부 알레고리로 해석하여 하나님의 창조 역사를 믿지 못하게 만든다. 그러나 우리의 신앙의 출발은 창세기 1장 1절의 말씀을 진실로 믿을 때부터 시작된다.)

창1:1 "태초에 하나님이 천지를 창조하시니라"
히11:1-3 "믿음은 바라는 것들의 실상이요 보지 못하는 것들의 증거니 선진들이 이로써 증거를 얻었느니라
믿음으로 모든 세계가 하나님의 말씀으로 지어진 줄을 우리가 아나니 보이는 것은 나타난 것으로 말미암아 된것이 아니니라"

생각해보라 이 세상에는 시작이 있으면 끝이 있고 원인이 있으면 결과가 있듯이 만물의 시작인 창조의 역사가 있었다면 만물의 끝인 종말의 역사가 있어야 한다

사람도 태어났으면 죽게 되는 것이 운명이듯이 살아계신 하나님께서 이 세상을 창조하셨다면 그분의 주권으로 폐하시는 때가 있는 것이다. 그렇지 않다면 성경은 거짓이 될 뿐만 아니라 성경에서 이 세상을 창조했다는 말씀도 하나의 우화나 신화가 되는 것이다. 특별히 요한계시록에서는 예언의 말씀이 반드시 역사상에 성취될 것이라고 4번이나 반복해서 말씀하셨다.

**계1:1 '반드시 속히 될 일' / 계1:19 '장차 될 일'
계4:1 '마땅히 될 일' / 계22:6 '결코 속히 될 일'**

그러므로 모든 인류는 들으라 내가 이 세상에 인간의 몸을 입고 간 것처럼 마지막 때에는 내가 다시 이 세상으로 내려갈 것이다. 그 때에는 나를 믿지 않고 산 자들이나 악인들은 멸망당할 것이다.

그 날은 두렵고 떨리는 날이요 이 세상은 초개같이 불탈 것이다. 나는 알파와 오메가이며 전지전능한 하나님이다.(성경에는 수없이 우리 주님의 재림을 말씀하고 있으나 잘못된 성경 주석가들이나 이단 사이비들은 주님의 재림을 하나의 우화적, 비유적으로 해석하여 혹세무민할 뿐 아니라 스스로가 재림주로 참칭하고 있다.

그러므로 우리는 정신을 바짝 차리고 이단 사이비의 말에 현혹되지 말고 성경에 말씀하신 그대로만 우리가 믿어야 한다. 그 중에서도 우리 주님의 초림이나 재림은 실제로 이 세상에 오신 것이고 그리고 다시 오실 것이다. 농담으로 여겨서는 안 된다. 바로 그것이 하나님을 조롱하고 기망하는 것이다. 그러므로 성경을 해석할 때에 알레고리 해석은 매우 조심해야 할 것이다.)

> 행1:9-11 "이 말씀을 마치시고 저희 보는 데서 올리워 가시니 구름이 저를 가리워 보이지 않게 하더라 올라가실 때에 제자들이 자세히 하늘을 쳐다보고 있는데 흰 옷 입은 두 사람이 저희 곁에 서서 가로되 갈릴리 사람들아 어찌하여 서서 하늘을 쳐다보느냐 너희 가운데서 하늘로 올리우신 이 예수는 하늘로 가심을 본 그대로 오시리라 하였느니라"
> 계1:7 "볼찌어다 구름을 타고 오시리라 각인의 눈이 그를 보겠고 그를 찌른 자들도 볼 터이요 땅에 있는 모든 족속이 그를 인하여 애곡하리니 그러하리라 아멘"
> 마24:25-27 "보라 내가 너희에게 미리 말하였노라 그러면 사람들이 너희에게 말하되 보라 그리스도가 광야에 있다 하여도 나가지 말고 보라 골방에 있다 하여도 믿지 말라 번개가 동편에서 나서 서편까지 번쩍임같이 인자의 임함도 그러하리라"

계시록 말씀을 잘 해석하여 우리 신앙에 풍성한 양식으로 먹어야 하겠는데 어떻게 하는 것이 좋겠습니까?

대답

사람도 영혼육으로 되어 있듯이 계시록 말씀도 세 부분으로 해석하면 좋을 것이다.

첫째는 영적인 면으로써 알레고리로 해석을 하여 신비와 영적인 세계의 비밀을 잘 알아야 할 뿐만 아니라 지혜를 얻어서 하나님이 하시는 일과 뜻을 알아 사단 마귀의 그 궤계를 무너뜨려야 한다.

특히 요한계시록의 말씀은 영적인 말씀만 편집해놓았기 때문에 이 글을 읽고 해석할 때마다 영적인 자양분과 힘과 능력들이 하늘로써 공급된다.

그것은 마치 이스라엘 민족이 광야에서 하늘의 만나를 먹고 산 것처럼 **요한계시록의 말씀은 지성소에 비밀스럽게 금 항아리에 보관해 두었던 감추인 만나와 같은 것이다.**

그래서 누구든지 이 책을 읽으면 더욱 더 신령해져서 영안이 열어지게 되고 또한 신비의 세계와 교통하며 영적인 파워를 얻게 된다. 그러므로 평양 대 부흥을 일

으켰던 길선주 목사와 같이   1만 번 읽는다면 더 말할
나위가 없을 것이다.

특히 신앙생활은 경건한 삶도 중요하지만 사람 깊은
곳에 자리 잡고 있는 영혼을 기름지게 하고 성숙시키는
일이 매우 중요한데, 그것은 한마디로 하나님의 형상과
모양을 닮은 인간의 영을 강건하게 하고 고양시키는 영
성을 위해서 요한계시록의 말씀이 필요하다는 사실이
다.

둘째는 혼적인 면으로써 해석해야 한다. 특별히 사람
의 혼은 지정의가 담겨진 인격체로서 참된 사람은 그
인격을 갈고 닦아서 진실과 거룩한 삶을 살기 원하는
것이다.
그러나 작금에는 인간의 심성이 너무나 삐뚤어지고
병들어있을 뿐만 아니라, 극히 악하고 타락하여 사람이
기를 포기한 금수와 버러지 같은 인생들이 범람하고 있
다.

이런 때에 계시록의 말씀을 통해서 인간으로서 갖추
어야 할 정의, 진실, 거룩을 배우게 하여 인간성 회복
을 이루어야 하고 또한 만일 그렇게 살지 못할 때에는

하나님의 엄중한 진노와 심판이 있다는 것을 가르쳐야
한다.

특히 기독교 윤리교육을 통하여 인간과의 관계와 사
회생활에 있어서 신앙인의 특질인 빛과 소금의 사명을
잘 감당할 수 있도록 교훈하고 훈련해야 하고 또한 더
나아가 가정과 교회생활에 있어서도 더욱 충성하고 헌
신할 수 있도록 배우게 하고 교육해야 한다.

그리고 또한 말씀대로 살고 충성하면 하나님께서는
반드시 상급과 축복, 영광된 삶으로 보상하신다는 사실
을 깨닫게 해야 할 뿐만 아니라,
훌륭한 인격을 가진 크리스챤으로 성장시키는 부분
으로써 계시록의 말씀을 해석하면 더욱 좋을 것이다.

그리고 하나님께서는 이 세상을 구원하시려고 주님
의 몸 된 교회를 이 땅에 허락하셨다.
그러므로 교회가 아니고서는 이 세상에서 하나님의
뜻을 이룰 수 없을 뿐만 아니라 하나님의 왕국을 이 땅
에서 실현시킬 수 없다는 사실이다.
만일 교회가 타락하고 변질된다면 그 기능을 상실하
여 이 세상은 암흑 속으로 떨어지게 될 것이다.

그래서 요한계시록에서도 교회가 너무나 중요하기 때문에 제2장, 3장에 걸쳐서 주님께서 교훈하심으로써 교회를 진리가운데 바로 세우시는 사역을 하신 것이다.

특별히 하나님께서는 교회를 통하여 종말의 역사도 성취하시고 모든 만유도 회복하시는 섭리로 허락하신 것이다.

그러므로 신약시대의 신앙역사는 교회 역사이고 또한 종말 기에 이르러서도 교회가 없이는 당신의 백성도 구원할 수가 없고 양육할 수도 없을 뿐만 아니라 이 세상을 하나님의 왕국으로 정복할 수도 없다는 사실이다.

그리고 또한 교회는 신앙의 모태요 젖줄이다. 뿐만 아니라 이 세상도 교회가 있으므로 하나님의 은총과 축복을 받을 수가 있는 것이다.(세계 어느 나라이든 하나님의 교회를 멸시하거나 배척할 때에는 반드시 망하게 되었다는 사실을 우리는 분명히 알아야 한다.)

특히 성령께서도 이 땅에 강림하신 것은 교회를 탄생시키고 교회를 통하여 하나님의 나라를 세우시고 완성하시기 위해서 오신 것이다.

그러므로 혼적인 면에서 계시록을 해석하는 것은 사람의 심성을 인격자로 만들고 성숙시키는 데에 있어서 교훈하는 면으로써 해야 하고, 또한 더 나아가 주님의 핏값을 대신 치루고 세우신 교회가 빛 된 사명을 잘 감당할 수 있도록 계시록의 말씀을 교회 론으로 해석하고 교훈한다면 이보다 더욱 값진 일은 없을 것이다.(교회의 본질은 마치 참되고 훌륭한 크리스챤을 양육하는 어머니와 같기 때문에 타락하지 않고 변질되지 않는 진리의 성읍, 주님의 정결한 신부로써 세워져야 한다. 그렇지 않다면 음녀교회가 될 것이다.)

> 엡1:23 "교회는 그의 몸이니 만물 안에서 만물을 충만케 하시는 자의 충만이니라"
> 계22:17 "성령과 신부가 말씀하시기를 오라 하시는도다 듣는 자도 오라 할 것이요 목마른 자도 올 것이요 또 원하는 자는 값없이 생명수를 받으라 하시더라"
> 계12:1-2 "하늘에 큰 이적이 보이니 해를 입은 한 여자가 있는데 그 발 아래는 달이 있고 그 머리에는 열 두 별의 면류관을 썼더라 이 여자가 아이를 배어 해산하게 되매 아파서 애써 부르짖더라"

셋째는 육적인 면으로써 계시록을 해석해야 한다.

사람의 육체는 현존하는 세상에서 사는 날 동안에 절대 생명이며 역사이다.

만일 사람이 육체가 없다면 이 세상에서 사는 존재가치의 의미가 없어지는 것이다.(**본서의 해석의 키포인트는 세상나라와 인류 종말의 역사적 관점에서 해석하였다.**)

이처럼 계시록의 말씀도 이 세상 나라와 역사로 나타나지 않는다면 종말도 심판도 없을 뿐만 아니라 상급과 영광도 존재하지 않는 허상이다.

왜냐하면 모든 말씀은 인간이 육신으로 사는 날 동

안에 절대생명이며 교훈이고 역사이다.(죽은 영혼들에게
는 하나님의 말씀은 생명이 되지도 않고 역사하지도 않는
다.)

　그러므로 계시록의 말씀을 이 세상 나라와 인생들에
게 실존적으로 성취되고 나타날 역사로서 풀어내지 않
는다면 아무런 의미가 없을 것이다.(계시록은 대부분 상
징, 비유, 비밀, 암호화해서 기록된 말씀이기 때문에 계시록
을 그 문자 자체의 의미로만 해석한다면 그 뜻을 정확히 알
수도 없을 뿐만 아니라 그 말씀 자체도 의문스럽게 된다.
　그러므로 만일 계시록의 말씀을 계속해서 문자주의적 의
미로써만 고집스럽게 해석한다면 계시록은 교훈도 아니고
계명도 아니고 진리도 아닌 그저 기이한 환타지 같은 허황
된 신비스러운 이야기가 주류를 이루게 될 것이다.)

질문 9

　요한계시록을 완전하고 부족함이 없이 잘 해석하기
위해서는 어떻게 해야 할까요?

대답

　요한계시록의 말씀을 많이 보고 그 내용이 파노라마
처럼 그려지고 기억된다면 이것처럼 큰 축복은 없을 것
이다.

왜냐하면 마음에 기록된 말씀은 항시 우리를 인도하고 생각나게 하고, 가르치며... 역사하기 때문이다.(신앙의 최고 완성은 마음과 생각에 하나님의 말씀이 법으로 새겨지는 것이다.)

그리고 계시록의 말씀은 단어 하나하나마다 다 깊은 뜻이 담겨있기 때문에 문법적이며 원어적인 의미들을 성경 역사적 배경이나 문화와 풍속등과 함께 풀어나가면 매우 좋을 것이다.

또한 교회사적으로 훌륭한 신앙의 선배들의 성경 주석들을 참조한다면 더 좋을 것이다.(계시록은 상징, 비유, 비밀, 은유, 암호로 신비하고 기묘하게 조직하여 설계하신 말씀이다. 그러므로 원어나 문법의 해석으로서는 그 의미를 다 이해할 수 없다.

특히 성경의 다른 서신서나 복음서 같은 경우에는 무엇인가 비밀스럽게 감추어서 말씀하실 필요가 없기 때문에 그냥 있는 그대로의 말씀 하나하나 해석해나가면 그 뜻의 해석이 되는 것이다.)

또한 성경 말씀에 대해서 신구약 전체를 관통하며 특히 예언서 말씀에 능통해야 한다. 사실 성경 해석의 열쇠는 성경 말씀 안에 다 들어있다.

사28:10 "대저 경계에 경계를 더하며 경계에 경계를 더하며 교
　　　훈에 교훈을 더하며 교훈에 교훈을 더하되 여기서도 조금
　　　저기서도 조금 하는구나 하는도다"
사34:16 "너희는 여호와의 책을 자세히 읽어보라 이것들이 하
　　　나도 빠진 것이 없고 하나도 그 짝이 없는 것이 없으리니
　　　이는 여호와의 입이 이를 명하셨고 그의 신이 이것들을 모
　　　으셨음이라"
사46:10 "내가 종말을 처음부터 고하고 아직 이루지 아니한 일
　　　을 옛적부터 보이고 이르기를 나의 모략이 설 것이니 내가
　　　나의 모든 기뻐하는 것을 이루리라 하였노라"

그리고 마지막으로 계시록의 말씀을 잘 깨달으려고
더욱 사모하며 주님께 기도 많이 하면 성령의 감동하심
과 조명하심을 받게 되는데, 특히 심령의 그릇을 깨끗
이 하여야 한다.

그렇지 않으면 계시록 말씀을 해석하다가 미혹 받게
되어 진리의 말씀 바깥으로 넘어가게 되므로 반드시 잘
못되게 된다.

또한 깨달아지지 않고 이해되지 않는 부분들은 억지
로 풀어서는 안된다. 그렇지 않으면 망하게 될 것이다.

고전4:6 "형제들아 내가 너희를 위하여 이 일에 나와 아볼로를
　　　가지고 본을 보였으니 이는 너희로 하여금 기록한 말씀 밖
　　　에 넘어가지 말라 한 것을 우리에게서 배워 서로 대적하여
　　　교만한 마음을 먹지 말게 하려 함이라"
요2서1:9 "지내쳐 그리스도 교훈 안에 거하지 아니하는 자마다
　　　하나님을 모시지 못하되 교훈 안에 거하는 이 사람이 아버
　　　지와 아들을 모시느니라"
벧후1:20 "먼저 알 것은 경의 모든 예언은 사사로이 풀 것이
　　　아니니"

그러나 그 중에서도 제일 중요한 것은 사도요한과 같이 주님의 은총을 입은 자가 되어 그 마음에 샛별이 떠오르게 되어야 할 것이다. 한마디로 사도요한 계통의 반열에 서야 한다는 것이다.

그리고 말세의 사명을 받은 종이나 그 시대의 역사를 성취할 성도들에게는 하나님께서 요한계시록의 말씀을 잘 깨닫도록 도와주신다.

만일 그렇게 하지 않는다면 어찌 종말에 올 시험과 환난들을 이길 수가 있겠는가? 특히 사단 마귀의 퀘계와 이 세상에 올 엄청난 재앙과 고난을 하나님의 말씀이 아니고는 승리할 수가 없기 때문이다.(종말의 사명을 감당하고 그 말씀을 위탁받을 종들은 말할 수 없는 고통과 시험, 환난을 당하는데, 물질, 사람, 가족, 환경 등등 수없는 배신과 아픔, 상처를 받게 해서 이세상의 어떠한 것도 사랑치 않게 하시고 오직 주님과 하늘만 바라보게 하시니,

그것은 마치 밧모섬에 있는 사도요한과 같을 뿐만 아니라 나환자촌에서 목회 하시던 손양원 목사님과 같이, 인간적 육신적으로는 조금도 즐거움을 가질 수가 없을 때 하늘을 쳐다보고 구름만 떠도 주님 오시는가 하게 되고, 또 날마다 주 예수여 어서 오시옵소서! 하고 갈망하며 주의 재림을 사모하

게 되는 것이다.

만일 그렇지 않고 이와 상반된 생활로 등 따습고 배부르고 또 육신적으로 사는 것이 행복하고 즐거우면 어찌 하늘나라와 주님 오심을 소원하겠는가? 아마 모르긴 몰라도 주 예수여 천천히 나중에 오시옵소서 할 것이다.

특별히 이 글을 쓰고 있는 본 필자도 말할 수 없는 고통과 환난, 시험, 큰 배신과 아픔 속에서 이 말씀을 깨달았고 또한 주님의 은총을 입어서 계시록의 말씀을 해석하고 있는 것이다. 그러므로 계시록의 말씀은 먼저 주님과 하나님의 마음의 심정인 동병상련의 마음이 되어야 만이 계시록의 말씀이 잘 이해될 뿐만 아니라 깨달아지게 되는 것이다.)

질문 10

요한계시록 말씀을 우리에게 주신 목적과 그 특징을 말씀해 주세요?

대답

요한계시록은 이 세상 끝 날에 성취될 하나님의 계획이고 모략이다. 이 말씀이 성취되기 위해서는 초림 때 예수께서 이 땅에 오셔서 피를 흘리시고 다 이루신 십자가의 구속, 곧 죄를 대속하는 은혜의 복음인 영혼 구원의 복음이 온 세계 땅 끝까지 다 전파되고 나면 다시 유턴하여서, 구원받은 믿음의 백성들에게 계시록의 말씀을 증거하여 열매 맺게 하는 추수의 복음이다.

그러므로 종말 복음은 전혀 믿지 않은 불신자들에게 전하는 복음이 아니라 오히려 잘 믿는 하나님의 백성들을 완전한 구원에 이르게 하기 위해서 증거하고 양육하여 다시 오실 재림의 예수를 맞이할 장성한 신부의 신앙으로 자라나게 하는 복음이요, 혼인잔치에 들어가게 하기 위해서 예비하게 하는 신부단장의 말씀이다.

마24:19 "그 날에는 아이 밴 자들과 젖 먹이는 자들에게 화가 있으리로다"
엡4:13-15 "우리가 다 하나님의 아들을 믿는 것과 아는 일에 하나가 되어 온전한 사람을 이루어 그리스도의 장성한 분량이 충만한 데까지 이르리니 이는 우리가 이제부터 어린 아이가 되지 아니하여 사람의 궤술과 간사한 유혹에 빠져 모든 교훈의 풍조에 밀려 요동치 않게 하려 함이라
오직 사랑 안에서 참된 것을 하여 범사에 그에게까지 자랄찌라 그는 머리니 곧 그리스도라"
히5:12-14 "때가 오래므로 너희가 마땅히 선생이 될터인데 너희가 다시 하나님의 말씀의 초보가 무엇인지 누구에게 가르침을 받아야 할 것이니 젖이나 먹고 단단한 식물을 못 먹을 자가 되었도다
대저 젖을 먹는 자마다 어린 아이니 의의 말씀을 경험하지 못한 자요 단단한 식물은 장성한 자의 것이니 저희는 지각을 사용하므로 연단을 받아 선악을 분변하는 자들이니라"

또한 신앙의 장성한 사람만이 신앙의 노하우와 지혜가 생겨서 하나님의 깊은 모략이 담긴 계시록의 말씀을 해독할 수가 있지, 주님도 알지 못하고 신앙의 비밀도

가지지 못한 자가 어찌 은밀히 감추신 종말의 말씀을 이해할 수가 있겠는가?

특히 믿는 자라도 신앙의 성장을 이루지 못하고 불량하고 악하면 계시록의 말씀을 수없이 보고 들어도 깨닫지 못하게 하여 궁극적으로는 구원받지 못하고 망하게 하시는 것이 종말 기에 허락하신 계시록의 말씀의 권능이다.

> 사29:9-12 "너희는 놀라고 놀라라 너희는 소경이 되고 소경이 되라 그들의 취함이 포도주로 인함이 아니며 그들의 비틀거림이 독주로 인함이 아니라 대저 여호와께서 깊이 잠들게 하는 신을 너희에게 부어주사 너희의 눈을 감기셨음이니 눈은 선지자요 너희 머리를 덮으셨음이니 머리는 선견자라
> 그러므로 모든 묵시가 너희에게는 마치 봉한 책의 말이라 그것을 유식한 자에게 주며 이르기를 그대에게 청하노니 이를 읽으라 하면 대답하기를 봉하였으니 못하겠노라 할 것이요 또 무식한 자에게 주며 이르기를 그대에게 청하노니 이를 읽으라 하면 대답하기를 나는 무식하다 할 것이니라"

그렇기 때문에 **계시록의 말씀은 심판의 복음이요 공의의 복음이다. 행한 대로 갚으시고 일한 대로 상주시겠다고 말씀하신 것이 계시록의 요지이다.**

> 사28:11 "그러므로 생소한 입술과 다른 방언으로 이 백성에게 말씀하시리라"
> 마13:10-17 "제자들이 예수께 나아와 가로되 어찌하여 저희에게 비유로 말씀하시나이까

대답하여 가라사대 천국의 비밀을 아는 것이 너희에게는
허락되었으나 저희에게는 아니 되었나니 무릇 있는 자는
받아 넉넉하게 되되 무릇 없는 자는 그 있는 것도 빼앗기
리라
그러므로 내가 저희에게 비유로 말하기는 저희가 보아도
보지 못하며 들어도 듣지 못하며 깨닫지 못함이니라 이사
야의 예언이 저희에게 이루었으니 일렀으되 '너희가 듣기는
들어도 깨닫지 못할 것이요 보기는 보아도 알지 못하리라
이 백성들의 마음이 완악하여져서 그 귀는 듣기에 둔하고
눈은 감았으니 이는 눈으로 보고 귀로 듣고 마음으로 깨달
아 돌이켜 내게 고침을 받을까 두려워함이라' 하였느니라
그러나 너희 눈은 봄으로, 너희 귀는 들음으로 복이 있도
다 내가 진실로 너희에게 이르노니 많은 선지자와 의인이
너희 보는 것들을 보고자 하여도 보지 못하였고 너희 듣는
것들을 듣고자 하여도 듣지 못하였느니라"

특별히 요한계시록의 말씀은 믿는 성도들의 신앙의
결실을 결산하고 판단하는 책으로써, 그것은 마치 농부
가 가을에 추수하기 위해서 곡식에 낫을 들이대는 것
같다. 그때의 농부의 마음은 엄중하고 냉정하다.

왜냐하면 씨를 파종하고 곡식이 자라기까지 농부들
이 얼마나 피땀 흘려 수고했는가? 이제 곡식을 추수할
때에는 그 수고를 보상받기 위함이니, 만일 곡식이 열
매를 맺지 못하게 되었을 때에는 가차 없이 골라내어
알곡은 창고에 들이고 쭉정이는 불에 다 태우는 것이
다.(계시록의 말씀은 예수께서 밧모섬에 있는 사도 요한에게
찾아오셨을 때 나타난 두렵고 떨리는 형상의 모습을 통해서
그 의미를 찾아볼 수 있다.
특별히 그때에 밧모섬에 나타나신 주님의 모습은 불의와

거짓, 죄악을 절대 용납지 않으시고 멸망시키겠다는 결연한 의지의 심판주의 형상이다.

이처럼 **이 세상에 계시록의 말씀을 주신 목적은 알곡과 쭉정이, 양과 염소, 참 종과 거짓 종, 의인과 악인, 진리와 거짓, 상과 벌, 곡식과 가라지를 나누는 다림줄과 칼의 말씀이라 할 것이다.**)

이처럼 인류 농사를 지으시는 하나님께서는 천년을 하루같이 하루를 천년같이 오래 참으시고 기다리시는 가운데, 독생자 아들까지 인류를 위해서 아낌없이 주시고 수없는 자비와 은혜를 이 세상에 베푸시고 구원받기를 원하셨지만, 그러나 악한 인생들이 이 은혜와 사랑을 져버리고 심지어 하나님을 대적하고 조롱하며 그 분의 말씀들을 농담으로 여긴다면 그 결말이 어떻게 되겠는가? 참으로 두렵고 떨리는 일이 될 것이고, 참혹하고 끔찍한 날이 될 것이다.

욜2:10-11 "그 앞에서 땅이 진동하며 하늘이 떨며 일월이 캄캄
　　하며 별들이 빛을 거두도다
여호와께서 그 군대 앞에서 소리를 발하시고 그 진은 심히 크고
　　그 명령을 행하는 자는 강하니 여호와의 날이 크고 심히
　　두렵도다 당할 자가 누구이랴"
슥14:12 "예루살렘을 친 모든 백성에게 여호와께서 내리실 재
　　앙이 이러하니 곧 섯을 때에 그 살이 썩으며 그 눈이 구멍
　　속에서 썩으며 그 혀가 입 속에서 썩을 것이요"
벧후3:10 "그러나 주의 날이 도적같이 오리니 그 날에는 하늘
　　이 큰 소리로 떠나가고 체질이 뜨거운 불에 풀어지고 땅과
　　그 중에 있는 모든 일이 드러나리로다"

　　예수님이 초림 때 오셔서 구원을 완성하시고 전하신 복음을 천국복음이라 한다(마9:35). 이 복음은 그 말대로 인생들이 예수 믿고 죽으면 천국 가는 복음이다.

　　그러나 육체는 구원받지 못하고 영혼만 천국에 들어간다. 그러나 우리 주님이 이 세상에 다시 오실 때에는 사람의 영혼뿐만 아니라 육체까지도 살린다.

　　그래서 그 복음을 영원한 복음이라 한다(계14:6).

　　벧전 1:9 "믿음의 결국 곧 영혼의 구원을 받음이라"

　　특히 천국복음은 마13장에서도 씨 뿌리는 비유를 통해서 말씀하셨듯이 사람의 영혼과 마음에 말씀의 씨앗을 뿌리는 파종기를 상징한다.

　　(농부가 씨앗을 뿌려 싹을 틔우고 가꿀 때에는 그 씨앗이 잘 자라기를 밤낮으로 노심초사하며 피땀 흘려서 돌보고 비료와 거름을 준다.

　　그리고 농부의 마음은 어서 씨앗이 잘 자라서 열매를 맺기를 간절히 바라기 때문에 그 씨앗이 나중에 자라서 쭉정이가 된다고는 생각지 못한다.)

　　렘31:27-28 "여호와께서 가라사대 보라 내가 사람의 씨와 짐승의 씨를 이스라엘 집과 유다 집에 뿌릴 날이 이르리니 내가 경성하여 그들을 뽑으며 훼파하며 전복하며 멸하며 곤란케 하던것 같이 경성하여 그들을 세우며 심으리라 여호와의 말이니라"

　　이처럼 천국복음은 농부가 씨를 뿌리는 것과 같이 만민에게 복음을 전파하며 누구든지 초대하여 하나님의 집인 교회에 들어와 신앙생활을 하기만 하면 되는 것이다. 특별히 이 때에는 이 세상 누구든지 차별이 없어서, 주님을 영접하고 믿기만 하면 구원을 준다. 그러므로 여기에는 믿음 외에는 또다른 판단이 없는 것이다.

그러나 추수기에는 농부가 곡식의 결과를 바라보는 때이니 알곡이 되지 않으면 골라서 버리는 것이다. 바로 이것이 추수복음이다.

자 그렇다면 알곡이 된다는 것은 어떤 의미인가?

첫째는 **말씀이 사람 속에 들어와 기록되어 그 말씀과 연합 되는 것이다.**

왜냐하면 인간의 사악한 모든 생각과 행동들은 말씀이 없기 때문일 뿐만 아니라 역사하지 않기 때문이다.

특별히 성경에서는 말씀을 하나님이라 하였고, 또한 말씀 받은 자를 신이라 하였다. 그리고 말씀만이 인생을 거룩하게 만든다.

요10:34-35 "예수께서 가라사대 너희 율법에 기록한바 내가 너희를 신이라 하였노라 하지 아니하였느냐 성경은 폐하지 못하나니 하나님의 말씀을 받은 사람들을 신이라 하셨거든"

렘23:28-29 "나 여호와가 말하노라 몽사를 얻은 선지자는 몽사를 말할 것이요 내 말을 받은 자는 성실함으로 내 말을 말할 것이라 겨와 밀을 어찌 비교하겠느냐 나 여호와가 말하노라 내 말이 불 같지 아니하냐 반석을 쳐서 부스러뜨리는 방망이 같지 아니하냐"

둘째는 사람이 범죄 한 이후에는 하나님의 형상과 모양을 잃어버렸다. 그러므로 이 잃어버린 형상을 회복하는 것이 베드로 사도의 말씀과 같이 신의 성품이다.

그리고 이 신의 성품을 가져야 만이 참 하늘 백성이라 할 수 있다. 또한 이 신의 성품은 다름 아닌 인간의 참된 자아와 내면의 세계, 곧 정신적인 인격과 도덕성을 말하는 것이다.

지금 이 시대는 사람의 마음이 인면수심이 되어가고 있다. 그러므로 신앙생활은 사람의 내면의 세계를 가꾸고 아름답게 하는 일이다.

그래야 그리스도의 향기를 발할 수 있는 것인데, 그것은 마치 곡식이 그 속에 내용물을 가득 채우거나, 또한 식물이 성장해서 꽃을 피워 그 아름다운 자태를 보이거나 향내를 풍기든지 하는 것처럼, **열매를 맺는다는** 것은 인간의 내면을 가꾸고 그 속에 하나님의 형상과 모양의 것으로 가득 채우는 것이다.

셋째는 하나님의 말씀과 하나가 되는 것으로써, 성도가 하나님의 말씀대로 살고 행하면 예수 그리스도와 같이 이 세상에서 빛이 되고 소금되어 많은 사람들에게 하나님의 사랑과 이웃 사랑을 나타낼 수가 있다.

요15:7 "너희가 내 안에 거하고 내 말이 너희 안에 거하면 무
엇이든지 원하는대로 구하라 그리하면 이루리라"

하나님의 말씀은 우리 인생들을 완전한 거룩과 사랑,

진실, 의 등 수없는 부산물들을 마음속에서 생겨나게 한다. 또한 **말씀**대로 산다는 것은 자기희생이요, 헌신이며 죽음이다. 그리고 말씀 안에서 이타적인 마음을 가지고 자기보다 남을 위해서, 하나님의 영광을 위해서 살게 된다면 바로 그것이 열매를 맺는 삶인 것이다.

> 딤후3:15-17 "또 네가 어려서부터 성경을 알았나니 성경은 능히 너로 하여금 그리스도 예수 안에 있는 믿음으로 말미암아 구원에 이르는 지혜가 있게 하느니라
> 모든 성경은 하나님의 감동으로 된 것으로 교훈과 책망과 바르게 함과 의로 교육하기에 유익하니 이는 하나님의 사람으로 온전케 하며 모든 선한 일을 행하기에 온전케 하려 함이니라"
> 요12:24 "내가 진실로 진실로 너희에게 이르노니 한 알의 밀이 땅에 떨어져 죽지 아니하면 한 알 그대로 있고 죽으면 많은 열매를 맺느니라"

또한 농부가 씨를 뿌리고 잘 가꾸어 나갈 때에 농부의 마음에는 알곡을 잘 자라게 하기 위해서 북을 돋우어주거나 거름을 주면서 가라지가 있을지라도 때로는 뽑지를 않는다.

왜냐하면 곡식을 뽑다가 잘못하면 알곡까지 다치기 때문이다. 그리고 그 씨앗이 살아서 잘 자라기만 바라지, 알곡이 될지 쭉정이가 될지는 시기상조이므로 판단을 유보하는 것이다.

이처럼 천국가게 하는 복음은 이 세상 어떤 사람에게든지 차별이 없이 복음을 전하여 예수 믿고 죄사람 얻어 구원받게 하는 일이 최우선이지, 그 영혼이 장차

알곡이 될 런지 쭉정이가 될 런지는 알 수도 없고 그러한 판단과 생각은 할 수도 없는 것이다.

그래서 우리 주님께서도 초림 때 이 땅에 오셔서 세리와 죄인, 창기들의 친구가 되셨고 심지어 간음한 여인을 용서하시고 누구든지 정죄하지 않으셨다.(4복음서에서는 비유나 사건들이 2번씩 비슷한 내용들이 반복돼서 나오는데, 그 이유는 다음과 같다.

성경에서 말씀하시기를 두 사람의 증거가 참되다고 하신 것처럼 하나님 말씀의 참됨을 증거하시는 것일 뿐만 아니라, 우리 주님의 초림과 재림의 사역들을 예표 적으로 보여주는 것이다. 특별히 주님의 초림의 진리는 천국복음이고 또한 주님 재림의 진리는 종말복음인 영원한 복음이다.)

천국복음과 영원한 복음 대조표

천국복음(마24:14)	영원한 복음(계14:6)
은혜의 복음, 구원의 복음, 화평의 복음	종말의 복음, 공의의 복음, 심판의 복음
파종기(씨앗, 거름)	추수기(알곡, 쭉정이)
영혼 구원	육체 구원
이신득의(칭의)	이행득의(공의)
은혜의 해(초림)	신원의 날(재림)
신령한 젖	단단한 식물
은혜 / 성령 / 생명	진리 / 일곱 영 / 영광
중생 / 믿음	성화 / 인내

불신자 / 죄인 구원	믿는 자 / 의인 구원
성령의 인	하나님의 인
말씀(생수, 떡의 역사)	진리(다림줄, 칼의 역사)
예 수	그리스도 / 임마누엘
믿음의 법, 성령의 법	진리의 법, 계명의 법
생명책	행위책, 기념책, 심판책
장자권 / 팔복 / 오병이어	축복권 / 칠복 / 칠병이어
마가의 다락방	해 돋는 동방
구원의 속옷	의의 겉옷, 정한 관
모퉁이돌, 머릿돌	뜨인돌, 흰돌
네가 어디 있느냐?	네가 무엇을 하였느냐?
너는 나를 누구라 하느냐?	너는 나를 사랑하느냐?
이른 비(은혜, 은사)	늦은 비(은택, 은총)
배에서 생수(기쁨)	배에서 쓴 물(고통)
청함받음(눅14장 초청 잔치)	택함입음(마22장 초청잔치)
대 속	대 언
자녀 삼으심 / 약혼	신부 삼으심 / 결혼
거듭남 / 거룩함	인 맞음 / 영화로움
믿음(불같은 신앙)	행함(빛된 생활)
성령의 역사	천사의 역사
애굽에서 구원(보혈)	바벨론에서 구원(말씀)
세상죄를 지고가는 어린양	일곱뿔과 일곱눈의 어린양
(놋제단)번제단, 물두멍	(금제단)금촛대, 법궤
광야 40년(모세, 아론)	가나안정복(여호수아, 갈렙)
거듭남의 역사(죄사함)	인치는 역사(온전함)
막달라 마리아 향유 옥합	베다니 마리아 향유 옥합
새 술의 역사 / 새사람	새 이름의 역사 / 새일
거듭남(중생)	흰옷(행실)

의롭다 함(칭의)	이마에 인 맞은 자(성화)
은혜의 바람	환난의 바람
은혜의 경륜	비밀의 경륜
생명의 떡(양식)	감추인 만나(별미)
아브라함의 믿음(들음)	아브라함의 할례(지켜 행함)
성령의 능력	말씀의 권세
안수의 능력	입술의 권세
불의 역사	빛의 역사
믿음의 비밀	경건의 비밀
말씀이 마음에 들어감	말씀이 마음에 새겨짐
피와 살을 먹는 자	두루마기 빠는 자
회개, 자복	자기 부인, 자기십자가
약속 받은 믿음	성취하는 믿음
안수의 축복	정수리의 축복
육체 제어 / 중생체	자아 파쇄 / 변화체
⋮	⋮

※ 그 외 300여 가지 내용이 더 있음

마3:11 "~ 그는 성령과 불로 너희에게 세례를 주실 것이요"	마3:12 "손에 키를 들고 자기의 타작 마당을 정하게 하사 알곡은 모아 곡간에 들이고 쭉정이는 꺼지지 않는 불에 태우시리라"
요11:25 "~ 나는 부활이요 생명이니 나를 믿는 자는 죽어도 살겠고"	요11:26 "무릇 살아서 나를 믿는 자는 영원히 죽지 아니하리니 ~"
눅5장. "고기를 잡은 것이 심히 많아 그물이 찢어지는 지	요21장. "가득히 찬 큰 고기가 153마리라 그물이 찢어지지

라” → “깊은 데에 그물을 던져…”

이 세상에 모든 사람들과 존귀한 자나 비천한 자 곧 밑바닥 같은 인생을 사는 죄인들까지도 복음을 전파하여 구원해내야 한다.(깊은 데는 죄악 된 세상을 비유함.)

“고기를 잡은 것이 심히 많아 그물이 찢어지는 지라…”

작은 고기, 큰 고기 등 온갖 잡스런 고기가 그물에 잡혔으나 때로는 그물이 찢어져 물속으로 놓친 고기도 있다.(이 세상에 어떤 사람이든지 예수 믿기만 하면 구원을 주시나 그중에서는 믿음의 실족으로 세상으로 돌아가는 자도 있다.)

※ 초림 예수님은 세리, 창기, 병든 자, 소외된 자 등 죄인들의 친구가 되셨고 또한 주님께서 말씀하시기를 “건강한 자에게는 의원이 쓸 데 없고 병든 자에게라야 쓸 데 있느니라 내가 의인을 부르

아니하였더라” → “오른 편에 그물을 던져…”

주님의 재림 때에는 교회 안에 있는 믿는 백성이라도 심판 받게 되어 있는데, 그 때에 왼쪽과 오른쪽으로 양과 염소를 나눈다고 하였다. 특히 양은 오른 편에 서라고 했는데, 성경에서 오른쪽은 하나님의 구원, 권능, 보호를 상징한다.(한마디로 알곡과 쭉정이를 갈라놓는 때이다.)

“큰 물고기만 잡혔는데 153마리라 그물이 찢어지지 않음…”

종말 기에는 아이 밴 자와 젖 먹이는 자가 화가 있다고 주님께서 말씀하셨다. 그러므로 **신앙이 미성숙한 자나 초보자, 작은 물고기들은 종말 복음의 그물에 잡히지 않는다.** 한마디로 주님을 믿는 자라도 신앙이 장성하지 못하면 종말에 오는 극심한 시험과 환난을 이길 수가 없어서 배도하거나 타락하여 구원받을 수 없다는 말씀이다.

그러므로 큰 고기는 신앙

러 온 것이 아니요 죄인을 부르러 왔다"고 하셨다.	의 장성한 사람들과 택함을 입은 자들을 상징하니 그들 만 남은 자가 되어 죽든지 살든지 다니엘의 세친구와 같이 불굴의 신앙으로써 승 리하게 되니, 어떠한 상황 속에서도 하나님께서는 한 영혼도 잃어버리지 않고 다 구원하신다는 뜻이다.

"두 사람의 증거가 참" ⇨
성경에 나타난 두 가지 사건들과 두 인물의 사역들

아담 · 하와	아담 · 둘째 아담	막달라마리아 향유옥합 · 베다니마리아 향유옥합
모세 · 아론	카인 · 아벨	
여호수아 · 갈렙	아브라함 · 롯	오병이어 · 칠병이어
다윗 · 솔로몬	이스마엘 · 이삭	실로암 · 베데스다 연못
엘리야 · 엘리사	에서 · 야곱	눅14장 초청잔치 · 마22장 초청잔치
스룹바벨 · 예수아	사라 · 하갈	
학개 · 스가랴	사울 · 다윗	시몬 베드로 · 구레네 시몬
세례요한 · 예수님	구약 · 신약	예수의 부친 요셉 · 아리마대 요셉
예수님 · 성령님	초림 · 재림	
두 명의 감람나무	홍해 · 요단강	갈릴리 사역 · 유대 사역
그리심산 · 에발산	애굽 · 바벨론	르비딤 반석 · 가데스 반석
사해 · 갈릴리호수	호렙산 · 시내산	마가의 다락방 · 동방 땅끝
⋮	⋮	⋮

　　요한계시록을 해석하다 보니 잘못된 해석들이 너무나 많고, 그 중에서도 이단들이 요한계시록을 들고 나와 아전인수격으로 해석하며 극성을 부리고 있는데, 도대체 이단은 왜 생겨나며 또한 이단은 어떤 자들이 이단입니까?

　　그리고 또한 대한민국은 이단의 천국이라 할 만큼 이단이 많은데, 그 이유는 무엇입니까?

대답

　　이단은 본래 사단 마귀의 지상세력이며 그의 하수인이다.(교회가 예수 그리스도의 몸이며, 또한 지상의 하나님의 왕국의 전초기지인 것과 같다.)

　　특히 이단자들이나 그의 백성들은 사단마귀의 자식들이며 곡식으로 비유하면 알곡도 쭉정이도 아닌 가라지이다. 한마디로 말하면 농부가 전혀 씨를 심지 않은 다른 씨앗으로써, 진짜 곡식들을 헤치며 기생하는 식물과 같다. 이처럼 이단들도 하나님의 참 곡식인 하나님의 백성들을 해되게 하며 쓰러뜨리기 위해서 사단 마귀가 뿌려놓은 사람 마귀니라

　　렘31:27-28 "여호와께서 가라사대 보라 내가 사람의 씨와 짐승의 씨를 이스라엘 집과 유다 집에 뿌릴 날이 이르리니 내가 경성하여 그들을 뽑으며 훼파하며 전복하며 멸하며

곤란케 하던 것 같이 경성하여 그들을 세우며 심으리라 여
　　　　　호와의 말이니라"
마13:37-42 "대답하여 가라사대 좋은 씨를 뿌리는 이는 인자
　　　　　요 밭은 세상이요 좋은 씨는 천국의 아들들이요 가라지는
　　　　　악한 자의 아들들이요 가라지를 심은 원수는 마귀요 추수
　　　　　때는 세상 끝이요 추숫군은 천사들이니 그런즉 가라지를
　　　　　거두어 불에 사르는것 같이 세상끝에도 그러하리라
　　　　　인자가 그 천사들을 보내리니 저희가 그 나라에서 모든 넘
　　　　　어지게 하는 것과 또 불법을 행하는 자들을 거두어 내어
　　　　　풀무 불에 던져 넣으리니 거기서 울며 이를 갊이 있으리라
　　　　　그 때에 의인들은 자기 아버지 나라에서 해와 같이 빛나리
　　　　　라 귀 있는 자는 들으라"
요6:70 "예수께서 대답하시되 내가 너희 열 둘을 택하지 아니
　　　　　하였느냐 그러나 너희 중에 한 사람은 마귀니라 하시니"
요8:44 "너희는 너희 아비 마귀에게서 났으니 너희 아비의 욕
　　　　　심을 너희도 행하고자 하느니라 저는 처음부터 살인한 자
　　　　　요 진리가 그 속에 없으므로 진리에 서지 못하고 거짓을
　　　　　말할 때마다 제 것으로 말하나니 이는 저가 거짓말장이요
　　　　　거짓의 아비가 되었음이니라"
마26:21-24 "저희가 먹을 때에 이르시되 내가 진실로 너희에
　　　　　게 이르노니 너희 중에 한 사람이 나를 팔리라 하시니 저
　　　　　희가 심히 근심하여 각각 여짜오되 주여 내니이까
　　　　　대답하여 가라사대 나와 함께 그릇에 손을 넣는 그가 나를
　　　　　팔리라 인자는 자기에게 대하여 기록된 대로 가거니와 인
　　　　　자를 파는 그 사람에게는 화가 있으리로다 그 사람은 차라
　　　　　리 나지 아니 하였더면 제게 좋을 뻔 하였느니라"

　　특히 이단자들과 그의 백성들은 이 세상 불신자들과
더불어 하나님의 생명책에 기록되지 않은 자들이며, 그
들은 또한 하나님의 예정을 입지 않은 불택자 들이다.
그들의 종국은 심판이고 결국은 지옥이니라. 참으로 불
쌍한 존재들이니라.

그러면 왜 이단들이 생기는가? 그 이유는 여러 가지가 있지만 그 중에서도 대표적인 것을 뽑아본다면,

첫째는 **하나님의 은혜와 역사가 크면 클수록 사단마귀 편에서도 하나님의 일을 훼방하고 대적하기 위해서 이단자들을 많이 일으킨다.** 특히 한국교회가 이단이 많은 이유 중에 하나는 역설적인 은혜로서 하나님께서 한국 교회를 사랑하시고 큰 은혜를 베푸시고 있기 때문에 사단마귀는 매우 배가 아파서 시기하고 질투하는 것이다.

그리고 또한 한국교회에 대한 사명이 크고 역사하실 일들이 많이 있을 때에 이러한 일들을 훼방하고 대적하기 위해서 이단들이 많이 발생하는 것이다. 그러므로 옛 말에 호사다마란 말이 있다. 이 말의 뜻은 좋은 일이 있으려면 반드시 마가 낀다는 말이다.

둘째는 **하나님의 교회와 종들과 그 백성들이 타락하고 부패해지고 병들면 이 틈을 노리고 사단마귀가 불신자들에게는 안티 세력으로 기독교를 핍박하게 하고, 교회 안에서는 이단자들을 일으켜 교회와 하나님의 종들과 백성들의 약점을 공격하여 무너뜨리려고 이단의 세력이 번성하게 되는 것이다.**

그러므로 하나님의 교회와 종들과 그의 백성들은 진정 거룩해야 하고 참된 크리스챤이 되어야 하겠다. 다시 말해서 세상의 빛과 소금의 사명을 잘 감당해야 한다는 말이다. 만일 그렇지 않으면 사단 마귀는 그 틈새를 노리고 교회의 허물과 그 백성의 약점을 잡아서 헐뜯고 비방할 뿐만 아니라 하나님께도 참소하며 대적하기 위해서 지상의 세력을 확장하는 것이다.

그러므로 한국 교회의 이단 세력이 우후죽순격으로 번성하게 되는 것은 누구의 탓도 아닌 바로 하나님의 백성들과 종들이 잘못 살고 타락하고 부패하여 그 부작용으로 나타나는 현상이니, 이제부터라도 하나님의 교회와 우리 믿는 크리스챤들은 특별히 이단에 대해서는 발본색원하고 경계를 해야 하지만, 그 이전에 우리는 먼저 회개하고 자복하며 하나님의 말씀대로 살고 그대로 행하여 이세상의 본이 되고 귀감이 되며 거룩한 자들이 되어야 하겠다. 그러면 자연히 이단들은 발을 붙이지 못하고 물러가게 될 것이다.

셋째는 하나님의 교회와 주의 종들과 백성들이 하나님의 말씀과 진리에서 멀어져있을 뿐만 아니라 많은 세상의 철학과 헛된 속임수와 사이비적인 요소들을 혼합하여 가르치고 배우고 있기 때문에 이단들이 또한 일어나게 된다.

특히 한국교회는 유불선 3교에다 무속적 신앙에 복

음이 접목되어 기독교 신앙이 생겨났기 때문에 한국 교회와 주의 종들과 성도들의 신앙 내용이 참된 하나님의 말씀과 진리에 뿌리내리지 못한 기복주의, 신비주의, 번영의 신앙, 만사형통의 신앙 등 맘몬의 신앙으로 타락하고 변질되었기 때문이다.

그러므로 사단마귀는 이러한 토양에서는 더욱 극성을 부리며 활동하게 된다.(특히 인간의 육체도 양식을 먹되 부패한 것이나 잘못된 음식을 먹으면 몸이 망가지고 질병이 생기듯, 우리의 마음과 영혼에도 깨끗하고 맑은 진리의 말씀을 먹어야 우리의 신앙도 병들지 않고 타락하지 않는 것이다.)

이제부터라도 하나님의 교회들과 주의 종들은 정신을 차리고 하나님의 말씀과 진리로 돌아가야 하겠으며, 또한 참된 진리의 말씀대로 설교하고 가르치며 하나님의 백성들을 양육하여 신앙의 정로에 서게 해야 할 것이다. 그렇지 않으면 하나님의 진노와 더불어 사단마귀가 우는 사자와 같이 역사하여 하나님의 백성들을 쓰러뜨리고 또한 하나님의 나라를 훼방하기 위하여 이단들을 더욱 번성케 할 것이다.

또한 이단들의 번성은 하나님께서도 당신의 교회와 주의 종들에게 경각심을 주고 깨닫게 하기 위해서 사단마귀에게 그 권세를 내어주므로 하나님의 교회들과 그의 백성들을 밀 까부르듯 시험하게 하시는 역사인 것이다.

그리고 더 나아가 특히 하나님의 교회와 성도들은 이단들을 통해서 하나님의 말씀과 진리가 얼마나 소중한 것인가를 깨닫게 된다.(비록 이단들이 잘못된 교리와 왜곡된 해석을 가지고 전한다고 해도, 그 들 중의 대부분은 오직 성경만 가지고 전하고 있기 때문에 그 부분에 대해서는 우리가 본받을 만하다. 특히 성도들이 이단들을 이기려면 말씀을 모르고서는 변론할 수가 없는 것이다.)

그러므로 이단들의 발흥은 역설적으로 하나님의 교회들과 그의 백성들을 연단하게 하고 건강하게 하는 축복이 된다.

> 시119:103, 105 "주의 말씀의 맛이 내게 어찌 그리 단지요 내 입에 꿀보다 더하니이다… 주의 말씀은 내 발에 등이요 내 길에 빛이니이다"
> 시119:162, 164 "사람이 많은 탈취물을 얻은 것처럼 나는 주의 말씀을 즐거워하나이다… 주의 의로운 규례를 인하여 내가 하루 일곱 번씩 주를 찬양하나이다"

그러므로 너희 대한민국의 하나님 백성들은 특별히 하나님의 말씀을 귀중히 알고 그 말씀대로만 믿고 또한 그의 말씀대로만 살면, 너희는 진정 나의 백성이 되고 그의 나라가 될 것이다.(하나님은 말씀 그 자체라는 사실을 우리가 분명히 알고 깨달아야 하겠다.)

> 요1:1-3 "태초에 말씀이 계시니라 이 말씀이 하나님과 함께 계셨으니 이 말씀은 곧 하나님이시니라 그가 태초에 하나님과 함께 계셨고 만물이 그로 말미암아 지은바 되었으니 지은 것이 하나도 그가 없이는 된 것이 없느니라"

자 그러면 너희들이 이단으로 분류해야 될 자들이 어떤 자들인가를 교리적으로 한번 살펴보자.(초대교회부터 작금에 이르기까지 이단들로부터 교회를 수호하기 위해서 세워놓은 기둥과 같은 진리들이 있다.)

첫째는 **신론에서 삼위일체이다.**(삼위일체는 인간의 이성으로써나 합리적으로는 이해하기 매우 어려운 신비에 속한다. 참으로 우리 인생의 지각과 이성으로써 어찌 하나님의 본질과 존재를 다 알 수가 있으리요. 특히 한국교회는 이 부분에 대해서 조금 더 관대하고 너그러울 필요가 있다. 뿐만 아니라 삼위일체에 대해서는 잘 이해하지 못하고 잘못 해석하고 있어도 이단이라고 몰아붙이지 말아라. 예를 든다면 삼위일체 양태론 같은 경우이다. **그러나 여호와 증인의 유일신 사상이나 몰몬교처럼 다신교 신관을 가지고 있는 자들이라면 상종하지 말아야 한다.**)

둘째는 **성경의 무오론이다.**(성경은 우리 신앙의 절대적인 생명이며 거짓이 없는 진리로써 조금도 오류가 없다는 사실을 믿어야 한다. 만일 이 믿음을 가지지 못한다면 그 믿음은 어불성설이 될 것이다.)

셋째는 **내세관**으로써 사람이 죽으면 반드시 심판이 있고 그 죽은 영혼들은 영적 세계인 천국과 지옥에 들어가게 된다는 사실을 믿어야 한다.(**만일 내세관을 믿지 못한다면 사람의 영혼이나 하나님의 영적 실존에 대해서도 믿지 못하게 된다.**)

넷째는 **구원관**으로써 우리 인생의 구원은 오직 예수 그리스도들 믿음으로서만이 죄사함과 영생을 얻을 수 있는 것이다.(만일 다른 구세주의 이름이나 다른 진리가 있다고 한다면 그것이 바로 이단이고 적그리스도인 것이다. 한국에는 자칭 재림주, 감람나무, 보혜사 등 심지어 하나님조차 많으니 참으로 미치고 환장할 노릇이다.)

> 요14:6 "예수께서 가라사대 내가 곧 길이요 진리요 생명이니
> 나로 말미암지 않고는 아버지께로 올 자가 없느니라"

다섯째는 **예수 그리스도와 관계가 있는 것**으로써, 우리 주님은 **본래 하나님의 본체이시고 형상이시며 하나님과 동등된 분**이셨으나, 그분이 이세상의 인간을 구원하시려고 동등됨을 포기하시고 도성인신 하셨는데, 그때에 **동정녀의 몸에 잉태하셔서서 인간의 육체를 우리 인생들과 똑같이 입으셨다는 것**을 믿어야 한다.

하지만 우리 **주님은 죄가 전혀 없으시다.** 또한 예수님께서 십자가에 죽으시고 사흘 만에 부활하신 것을 반드시 믿어야 한다.(예수 그리스도가 육체로 오신 것을 부인하는 자마다 적그리스도라고 하였다.)

> 요1서 4:1-3 "사랑하는 자들아 영을 다 믿지 말고 오직 영들이
> 하나님께 속하였나 시험하라 많은 거짓 선지자가 세상에
> 나왔음이니라 하나님의 영은 이것으로 알찌니 곧 예수 그
> 리스도께서 육체로 오신 것을 시인하는 영마다 하나님께
> 속한 것이요 예수를 시인하지 아니하는 영마다 하나님께

속한 것이 아니니 이것이 곧 적그리스도의 영이니라 오리
라 한 말을 너희가 들었거니와 이제 벌써 세상에 있느니
라”

여섯째로는 **우주와 인류 역사의 종말**이 반드시 있고,
동시에 이 세상 끝 날에 **예수님의 재림**을 통해서 모든
세계가 다시 회복이 되고 완전한 구원이 이루어지게 된
다는 사실이다.

그 때에 성도들 중에는 죽은 자는 부활하고 산자는
변화되고 휴거되는 놀라운 축복과 영광을 맛보게 된
다.(만일 부활과 휴거를 영적, 상징적, 비유적으로 이해하고
해석하게 된다면 이제 다시 오실 예수님의 재림도 믿지 않
을 뿐더러 장차 올 심판도 믿지 않게 된다.

그리고 또한 장차 이루어질 성도의 몸의 부활과 휴거도
부인하고 그저 그것도 실제가 아니고 하나의 비유이며 상징
적이라고 보게 된다. 바로 이 자들이 이단이다.)

일곱째로는 **교회론**으로써 하나님께서는 이 지상에다
가 당신의 나라를 세우기 위한 전초기지로서 예수 그리
스도의 몸인 교회를 두셨는데, 하나님께서는 이 교회를
통하여 당신의 경륜과 섭리를 이루시고, 또한 하나님의
백성들을 교회를 통해서 양육하고 훈련하며 구원하는
데에 있어서 지상의 교회가 절대적으로 필요하다고 하
는 사실을 믿어야 한다.(교회를 부인하는 자들은 교회가
구원을 얻는데 무엇이 필요한가? 하면서 교회의 존재를 부

인한다.

　그러나 절대로 하나님의 일하시는 방법은 당신의 교회를 통해서 인간 구원과 영적 생명을 얻게 하셨고, 또한 만유도 회복하게 하셨다.

　그래서 이 땅에 사는 자들은 **교회가 없이는 마치 물고기가 물을 떠난 것과 같아, 그들의 신앙의 생명은 살아있다고 해도 할 수가 없는 것이다.**
　그러므로 구약시대에서도 하나님께서 출애굽한 이스라엘 백성들을 인도하셨을 때에 그들을 가리켜 광야교회에 있었다고 하셨고, 신약시대에서도 주님이 하늘로 승천하신 후 이 지상으로 성령을 보내셔서 교회를 탄생시키셨을 뿐만 아니라 그 교회를 통하여 세계 복음화를 명하신 것이다.

　그리고 종말 기에 이르러서는 아세아 7교회에다가 편지하셔서 종말의 역사를 성취케 하시는 것이다.
　그러므로 성도는 마땅히 교회를 사랑하고 또한 교회를 위해서 헌신하며 충성을 다하여야 하겠다. 진정 교회야말로 신앙의 요람일 뿐만 아니라 어머니의 젖무덤과 같은 곳이다.

※ 물론 이 교회는 무슨 건물이나 시설은 아니다. 하지만 모임과 예배를 드려야 할 성별된 장소는 꼭 필요하다.)

　　엡1:22-23 "또 만물을 그 발아래 복종하게 하시고 그를 만물 위에 교회의 머리로 주셨느니라 교회는 그의 몸이니 만물 안에서 만물을 충만케 하시는 자의 충만이니라"

　자 이제 이단에 대해서 결론을 내려 보자.

　　지금까지 너희들에게 일러준 7가지 교리는 신앙생활에 있어서 꼭 뼈대와 같고 절대적 진리로써 어느 것 하나 양보하거나 타협해서는 안 된다. 만일 이 중에 하나라도 믿지 못하거나 알지 못한다면 그 사람은 이단자가 되거나 아니면 신앙생활이 견고하지 못하여, 언제든지 잘못된 신앙생활로 빠져들어 가거나 배도할 수가 있다.

　　그러므로 위 7가지의 진리들을 마음에 깊이 새기고 금과옥조와 같이 여겨 신앙생활의 승리를 가져오기를 바란다.

　　또한 너희들에게 꼭 당부하고 싶은 것은, 특별히 한국교회와 하나님의 종들은 너무 개인적이고 이기주의가 팽배하고 아집과 독선이 강하고 모두가 다 잘났기 때문에, 자기를 따르지 않거나 또한 자기와 생각과 뜻이 맞지 않으면 전부 이단으로 몰고 배척하는데,

　　이것은 하나님께서 기뻐하시지 않는 일이다.

　　우리 주님께서도 일찍이 막9:38-40에서 "요한이 예수께 여짜오되 선생님 우리를 따르지 않는 어떤 자가 주의 이름으로 귀신을 내어 쫓는 것을 우리가 보고 우리를 따르지 아니하므로 금하였나이다.

　　예수께서 가라사대 금하지 말라 내 이름을 의탁하여 능한 일을 행하고 즉시로 나를 비방할 자가 없느니라 우리를 반대하지 않는 자는 우리를 위하는 자니라" 라고 말씀하셨고

또한 마12:24-27절 말씀에 보면, 주님을 핍박하는 자들이 주님을 가리켜 바알세불이라고 말 할 때에 내가 바알세불을 힘입어서 귀신을 쫓아낸다면 그것은 같은 편끼리 분쟁하게 되니 둘 다 망하게 된다고 하셨다.

또한 사도바울은 갈5:15절에 "만일 서로 물고 먹으면 피차 멸망할까 조심하라"고 하셨다. 이처럼 우리는 그리스도 안에서 한 배를 탄 동지요, 형제가 된 것이다.

특히 하나님의 나라를 위해서 함께 협력하고 힘을 합해도 이세상과 사단마귀를 이기기가 힘든데 무슨 배짱과 오기로 그렇게 다투며 서로 원수같이 여기며 싸우고 있는가?

이렇게 한국교회처럼 모래알같이 뭉치지 못하고 단합되지 못하는 나라는 창세 이후로 보기가 힘들다.

참으로 이 세상 어느 나라에 교회 교단과 교파가 수백 개가 넘는 나라가 또 어디 있는가? 너희는 잘 생각해 보아라. 우리 하나님과 주님이 이 세상을 어떻게 사랑하셨으며, 또한 주님이 왜 죽으셨는가?

그것은 서로 사랑하기 위해서요, 또한 화목하기 위해서 제물이 되시지 않았는가? 그 분의 죽으심과 핏값으로 너희를 대속하고 하나 되게 하신 것이 아닌가? 너희가 비방하고 판단하는 자들은 다 그리스도 안에서 주님의 핏값으로 산 형제요 자매들이다.

무엇 때문에 서로 물고 뜯으면서 싸우는가? 돈 때문인가? 명예 때문인가? 아니면 자존심 때문인가? 아니면 이권 때문인가? 한국교회와 하나님의 종들은 이 문제에 대해서 깊이 생각하면서 먼저 하나님 앞에 회개하고 자복해야 할 것이다. 그렇지 않으면 하나님이 미워하시는 대상이 될 것이다.

마12:24-37 "바리새인들은 듣고 가로되 이가 귀신의 왕 바알세불을 힘입지 않고는 귀신을 쫓아내지 못하느니라 하거늘 예수께서 저희생각을 아시고 가라사대 스스로 분쟁하는 나라마다 황폐하여질 것이요 스스로 분쟁하는 동네나 집마다 서지 못하리라

사단이 만일 사단을 쫓아내면 스스로 분쟁하는 것이니 그리하고야 저의 나라가 어떻게 서겠느냐 또 내가 바알세불을 힘입어 귀신을 쫓아내면 너희 아들들은 누구를 힘입어 쫓아내느냐 그러므로 저희가 너희 재판관이 되리라

그러나 내가 하나님의 성령을 힘입어 귀신을 쫓아내는 것이면 하나님의 나라가 이미 너희에게 임하였느니라 사람이 먼저 강한 자를 결박하지 않고야 어떻게 그 강한 자의 집에 들어가 그 세간을 늑탈하겠느냐 결박한 후에야 그 집을 늑탈하리라 나와 함께 아니하는 자는 나를 반대하는 자요 나와 함께 모으지 아니하는 자는 헤치는 자니라 그러므로 내가 너희에게 이르노니 사람의 모든 죄와 훼방은 사하심을 얻되 성령을 훼방하는 것은 사하심을 얻지 못하겠고 또 누구든지 말로 인자를 거역하면 사하심을 얻되 누구든지 말로 성령을 거역하면 이 세상과 오는 세상에도 사하심을 얻지 못하리라

나무도 좋고 실과도 좋다 하든지 나무도 좋지 않고 실과도 좋지 않다 하든지 하라 그 실과로 나무를 아느니라 독사의 자식들아 너희는 악하니 어떻게 선한 말을 할 수 있느냐 이는 마음에 가득한 것을 입으로 말함이라 선한 사람은 그

쌓은 선에서 선한 것을 내고 악한 사람은 그 쌓은 악에서
악한 것을 내느니라 내가 너희에게 이르노니 사람이 무슨
무익한 말을 하든지 심판 날에 이에 대하여 심문을 받으리
니 네 말로 의롭다 함을 받고 네 말로 정죄함을 받으리라"

자 이제부터라도 늦지 않았다. 너희에게는 세계복음
화라고 하는 중차대한 과제가 놓여져 있는 것이다.

그러므로 너희는 내 교회, 너희 교회, 내 교단, 내 교
파 하면서 서로 배척하지 말고, 우선 교회들부터 하나
가 되고 연합운동을 펼 때에 이 세상 불신자들에게도
좋은 이미지를 보일 것이고, 또한 자기편부터 단결하여
야 적을 이길 수가 있는 것이다.(우리가 그리스도 안에서
하나가 되어야 한다고 해서 복음진리가 다르고 또한 종교다
원주의적인 사상 속에서 예수 이외에도 구원이 있다는 신앙
관을 가지고 있는 자들이라고 한다면 절대로 그러한 자들과
는 연합해서는 안 된다. 우리는 오직 예수 그리스도와 성경
적 진리 안에서만 연합해야 할 것이다.)

고후6:14-18 "너희는 믿지 않는 자와 멍에를 같이 하지 말라
의와 불법이 어찌 함께하며 빛과 어두움이 어찌 사귀며 그
리스도와 벨리알이 어찌 조화되며 믿는 자와 믿지 않는 자
가 어찌 상관하며 하나님의 성전과 우상이 어찌 일치가 되
리요 우리는 살아 계신 하나님의 성전이라 이와 같이 하나
님께서 가라사대 내가 저희 가운데 거하며 두루 행하여 나
는 저희 하나님이 되고 저희는 나의 백성이 되리라 하셨느
니라 그러므로 주께서 말씀하시기를 너희는 저희 중에서
나와서 따로 있고 부정한 것을 만지지 말라 내가 너희를
영접하여 너희에게 아버지가 되고 너희는 내게 자녀가 되
리라 전능하신 주의 말씀이니라 하셨느니라"

그래야 이 민족의 통일도 속히 오게 될 것이다. 가정의 통일, 교회의 통일, 사회적 합의로 나라도 국론분열되지 않고 하나 되어야 결국은 국가도, 세계도 통일될 수가 있는 것이다.

그러므로 혹시 너희의 분열이 교리 때문에 되어진 일이라면 지금까지 너희들에게 일러준 7대 진리를 가지고 믿는다면 절대로 이단이 아니니 함부로 정죄하거나 비판하지 말아라.

그렇지 않으면 너희가 하나님 앞에서 심판을 받게 될 것이다.(7대 진리를 믿는다면 병을 고치거나 귀신을 쫓고 신비적으로 좀 치우쳤다고 해서 함부로 이단이라 해서는 안 된다. 왜냐하면 성령을 훼방할 수가 있기 때문이다.

또 이와는 반대로 기복주의나 인본주의 등 조금 세속화 되었다고 하여도 이단은 아니다. 또한 7대 진리 외에 하나님의 말씀에 대해서 조금 잘못 이해하고 해석한다고 해서 정죄하거나 이단시해서는 안 된다.
왜냐하면 누구든지 성경을 100% 해석한다고 장담할 수 없기 때문이다. 그러므로 이러한 모든 일들은 하나님을 근심되게 할 수 있으니, 우리는 그리스도 안에서 하나 되게 하신 것을 힘써 지켜야 할 것이다.)

엡2:16-18 "또 십자가로 이 둘을 한 몸으로 하나님과 화목하게
하려 하심이라 원수 된것을 십자가로 소멸하시고 또 오셔

서 먼데 있는 너희에게 평안을 전하고 가까운데 있는 자들
에게 평안을 전하셨으니 이는 저로 말미암아 우리 둘이 한
성령 안에서 아버지께 나아감을 얻게 하려 하심이라"
엡4:1-6 "그러므로 주 안에서 갇힌 내가 너희를 권하노니 너희
가 부르심을 입은 부름에 합당하게 행하여 모든 겸손과 온
유로 하고 오래 참음으로 사랑 가운데서 서로 용납하고 평
안의 매는 줄로 성령의 하나 되게 하신 것을 힘써 지키라
몸이 하나이요 성령이 하나이니 이와 같이 너희가 부르심
의 한 소망 안에서 부르심을 입었느니라
주도 하나이요 믿음도 하나이요 세례도 하나이요 하나님도
하나이시니 곧 만유의 아버지시라 만유 위에 계시고 만유
를 통일하시고 만유 가운데 계시도다"
빌2:1-4 "그러므로 그리스도 안에 무슨 권면이나 사랑에 무슨
위로나 성령의 무슨 교제나 긍휼이나 자비가 있거든 마음
을 같이 하여 같은 사랑을 가지고 뜻을 합하며 한 마음을
품어 아무 일에든지 다툼이나 허영으로 하지 말고 오직 겸
손한 마음으로 각각 자기보다 남을 낫게 여기고 각각 자기
일을 돌아볼 뿐더러 또한 각각 다른 사람들의 일을 돌아보
아 나의 기쁨을 충만케 하라"
골3:12-14 "그러므로 너희는 하나님의 택하신 거룩하고 사랑하
신 자처럼 긍휼과 자비와 겸손과 온유와 오래 참음을 옷입
고 누가 뉘게 혐의가 있거든 서로 용납하여 피차 용서하되
주께서 너희를 용서하신 것과 같이 너희도 그리하고 이 모
든 것 위에 사랑을 더하라 이는 온전하게 매는 띠니라"

질문 12

세상 끝인 종말과 주의 재림에 대해서 알고 싶습니
다. 얼마나 가까이 왔습니까?

특히 이단, 사이비들은 종말이 다 이루어졌다고 주장

하며, 또 자기 교주가 재림 주 그리스도라고 참칭하고 있는데 이 얼마나 한심스러운 일입니까? 또한 잘못된 종말론주의자들은 몇 년 뒤에 주의 재림과 심판이 일어날 것처럼 말하기도 합니다.

대답

주의 재림과 세상 끝인 종말에 대해서는 하나님 아버지의 절대적인 고유 권한이다. 우리 주님께서도 일찍이 말씀하시기를 그 날과 그 시는 자신도 모르고 천사도 모른다고 하셨다.(그 날과 그 시는 영어 성경이 잘 번역함. "The day and hour")

그러나 예수께서는 세상 끝 종말에 대해서는 그 시대적인 징조를 통하여 알 수 있다고 말씀하셨다.(징조는 영어로는 "sign" 이라는 말로써 신호, 조짐, 기색, 흔적 등등의 뜻을 가지고 있다.

특히 징조라는 의미는 하나님께서 천지를 창조하실 때에 넷째 날 하늘 천체 해달별을 만드시고 그 운행법칙의 시간으로써 징조, 사시, 일자, 연한을 허락하셨는데, 이때의 징조는 1년보다 긴 시간 개념으로써 적게는 수십 년에서 수백 년의 시간 개념이다.
특별히 예를 들어본다면 헬리혜성이 지구에 다시 찾아오는 공전 주기의 시간적 개념으로 보면 매우 적당할 것이다.)

그러면 주님이 말씀하신 세상 끝에 주의 재림과 종

말의 징조는 어떠한 사건들이 나타나게 된다고 하였나?
복음서에 보니 첫째는 많은 거짓 선지자와 거짓 그리스
도가 나타나 미혹할 것을 말씀하셨고,

둘째는 난리와 난리의 소문이 무성할 것이고, 셋째는
민족이 민족을 나라가 나라를 대적하는 전쟁들이 수없
이 일어날 것이고, 넷째는 처처에 기근과 지진과 재난
이 전 세계적으로 나타날 것이고 이어서 온역과 전염병
등이 이 세상에 범람하고,

그리고 무서운 일과 하늘에는 큰 징조가 있을 것이
라고 말씀하셨다.(마24장, 막13장, 눅21장 참조)

눅21:25-28 "일월성신에는 징조가 있겠고 땅에서는 민족들이
바다와 파도의 우는 소리를 인하여 혼란한 중에 곤고하리
라 사람들이 세상에 임할 일을 생각하고 무서워하므로 기
절하리니 이는 하늘의 권능들이 흔들리겠음이라
그 때에 사람들이 인자가 구름을 타고 능력과 큰 영광으로
오는 것을 보리라 이런 일이 되기를 시작하거든 일어나 머
리를 들라 너희 구속이 가까왔느니라 하시더라"

지금 이 시대에는 위에 말씀들이 현실적으로 다 성
취되었다. 많은 이단 사이비의 출현과 피비린내 나는
세계 도처에 전쟁들과 1,2차 세계대전, 처처에 기근과
기아로 수많은 사람들이 굶주려 죽어가고 있으며,

그리고 지진, 쓰나미, 허리케인 등등 수많은 환경의
재앙들이 온 세계를 덮고 있어, 이 세상은 창세 이후로
가장 큰 재난들을 경험하고 있다.

그러나 이것보다 더욱 중요한 것은 전 세계가 하나로 통합되고 단일 대통령이 나와야 하는데, 그 자가 나오게 되면 자기 스스로를 가리켜 세계 평화의 구세주로 자처하며 온 세계를 미혹하게 된다.

이때에 전 세계는 정치, 경제, 종교, 사상 등 모든 것들이 총망라하여 단일 대통령을 옹위하며 지지하고 받들게 될 것이다.

바로 이자가 예수 재림 직전에 나타날 적그리스도인 것이다. 이자가 나타나 전 세계를 자기 발아래 무릎 꿇리고 통치하며 한 때, 두 때, 반 때인 42달 동안 하나님의 교회와 성도들을 핍박하고 죽이는 대환난이 있기 전까지는 주님의 재림과 세상 끝이 오지 않는다는 사실이다.(사도바울이 주의 강림하심에 대해서 말하기를 먼저 불법의 사람이 나타나기 전에는 이르지 않는다고 하였다.)

살후2:1-8 "형제들아 우리가 너희에게 구하는 것은 우리 주 예수 그리스도의 강림하심과 우리가 그 앞에 모임에 관하여 혹 영으로나 혹 말로나 혹 우리에게서 받았다 하는 편지로나 주의 날이 이르렀다고 쉬 동심하거나 두려워하거나 하지 아니할 그것이라
누가 아무렇게 하여도 너희가 미혹하지 말라 먼저 배도하는 일이 있고 저 불법의 사람 곧 멸망의 아들이 나타나기 전에는 이르지 아니하리니
저는 대적하는 자라 범사에 일컫는 하나님이나 숭배함을 받는 자 위에 뛰어나 자존하여 하나님 성전에 앉아 자기를 보여 하나님이라 하느니라
내가 너희와 함께 있을 때에 이 일을 너희에게 말한 것을

기억하지 못하느냐 저로 하여금 저의 때에 나타나게 하려
하여 막는 것을 지금도 너희가 아나니 불법의 비밀이 이미
활동하였으나 지금 막는 자가 있어 그 중에서 옮길 때까지
하리라
그 때에 불법한 자가 나타나리니 주 예수께서 그 입의 기
운으로 저를 죽이시고 강림하여 나타나심으로 폐하시리라"

그래서 주님이 복음서에서 말씀하신대로 마24:9-10
절에 "그 때에 사람들이 너희를 환난에 넘겨주겠으며
너희를 죽이리니 너희가 내 이름을 위하여 모든 민족에
게 미움을 받으리라.

그 때에 많은 사람이 시험에 빠져 서로 잡아 주고
서로 미워하겠으며..."대환난 중에 일어날 대 박해와 핍
박과 환난과 순교가 있게 된다.

막13:9 "너희는 스스로 조심하라 사람들이 너희를 공회에 넘겨
주겠고 너희를 회당에서 매질하겠으며 나를 인하여 너희가
관장들과 임금들 앞에 서리니 이는 저희에게 증거되려 함
이라"
눅21:12-19 "이 모든 일 전에 내 이름을 인하여 너희에게 손
을 대어 핍박하며 회당과 옥에 넘겨주며 임금들과 관장들
앞에 끌어 가려니와 이 일이 도리어 너희에게 증거가 되리
라
그러므로 너희는 변명할 것을 미리 연구치 않기로 결심하
라 내가 너희의 모든 대적이 능히 대항하거나 변박할 수
없는 구재와 지혜를 너희에게 주리라
심지어 부모와 형제와 친척과 벗이 너희를 넘겨주어 너희
중에 몇을 죽이게 하겠고 또 너희가 내 이름을 인하여 모
든 사람에게 미움을 받을 것이나 너희 머리털 하나도 상치
아니하리라 너희의 인내로 너희 영혼을 얻으리라"

그리고 마24:12절 "불법이 성하므로 많은 사람의 사랑이 식어지리라"

인간의 인심이 악화되고 죄악이 관영하여 인간이 인간이기를 포기한 인면수심의 금수와 버러지 같은 사람들이 많이 나타나 인정이라고는 조금도 찾아볼 수 없는 불의, 불법, 불신, 불량한 세상이 될 것을 말씀하고 있다.

지금 이 시대를 보라. 성적 문란, 동성연애, 인간의 극도의 이기심, 육체적 향락, 배금주의, 물신주의 등등 자기의 탐심과 욕망을 위해서는 인간의 생명도 파리 목숨같이 여기는 세상이다.

딤후3:1-5 "네가 이것을 알라 말세에 고통하는 때가 이르리니 사람들은 자기를 사랑하며 돈을 사랑하며 자긍하며 교만하며 훼방하며 부모를 거역하며 감사치 아니하며 거룩하지 아니하며 무정하며 원통함을 풀지 아니하며 참소하며 절제하지 못하며 사나우며 선한 것을 좋아 아니하며 배반하여 팔며 조급하며 자고하며 쾌락을 사랑하기를 하나님 사랑하는 것보다 더하며 경건의 모양은 있으나 경건의 능력은 부인하는 자니 이 같은 자들에게서 네가 돌아서라"

딤전4:1-5 "그러나 성령이 밝히 말씀하시기를 후일에 어떤 사람들이 믿음에서 떠나 미혹케 하는 영과 귀신의 가르침을 좇으리라 하셨으니 자기 양심이 화인 맞아서 외식함으로 거짓말하는 자들이라
혼인을 금하고 식물을 폐하라 할터이나 식물은 하나님이 지으신 바니 믿는 자들과 진리를 아는 자들이 감사함으로 받을 것이니라
하나님의 지으신 모든 것이 선하매 감사함으로 받으면 버릴 것이 없나니 하나님의 말씀과 기도로 거룩하여 짐이니라"

눅18:7-8 "하물며 하나님께서 그 밤낮 부르짖는 택하신 자들의
      원한을 풀어 주지 아니하시겠느냐 저희에게 오래 참으시겠
      느냐 내가 너희에게 이르노니 속히 그 원한을 풀어 주시리
      라 그러나 인자가 올 때에 세상에서 믿음을 보겠느냐 하시
      니라"
눅21:34-36 "너희는 스스로 조심하라 그렇지 않으면 방탕함과
      술취함과 생활의 염려로 마음이 둔하여지고 뜻밖에 그 날
      이 덫과 같이 너희에게 임하리라 이 날은 온 지구상에 거
      하는 모든 사람에게 임하리라
      이러므로 너희는 장차 올 이 모든 일을 능히 피하고 인자
      앞에 서도록 항상 기도하며 깨어 있으라 하시니라"

특히 마지막 때에는 단12:4절에 "~ 많은 사람이
빨리 왕래하며 지식이 더하리라"
인간의 과학 기술과 문명의 발전은 유사 이래로 인
간이 신 없이도 살아갈 수 있다는 자만심과 교만이 하
늘을 찌를 듯하게 되었고, 이제는 아예 신의 존재 자체
도 인정치 않으려는 인간 만세주의가 이 세상의 현주소
이며 이슈이고 대세인 것이다.

하늘에는 로켓트와 인공위성을 쏘아 올려 별처럼 둥
둥 떠 있게 하고 첨단기술, 우주공학, IT혁명, 유전공학
등등, 또한 인쇄기술과 전파기술의 발달로 매일매일 쏟
아지는 정보들은 홍수처럼 범람하고 있고, 또한 항공기
와 자동차 등 운송기술의 발달로 전 세계가 1일 생활
권으로 진입하였을 뿐만 아니라, 전 세계의 소식이나
사건들을 안방에서 자판기나 리모콘만 조작하면 즉시
보고 들을 수 있는 세상이 되어 버렸다.

　　그리고 이 발달의 속도는 인간이 미래를 예측할 수
가 없을 정도로 빠르게 변화, 진보하고 있으므로 말미
암아 이제는 사람들의 그 교만함이 하늘에 닿았을 뿐만
아니라 굳이 신을 찾거나 믿을 필요가 없는 시대가 된
것이다.

　　이처럼 인간들이 의기양양하며 뻐기는 마음은 옛날
함의 자손들이 바벨탑을 쌓을 때와 똑같고, 특별히 인
류의 조상 아담, 하와가 뱀의 간계에 속아 하나님 없이
도 살아갈 수 있다는 교만함으로 범죄 한 것과 똑같다.

창11:3-4 "서로 말하되 자, 벽돌을 만들어 견고히 굽자 하고
　　　이에 벽돌로 돌을 대신하며 역청으로 진흙을 대신하고 또
　　　말하되 자, 성과 대를 쌓아 대 꼭대기를 하늘에 닿게하여
　　　우리 이름을 내고 온 지면에 흩어짐을 면하자 하였더니"
창3:1-5 "여호와 하나님의 지으신 들짐승 중에 뱀이 가장 간교
　　　하더라 뱀이 여자에게 물어 가로되 하나님이 참으로 너희
　　　더러 동산 모든 나무의 실과를 먹지 말라 하시더냐
　　　여자가 뱀에게 말하되 동산 나무의 실과를 우리가 먹을 수
　　　있으나 동산 중앙에 있는 나무의 실과는 하나님의 말씀에
　　　너희는 먹지도 말고 만지지도 말라 너희가 죽을까 하노라
　　　하셨느니라
　　　뱀이 여자에게 이르되 너희가 결코 죽지 아니하리라 너희
　　　가 그것을 먹는 날에는 너희 눈이 밝아 하나님과 같이 되
　　　어 선악을 알줄을 하나님이 아심이니라"

　　그러므로 인간의 악한 마음과 생각은 사단 마귀와
같이 교만하게 되어서 하나님의 진노를 사서 심판을 받

기에 마땅한 것이다.

사14:13-15 "네가 네 마음에 이르기를 내가 하늘에 올라 하나
님의 뭇별 위에 나의 보좌를 높이리라 내가 북극 집회의
산 위에 좌정하리라 가장 높은 구름에 올라 지극히 높은
자와 비기리라 하도다 그러나 이제 네가 음부 곧 구덩이의
맨 밑에 빠치우리로다"
겔28:2-10 "인자야 너는 두로 왕에게 이르기를 주 여호와의 말
씀에 네 마음이 교만하여 말하기를 나는 신이라 내가 하나
님의 자리 곧 바다 중심에 앉았다 하도다
네 마음이 하나님의 마음 같은체 할지라도 너는 사람이요
신이 아니어늘 네가 다니엘보다 지혜로와서 은밀한 것을
깨닫지 못할 것이 없다하고 네 지혜와 총명으로 재물을 얻
었으며 금 은을 곳간에 저축하였으며 네 큰 지혜와 장사함
으로 재물을 더하고 그 재물로 인하여 네 마음이 교만하였
도다
그러므로 나 주 여호와가 말하노라 네 마음이 하나님의 마
음 같은체 하였으니 그런즉 내가 외인 곧 열국의 강포한
자를 거느리고 와서 너를 치리니 그들이 칼을 빼어 네 지
혜의 아름다운 것을 치며 네 영화를 더럽히며 또 너를 구
덩이에 빠뜨려서 너로 바다 가운데서 살륙을 당한 자의 죽
음 같이 바다 중심에서 죽게 할지라
너를 살륙하는 자 앞에서 네가 그래도 말하기를 내가 하나
님이라 하겠느냐 너를 치는 자의 수중에서 사람뿐이요 신
이 아니라 네가 외인의 손에서 죽기를 할례 받지 않은 자
의 죽음 같이 하리니 내가 말하였음이니라 나 주 여호와의
말이니라 하셨다 하라"
옵1:4 "네가 독수리처럼 높이 오르며 별 사이에 깃들일지라도
내가 거기서 너를 끌어내리리라 나 여호와가 말하였느니
라"

그리고 주의 재림과 이 세상 끝이 오려면 먼저 마
24:14절에 **"이 천국 복음이 모든 민족에게 증거되기**

위하여 온 세상에 전파되리니 그제야 끝이 오리라"고 말씀 하셨다.

막13:10 "또 복음이 먼저 만국에 전파되어야 할 것이니라"

주님이 부활하시고 하늘에 오르시기 전에 제자들에게 당부한 지상명령의 말씀을 마가 다락방에서 성령강림을 통해서 은혜 받은 제자들에 의해서 천국 복음을 온 세계에 전파하므로 인하여 지금은 모든 나라와 민족 백성들이 하나님과 주 예수 그리스도를 모르는 사람이 없게 되었다.(세계 선교학자들의 보고에 의하면 예수 그리스도의 복음이 전 세계 모든 민족과 나라는 물론이고 모든 종족들에게 전파되었을 뿐 아니라
심지어 성경까지도 그 종족들의 언어로 번역하여 저 깊은 오지에 있는 소수민족이나 종족들 외에는 대부분 다 들어갔다고 한다.

그리고 지금은 세계 글로벌 시대이고 과학기술과 매스미디어의 발달로 지구상 어느 곳이든 새로운 소식과 정보들을 다 들을 수 있는 세상이 되어버렸다. 그러므로 정보와 통신 기술의 발달은 선교사가 들어갈 수 없는 곳까지 소식을 전하게 되니 주님의 재림은 더욱 빨라진다.)

그러므로 온 세계에 모든 민족과 나라와 백성들에게 복음을 다 전하고 듣게 하여야 하나님의 사랑과 공의가 이루어지게 된다.

만일 복음을 듣지 못한 자가 있다면 하나님의 사랑을 깨닫지 못하여서 믿지 못하게 되므로 심판을 받게 되니 억울한 일이 될 것이고, 또한 복음의 소식을 접하고도 받아들이지 않고 믿지 않았다면 하나님의 사랑과 은총을 거부한 것이니 더 이상 핑계하거나 변명할 수 없는 일이 되므로 인하여 하나님의 공의의 심판을 받아도 후회할 것이 없다.

그러므로 복음을 전파하고 받아들이는 일들은 인생들이 살아있는 동안에 일어나는 영생과 영벌의 엄청난 사건이며 기회가 되는 것이다.(하나님께서 모든 사람과 민족에게 당신이 세우시고 정하신 진리의 복음을 전하게 하신 일은 모든 인생들을 불쌍히 여겨서 구원하시고자 하는 일도 되지만 또한 복음을 전파하여 모든 인생들이 다 듣게 하시는 것은 이 복음을 받아들이지 않은 불택자와 불신자들을 심판하시기 위한 하나님의 모략이니, 바로 이것이 이 세상을 주관하시고 통치하시는 하나님의 권도요 공의인 것이다.)

그리고 이 세상 끝 날과 주님의 재림에 대해서는 이스라엘의 독립과 전 세계에 흩어졌던 이스라엘 백성들의 귀환과 연관되어 있는데, 이 일에 대해서는 우리 주님께서도 무화과나무의 비유를 통하여 예표 적으로 말씀하셨다.

마24:32-35 "무화과나무의 비유를 배우라 그 가지가 연하여지고 잎사귀를 내면 여름이 가까운 줄을 아나니 이와 같이

모든 종말론 성경 주석가들은 무화과나무의 비유를
이스라엘 민족의 귀환과 독립을 가리킨다고 보고 있다.
이것은 정확히 맞는 말씀이다.(무화과나무는 이스라엘 민
족의 국화이며 상징이다.)

구약에서 믿음의 조상 아브라함과 언약하시고 그 자
손들을 통하여 하나님의 섭리를 이루었던 이스라엘 민
족을 하나님이 어찌 잊을 수가 있겠는가?
그들이 비록 하나님 앞에 엄청난 대죄를 지어 용서
받을 수 없는 죄악이 있을지라도 하나님은 사랑이시다.

그리고 또한 그 조상들과 약속하셨던 언약 때문에
변역하실 수 없는 하나님께서는 이스라엘 민족을 용서
하시고 자기 땅에 돌아오게 하신 것이다.(세계 역사상
유례가 없다. 지도상에 사라져버렸던 한 민족이 2천년 만에
자기 땅에 돌아와 나라를 세웠다는 것은 하나님의 섭리가
아니면 절대로 있을 수 없는 일이다.)

특별히 이스라엘 나라와 무화과나무에 대해서는 종
말론 주석가들이 너무나 잘 해석해 놓았기 때문에 본
책에서는 생략하겠다.
그러나 이스라엘 민족의 독립과 귀환은 장차 오실

예수님 재림과 맞물려있기 때문에 상세히 살펴보자.

28절 말씀에 "무화과 나무의 비유를 배우라 그 가지가 연하여지고 잎사귀를 내면 여름 이 가까운 줄을 아나니"

위 내용은 이스라엘 민족의 귀환과 회복을 말씀하고 있다. 예수님을 십자가에 못 박고 그 저주로 인하여 전 세계로 유랑하며 떠돌던 이스라엘 백성들이 드디어 1948. 5. 14일 영국으로부터 독립하게 되었다.

29절 말씀에 "이와 같이 너희가 이런 일이 나는 것을 보거든 인자가 가까이 곧 문 앞 에 이른 줄을 알라"

"인자"는 곧 주님을 말씀하시는 것이고 또한 "문"을 상징하는 말씀이 성경 상에는 너무나 많이 나와 있다. 즉 생명, 예수님, 부활, 하늘, 전도, 새 예루살렘의 문, 양의 문, 혼인잔치의 문 등이 있는데, 그렇다면 위 본문의 문이 상징하는 것은 무엇인가?

그것은 다름 아닌 우리 주님의 재림과 혼인잔치를 의미하는 것이다.

30절 말씀에 "내가 진실로 너희에게 말하노
    니 이 세대가 지나가기 전에 이 일이 다
    이루리라"

위 말씀은 이 세대가 지나기 전에 주님의 재림이 다 이루어진다는 것인데, 여기에서 이 세대는 무엇을 가리키는 것인가?
먼저 이 세대를 해석하기 전에 죽었던 무화과나무를 이 세대와 같이 해석해 주어야 한다.

그런 의미에서 보면, 곧 죽었던 무화과나무가 다시 살아난다는 것은 이스라엘 민족의 독립을 가리키는 것으로써, 그것을 한마디로 표현한다면 **이스라엘 민족의 독립과 함께 출생하고 살았던 사람들이 다 죽기 전에 주님이 오신다는 말씀이다.**(세대 : ⓗ "게네아" 이 뜻은 가족, 세대, 가문, 종족 등등 여러 가지 의미가 있지만 그 중에서도 더 정확한 의미는 기본적으로 같은 시대에 출생한 자들의 총체로 주어진 시대에 살고 있는 모두를 포함, 한마디로 동시대의 사람들이란 의미이다.)

그러나 이 해석에 대해서 잘못 해석하여 한 세대를 30년, 50년, 70년으로 풀어서 예수 재림의 날짜를 예고하다가 불발탄 됨으로 인하여 얼마나 많은 곤혹을 치루게 되었는가?

　그러므로 이러한 일들로 인하여 주의 재림에 대해서는 작금에 큰 불신을 가지게 되었던 것이다.(30년은 사람이 결혼하여 자녀를 낳아 대를 잇는 기간, 50년은 성막에서 봉사하는 제사장의 정년 기간, 70년은 인간의 대다수 사람의 수명을 가리킨다.)

　그러면 정리해보자.
　이스라엘 민족의 독립한 해는 1948년 5월 14일이다. 이 시기를 기점으로 해서 태어난 사람들이 이 세상에서 다 죽기 전에 주님이 오신다는 말씀이다.

　자 그렇다면 사람이 태어나서 얼마나 오래 살겠는가? 아마 100년이면 대다수의 사람들은 다 죽게 될 것이다. 그러므로 한 세대를 대략 100년으로 정의한다면 무난할 것이다. 이 해석은 구약 말씀 속에서도 지지를 받을 수 있다.

> 창15:13-16 "여호와께서 아브람에게 이르시되 너는 정녕히 알라 네 자손이 이방에서 객이 되어 그들을 섬기겠고 그들은 사백년 동안 네 자손을 괴롭게 하리니 그 섬기는 나라를 내가 징치할찌며 그 후에 네 자손이 큰 재물을 이끌고 나오리라
> 너는 장수하다가 평안히 조상에게로 돌아가 장사될 것이요
> 네 자손은 사대 만에 이 땅으로 돌아오리니 이는 아모리 족속의 죄악이 아직 관영치 아니함이니라 하시더니"

　위 말씀은 하나님께서 확신을 가지지 못한 아브라

함에게 횃불언약으로 약속하신 말씀인데, 아브라함의 자손이 400년 동안 애굽에서 고난당하다가 4대만에 애굽에서 나오게 된다고 하셨다.

400년을 4대로 나누면 1세대가 정확히 100년이 되는 것이다.(이스라엘 민족이 애굽에서 살았던 기간은 정확히 430년이다.

그렇다면 400년이라고 말씀하신 이유는 무엇인가? 그것은 다음과 같다. 이스라엘 백성이 요셉을 따라 애굽에 내려갔을 초창기에는 애굽 사람들로부터 칙사 대접을 받았다.

왜냐하면 요셉이 애굽 총리로 있었고 또 요셉으로 말미암아 당시에 애굽과 전 세계에 거민을 기근으로부터 구원했기 때문에 애굽 사람들은 요셉과 그 가문을 존경하였다.

그러나 요셉의 사후 사람들의 마음은 그 놀라웠던 사건들을 다 잊어버렸고, 애굽 사람들은 이스라엘 민족의 사람들을 타지에서 온 이주민으로 보고 나중에는 노예로 삼았던 것이다.

※ 요셉이 애굽을 통치한 기간이 아마 모르긴 몰라도 30년 정도 되었을 것이다. 그러므로 성경에서는 이스라엘 민족이 애굽에 체류기간을 400년이라고 말씀하실 때에는 항시 고난 받았다는 말을 덧붙이고 있다.)

자 그러면 예수의 재림의 시기를 대략 계산해서 예측해본다면, 이스라엘 민족의 독립이 1948년도 이니까 100년 정도 플러스 하면은 2048년 어간이 되는 것이다.(작금에 세상 모든 학자들, 사회, 정치, 경제, 자연, 환경

등의 전문가들도 2050년쯤이 되면 이 지구상이 인간들이 살아가기에는 매우 적합하지 않게 될 것이라고 모두 다 이 구동성으로 말하고 있다.)

그러므로 곧 **몇 년 뒤에 주님아 오실 것처럼 호들갑 스럽게 떠드는 것은 바람직하지 못하고 또 주님도 일찍 이 말씀하셨던 것처럼 징조를 보아 안다고 하셨다.**

그러므로 징조의 시간적 개념을 꼭 염두 해두자.(성 경 말씀은 전부 짝이 있고 또한 어느 시대에든지 다 들어맞 는 진리이다. 특히 이 세상과 우리 인생들은 쉴 새 없이 변 화, 생성, 소멸되지만 하나님의 말씀은 변함없이 영원하다.

※ 초림과 재림은 똑같은 분이 이 세상에 오시고 임하실 사 건이다. 그러므로 장차 주님의 재림에 대해서 상세히 알 기를 원한다면 주님 초림을 연구해 보자. 그리고 그 시 대와 역사, 배경, 인물들의 모습들은 종말에 다시 나타날 모형이다. 특별히 그 중에서도 주님을 살아생전에 만났 던 시므온과 안나는 100세가 다 되었다.)

그러므로 이스라엘 민족의 독립은 주님의 예언의 말 씀들을 풍성히 성취하게 해준다.

그리고 그리스도의 재림과 마지막 때에 대해서 또 중요한 비밀을 주께서 말씀하고 계시는데, 그것은 이스 라엘 나라의 수도 예루살렘에 대한 일이다.

눅21:20-24 "너희가 예루살렘이 군대들에게 에워싸이는 것을
보거든 그 멸망이 가까운 줄을 알라 그 때에 유대에 있는

자들은 산으로 도망할지며 성내에 있는 자들은 나갈지며
촌에 있는 자들은 그리로 들어가지 말지어다 이 날들은 기
록된 모든 것을 이루는 형벌의 날이니라 그 날에는 아이
밴 자들과 젖먹이는 자들에게 화가 있으리니 이는 땅에 큰
환난과 이 백성에게 진노가 있겠음이로다 저희가 칼날에
죽임을 당하며 모든 이방에 사로잡혀 가겠고 예루살렘은
이방인의 때가 차기까지 이방인들에게 밟히리라"

20절에 "너희가 예루살렘이 군대들에게 에워
　　　싸이는 것을 보거든 그 멸망이 가까운 줄
　　　을 알라"...

예루살렘은 이스라엘 나라의 수도로서 나라가 독립
되지 않았다면 이 말씀은 아무런 의미가 없었을 것이
다.(예루살렘이 군대들에게 에워싸인 일은 역사상 많이 있었
다. 그러나 본 말씀은 주의 재림 직전에 일어날 아마겟돈 전
쟁을 말씀하고 있다.

※ 아마겟돈 전쟁은 선과 악의 전쟁이고 또한 예수님과 적
기독 군대와의 전쟁이다. 마지막 때의 적그리스도는 전
세계에 있는 모든 군대를 다 동원하여 예루살렘을 포위
하고 예수님의 재림을 막기 위해서 아마겟돈에서 전쟁하
게 될 것이다.)

21절 "그 때에 유대에 있는 자들은 산으로 도망할
지며 ~ "...

이 말씀은 초림 때도 이루어졌지만 마지막 재림 때

에도 성취하게 되는데, 적그리스도는 유대인 곧 이스라엘 민족을 미워하여 전부 없애버리려고 모든 군대를 총동원하여 이스라엘 땅으로 달려온다.(적그리스도가 처음 나타났을 때 유대인들은 자기들이 수천 년 동안 대망했던 메시아인줄 착각하여 전 세계 민족 가운데 제일 먼저 환영하였다.

그러나 나중에 하나님께서는 이 백성들 가운데 늦은 비의 성령을 부어 주심으로 회심하게 되어 예수를 믿게 되는데, 이것이 적 기독의 미움을 사게 되어 핍박을 받게 된다.)

그러므로 이때에 유대에 있는 자들은 산으로 도망을 가야 하는데 인애가 크신 하나님께서는 이스라엘 백성들을 위해서 도망갈 장소까지 미리 예언해 놓고 계신다.(험악한 바위 투성으로 이루어진 **에돔 땅**도 대 환난 때에는 유대인의 피난처가 된다.)

사16:4 "나의 쫓겨난 자들로 너와 함께 있게 하되 너 **모압은** 멸절하는자 앞에서 그 피할 곳이 되라 대저 토색하는 자가 망하였고 멸절하는 자가 그쳤고 압제하는 자가 이 땅에서 멸절하였으며"

사21:14 "**데마 땅**의 거민들아 물을 가져다가 목마른 자에게 주고 떡을 가지고 도피하는 자를 영접하라"

특별히 이스라엘 백성들은 자기들이 수천 년 동안 염원해왔던 민족의 자주 독립을 실현하였다.

그러나 이들이 나라의 독립보다 더 소중히 여기는 것이 있는데 그것은 다름 아닌 하나님의 성전이다.

만일 예루살렘에 성전이 세우지지 않는다면 이스라엘 백성들은 완전한 자주민족의 독립이라 생각지 않는다. 왜냐하면 하나님의 성전은 그들의 정신적 지주이며 신앙의 근본이기 때문이다.

이스라엘 백성이 수천 년 동안 나라를 잃고 나그네처럼 방황하며 살았고 또한 그들의 혈통까지 혼혈이 되어 이방화 되었다고 해도 그들의 민족혼과 정신이 말살되지 않았던 이유는 하나님을 믿는 절대적 신앙이었다. 그렇기 때문에 수천 년이 지났어도 이스라엘 민족이 역사상에 사라지지 않고 자기 땅에 돌아와 국가를 세운 것이다.

이처럼 이스라엘 민족은 자신들의 정체성과 자존심을 지켜주었던 목숨과 같은 신앙을 보존하고 구체화시키기 위해서도 성전을 필요로 하여 세우지 않으면 안 되는 것이다.

그리고 성전은 이스라엘 민족의 국가적인 상징이며 구심점이기도 하다. 또한 성전은 이스라엘 역사상 국가적, 신앙적 부흥과 최전성기에 건립되거나 존재했었다.

그러므로 성전이 세워져있다는 것은 이스라엘 민족의 영광과 같은 것이다.(이스라엘 민족은 수천 년 동안 전 세계를 나그네처럼 방황하며 살아갈 때에 뼛속 깊이 마음에 새긴 것이 있는데, 그것은 다름 아닌 나라 없이 산다는 것이 얼마나 큰 고통과 설움, 비참함이라는 사실이다.

　그리고 또한 이스라엘 민족이 이와 같이 망하게 된 것은 하나님 앞에 바로 살지 않고 범죄하여 패역했기 때문이라는 사실을 그들은 마음속 깊이 잊지 않고 있으며, 그 표적이 성전의 존재유무에 달려있다는 것을 안 이스라엘 민족은 성전을 빨리 세우려고 혈안이 되어 있는 것이다.
　그리고 성전이 그들의 땅에 존재했을 때에는 하나님의 영광이 이스라엘 민족에게 돌아왔을 뿐만 아니라 함께 하는 위대한 역사를 이루었다.
　그러므로 **이스라엘 민족의 역사는 성전의 역사이고 또한 이스라엘 민족은 성전과 함께 흥망성쇠를 누렸던 것이다.**)

합2:20 "오직 여호와는 그 성전에 계시니 온 천하는 그 앞에서 잠잠할지니라"
겔10:4 "여호와의 영광이 그룹에서 올라 성전 문지방에 임하니 구름이 성전에 가득하며 여호와의 영화로운 광채가 뜰에 가득하였고"
욘2:4 "내가 말하기를 내가 주의 목전에서 쫓겨났을지라도 다시 주의 성전을 바라보겠다 하였나이다"
대하7:19-22 "그러나 너희가 만일 돌이켜 내가 너희 앞에 둔 내 율례와 명령을 버리고 가서 다른 신을 섬겨 숭배하면 내가 저희에게 준 땅에서 그 뿌리를 뽑아내고 내 이름을 위하여 거룩하게 한 이 전을 내 앞에서 버려 모든 민족 중에 속담거리와 이야기거리가 되게 하리니
이 전이 비록 높을지라도 무릇 그리로 지나가는 자가 놀라 가로되 여호와께서 무슨 까닭으로 이 땅과 이 전에 이같이 행하셨는고 하면 대답하기를 저희가 자기 열조를 애굽 땅에서 인도하여 내신 자기 하나님 여호와를 버리고 다른 신에게 부종하여 그를 숭배하여 섬기므로 여호와께서 이 모든 재앙을 저희에게 내리셨다 하리라 하셨더라"

　그러나 이스라엘 민족의 염원인 성전 건축을, 이스라엘 나라 독립한지 어언 70년 가까이 됐는데도 세울 수가 없는 것은, 안타깝게도 성전 세울 자리에 오마르 회교 사원이 버티고 있기 때문이다.(아브라함이 이삭을 제물로 바쳤던 자리로서 솔로몬, 스룹바벨, 헤롯 성전이 세워져있던 자리이다.)

　참으로 이스라엘 사람들이 성전을 세우고 싶은 마음이 굴뚝같지만 어찌하랴?

　만일 성전을 세우기 위해서 오마르 회교사원을 헐어버린다면 상상할 수도 없는 일이 벌어지게 되니, 이러한 일을 가리켜 고사성어에 화중지병 또는 속수무책이란 말로 표현된다.(성전을 세울 모든 비용과 물자, 기술, 그리고 성전 안에 들어갈 성전 기물까지도 다 준비해놓고 있다.

　그리고 수천 년 동안 이스라엘 민족이 유랑하는 가운데 성전에 대한 설계도까지 잊어버리지 않게 하기 위해서 하나님께서는 장차 세워질 성전 설계도를 성경에 기록하게 해서 영구히 보존하게 하셨는데, 그것이 에스겔 40장에서부터 말씀하신 기록이다.

　성서 주석가들은 에스겔에 나온 성전 척량의 기록을 살펴볼 때에, 과거에 세워졌던 솔로몬, 스룹바벨, 헤롯 성전의 크기와 비교해보니 전혀 맞지 않은 것을 의아하게 생각했었으나 최근에 와서야 이스라엘 민족의 독립과 연관지어 생각해 볼 때에 제4의 성전의 세워질 크기의 모습이라는 것을 다시한번 깨닫게 되었다.)

그러나 하나님께서는 예언의 말씀을 성취시키시려고 유대인의 성전을 짓게 하신다. 지금은 이세상의 어떤 힘과 세력으로도 오마르 사원을 부수고 유대인의 성전을 세우지 못한다.(성전이 건립되어 있어야 적그리스도가 성전에 들어가서 스스로가 하나님이라고 참칭할 수가 있고 또한 그렇게 되어야 만이 예언의 말씀이 성취되어서 주님의 재림이 이루어진다)

그러나 이 세상을 완전히 수중에 장악할 적그리스도가 나타나면 세계의 모든 나라들과 모든 종교로부터 메시야와 신으로 군림하게 될 때에 유대인들에게 성전을 건축하도록 허락할 것이고 또한 성전을 세우라고 지시하면 유대인은 그 말이 떨어지기가 무섭게 그동안 준비해왔던 모든 물자와 기술 인력과 첨단과학을 총동원하여 7개월 10일(다니엘서의 2300 주야의 비밀을 통해서 나온 일수) 만에 짓게 될 것이다.

특별히 솔로몬, 스룹바벨 성전은 7년이 넘게 걸렸지만 제4의 성전은 순식간에 세워진다.(유대인들은 성전 짓는 문제 때문에 회교권의 눈치를 늘 보고 노심초사하고 있었는데, 성전을 짓게 되니 너무나 기뻐서 적그리스도를 찬양하고 숭배하며 메시야로 받아들이게 된다.
또한 회교권들도 유대인들의 성전 건축을 협조하게 될 뿐만 아니라 유대인들처럼 적그리스도를 숭배한다.)

그러나 후 삼년반의 한때, 두때, 반때가 시작이 되면서 유대인의 회심이 있게 되는데, 하나님께서는 유대인의 구원을 위해 성령을 이방인에게로부터 거두어 이스라엘 민족에게 부어주시게 된다.

그때에 유대인들은 회개하고 돌이켜 예수 그리스도를 믿게 된다. 그러나 동시에 또한 자기들이 제일 먼저 환영하고 숭배했던 적그리스도의 정체를 뒤 늦게나마 깨닫게 된다.

> 롬11:11-12 "그러므로 내가 말하노니 저희가 넘어지기까지 실족하였느뇨 그럴 수 없느니라 저희의 넘어짐으로 구원이 이방인에게 이르러 이스라엘로 시기나게 함이니라 저희의 넘어짐이 세상의 부요함이 되며 저희의 실패가 이방인의 부요함이 되거든 하물며 저희의 충만함이리요"

> 롬11:25 "형제들아 너희가 스스로 지혜 있다 함을 면키 위하여 이 비밀을 너희가 모르기를 내가 원치 아니하노니 이 비밀은 이방인의 충만한 수가 들어오기까지 이스라엘의 더러는 완악하게 된 것이라"

또한 유대인들이 회심하게 되는 동기 중에 하나는 적그리스도가 성전에 들어가 스스로 하나님이라 참칭하고 또한 성전 안에다가 자기 형상을 본 떠 만든 우상을 세워놓고 절하게 만들 때에 유대인들은 그제서야 적그리스도가 메시야가 아니라는 것을 깨닫게 된다.

그러므로 주님의 말씀 마24:15절에 "그러므로 너희

가 선지자 다니엘의 말한바 멸망의 가증한 것이 거룩한 곳에 선 것을 보거든 읽는 자는 깨달을진저...”라는 말씀이 성취하게 된다.(성전에 멸망의 가증한 우상이 세워지는 때는 종말의 한 이레 중 전 삼년 반이 끝나고 후 삼년 반이 시작될 때이다.

이때에 적그리스도는 반대파에 의해서 암살당하여 거반 죽게 되었었는데, 적그리스도를 돕는 거짓 선지자에 의해서 마치 예수님 같이 기적적으로 살아난다.
그리고 적그리스도가 살아난 놀라운 역사로 인하여 전 세계는 더욱 적그리스도를 숭배하고 따르게 된다. 그때에 적그리스도는 그 교만함과 자긍함이 하늘을 찌를 듯하여 스스로를 하나님이라 참칭하고 자기의 형상을 닮은 신상을 만들어 전 세계 거민을 속이고 그 신상을 섬기게 한다.

그것은 마치 신구약 중간사 기간 중 북방 셀루커스 왕조의 안티오쿠스 에피파네스가 유대인들에게 해를 가하고 저지른 패악과 같고, 그것은 또한 바벨론의 느부갓네살이 유대인들에게 저지른 악행과 같다.)

살후2:4 “저는 대적하는 자라 범사에 일컫는 하나님이나 숭배함을 받는 자위에 뛰어나 자존하여 하나님 성전에 앉아 자기를 보여 하나님이라 하느니라”
단9:27 “그가 장차 많은 사람으로 더불어 한 이레 동안의 언약을 굳게 정하겠고 그가 그 이레의 절반에 제사와 예물을 금지할 것이며 또 잔포하여 미운 물건이 날개를 의지하여 설 것이며 또 이미 정한 종말까지 진노가 황폐케 하는 자에게 쏟아지리라 하였느니라”
막13:14-20 “멸망의 가증한 것이 서지 못할 곳에 선 것을 보거

든 (읽는 자는 깨달을진저)그 때에 유대에 있는 자들은 산
으로 도망할지어다 지붕 위에 있는 자는 내려가지도 말고
집에 있는 무엇을 가지러 들어가지도 말며 밭에 있는 자는
겉옷을 가지러 뒤로 돌이키지 말지어다 그 날에는 아이 밴
자들과 젖먹이는 자들에게 화가 있으리로다
이 일이 겨울에 나지 않도록 기도하라 이는 그날들은 환난
의 날이 되겠음이라 하나님의 창조하신 창초부터 지금까지
이런 환난이 없었고 후에도 없으리라
만일 주께서 그날들을 감하지 아니하셨더면 모든 육체가
구원을 얻지 못할 것이어늘 자기의 택하신 백성을 위하여
그 날들을 감하셨느니라"

마지막으로 주님의 재림은 마27:27-31절까지 말씀
하신 대목인데, 이 말씀이 응해야 주의 재림이 성취된
다.

먼저 28절 말씀이다.

"주검이 있는 곳에는 독수리들이 모일지니라"

위 말씀은 예수님 재림 직전에 적그리스도가 전 세
계의 군대를 모아다가 예루살렘을 포위하고 주님의 강
림을 대적하다가 수많은 적 기독의 군대가 죽임 당하여
그 시체가 산을 이루고 그 피가 강물처럼 흐를 때 공중
에 나는 새들이 각지에서 날아와 죽은 시체를 뜯어먹게
되는데, 그때에는 식물을 먹던 새들도 갑자기 사악해져
서 죽은 사람의 피를 마시고 사람의 시체를 뜯어먹게
된다고 주님께서 계시를 통해서 말씀하셨다.(인간의 무
분별한 개발과 남획, 그리고 자연계의 파괴와 훼손으로 공중
에 나는 새들 중 많은 종류의 새들이 멸종되었다.

　　그러나 종말의 때에는 하나님의 말씀을 응하게 하시려고 공중에 날아다니는 새들 중에 밤에만 활동하는 박쥐같은 새들을 번성케 하신다고 하셨다.
　　그래서 그때에는 그 새들이 하늘을 새까맣게 뒤덮어 날아오는데 해가 어두울 정도가 된다고 하셨다.)

　　눅17:37 "저희가 대답하여 가로되 주여 어디오니이까 가라사대 주검있는 곳에는 독수리가 모이느니라 하시니라"

　　계19:17-18 "또 내가 보니 한 천사가 해에 서서 공중에 나는 모든 새를 향하여 큰 음성으로 외쳐 가로되 와서 하나님의 큰 잔치에 모여 왕들의 고기와 장군들의 고기와 장사들의 고기와 말들과 그 탄 자들의 고기와 자유한 자들이나 종들이나 무론대소하고 모든 자의 고기를 먹으라 하더라"

　　겔39:4-5 "너와 네 모든 떼와 너와 함께한 백성이 다 이스라엘 산에 엎드러지리라 내가 너를 각종 움키는 새와 들짐승에게 붙여 먹게 하리니 네가 빈들에 엎드러지리라 이는 내가 말하였음이니라 나 주 여호와의 말이니라"

　　겔39:11 "그날에 내가 곡을 위하여 이스라엘 땅 곧 바다 동편 사람의 통행하는 골짜기를 매장지로 주리니 통행하던 것이 막힐 것이라 사람이 거기서 곡과 그 모든 무리를 장사하고 그 이름을 하몬곡의 골짜기라 일컬으리라"

　　겔39:17-20 "너 인자야 나 주 여호와가 말하노라 너는 각종 새와 들의 각종 짐승에게 이르기를 너희는 모여 오라 내가 너희를 위한 잔치 곧 이스라엘 산 위에 예비한 큰 잔치로 너희는 사방에서 모여서 고기를 먹으며 피를 마실찌어다 너희가 용사의 고기를 먹으며 세상 왕들의 피를 마시기를 바산의 살찐 짐승 곧 수양이나 어린 양이나 염소나 수송아지를 먹듯 할찌라 내가 너희를 위하여 예비한 잔치의 기름을 너희가 배불리 먹으며 그 피를 취토록 마시되 내 상에서 말과 기병과 용사와 모든 군사를 배불리 먹을찌니라 하라 나 주 여호와의 말이니라"

그리고 주님의 재림은 27절에
"번개가 동편에서 나서 서편까지 번쩍임같
이 인자의 임함도 그러하리라"

이 말씀은 주님의 재림 시 아마겟돈과 예루살렘에
모여든 적 기독의 군대를 순식간에 쓸어버리시고 강림
하시는 장면을 보여주신 것이다.

계19:15 "그의 입에서 이한 검이 나오니 그것으로 만국을 치겠
고 친히 저희를 철장으로 다스리며 또 친히 하나님 곧 전
능하신 이의 맹렬한 진노의 포도주 틀을 밟겠고"
계14:18-20 "또 불을 다스리는 다른 천사가 제단으로부터 나
와 이한 낫 가진 자를 향하여 큰 음성으로 불러 가로되 네
이한 낫을 휘둘러 땅의 포도송이를 거두라 그 포도가 익었
느니라 하더라
천사가 낫을 땅에 휘둘러 땅의 포도를 거두어 하나님의 진
노의 큰 포도주 틀에 던지매 성 밖에서 그 틀이 밟히니 틀
에서 피가 나서 말굴레까지 닿았고 일천 육백 스타디온에
퍼졌더라"
계16:16 "세 영이 히브리 음으로 아마겟돈이라 하는 곳으로 왕
들을 모으더라"
슥14:12 "예루살렘을 친 모든 백성에게 여호와께서 내리실 재
앙이 이러하니 곧 섰을 때에 그 살이 썩으며 그 눈이 구멍
속에서 썩으며 그 혀가 입속에서 썩을 것이요"

그리고 마24:31절 "저가 큰 나팔 소리와 함께 천사
들을 보내리니 저희가 그 택하신 자들을 하늘 이 끝에
서 저 끝까지 사방에서 모으리라"
주님의 지상강림 전에 주의 백성들을 구원하시기 위
해서 천사들을 보내어 추수하는 장면인데, 한마디로 그

리스도 안에서 죽은 자는 부활하고 산 자는 변화 승천
하게 된다.

특별히 그 시기는 마24:29절의 말씀과 같이 한때,
두때, 반때를 지난 환난 후가 될 것이고, 또한 주님의
재림 시 천체에는 큰 징조가 있게 될 뿐만 아니라, 이
세상에는 큰 재난이 있을 것을 말씀하고 있다.(막
13:24-27, 눅21:25-28, 계14:14-16)

결론적으로 마24:30절에서는 "그때에 인자의 징조
가 하늘에서 보이겠고..."

주님의 재림을 단적으로 표현한 말씀이다.(예수 그리
**스도는 반드시 하늘에서 곧 천국에서 다시 오신다는 사실을
기억하자.)**자 이제 주의 재림이 언제쯤 일어날 것인가에
대한 성경적 증거를 마치려고 한다.

지금까지 주님 재림에 대하여 여러 가지 사례와 증
거를 통해서 서술하였다. 위 증거한 내용들을 통해서
주의 재림에 대한 시기와 그 징조 그리고 사건들을 알
아보았다. 이제부터라도 우리는 잘못된 종말론이나 이
단 사이비의 요설을 듣지 말고 말씀에 입각하여 주의
재림을 대망하며 사모해야 하겠다.

질문 13

적그리스도는 어떤 자이며, 그는 왜 이 세상에 나타나며, 그가 하는 일은 무엇입니까?

대답

적그리스도라는 말은 주님을 흉내 내어 그리스도로 가장한 자이며 또한 하나님과 주님을 부인하고 대적하는 모든 자를 일컬어 하는 말이다.(적그리스도는 사단 마귀의 하수인으로써 그가 부리는 이세상의 모든 거짓된 종교인들이나 정치, 사상, 문화 속에서 하나님을 반하고 대적하는 모든 무리들로도 지칭할 수 있다.)

그러나 우리 주님이 유일한 그리스도이시고 구세주이신 것처럼 마지막 때에는 하나님의 섭리를 이루게 하시려고 진짜 적그리스도 한사람이 나타나게 될 것이다.(성경 상에서 적그리스도로 예표 된 자들은 너무나 많다. 예를 들면 바벨탑을 쌓았던 니므롯을 위시해서 애굽의 바로왕, 바벨론왕 느부갓네살, 신구약 중간사에 나타났던 안티오쿠스 에피파네스, 예수님 당시의 헤롯임금, 초대교회 당시의 로마황제들이 전부 적그리스도의 모형이다.)

성경에서는 그를 가리켜 불법의 사람, 짐승, 작은 뿔, 대적자 등 많은 이름으로 불리고 있는데, 그의 상징된 이름과 같이 성삼위 하나님을 대적하고 그의 백성들을 핍박하고 수없이 죽일 것이다.

　그는 하나님의 작정된 때에 나타나게 되는데, 다니엘서에 예언된 대로 이 세상 끝날 마지막 한이레의 말씀을 성취하기 위하여 이 세상에 나타나 엄청난 일들을 저지르게 될 것이다.(공의로우신 하나님께서는 예수님을 이 세상에서 보내셔서 삼년 반 동안 일하게 하신 것처럼 사단마귀의 수하인 적그리스도에게도 동일하게 삼년 반 동안 기간을 주셔서 마음껏 일 할 수 있도록 허락하시는데 특별히 하나님께서 이렇게 하시는 이유 중의 가장 큰 이유는 사단마귀가 하나님이 하시는 일들에 대해서 불공평 하다고 원망하거나 불평을 발할 수 없게 하시기 위한 것일 뿐만 아니라 하나님의 공평하심 속에서 이 세상과 사단마귀를 심판하시기 위함이다.)

단9:27 " 그가 장차 많은 사람으로 더불어 한 이레 동안의 언약을 굳게 정하겠고 그가 그 이레의 절반에 제사와 예물을 금지할 것이며 또 잔포하여 미운 물건이 날개를 의지하여 설 것이며 또 이미 정한 종말까지 진노가 황폐케 하는 자에게 쏟아지리라 하였느니라"

살후2:3-7 "누가 아무렇게 하여도 너희가 미혹하지 말라 먼저 배도하는 일이 있고 저 불법의 사람 곧 멸망의 아들이 나타나기 전에는 이르지 아니하리니
저는 대적하는 자라 범사에 일컫는 하나님이나 숭배함을 받는 자 위에 뛰어나 자존하여 하나님 성전에 앉아 자기를 보여 하나님이라 하느니라
내가 너희와 함께 있을 때에 이 일을 너희에게 말한 것을 기억하지 못하느냐 저로 하여금 저의 때에 나타나게 하려 하여 막는 것을 지금도 너희가 아나니 불법의 비밀이 이미 활동하였으나 지금 막는 자가 있어 그 중에서 옮길 때까지 하리라"

　　그의 출몰에 대해서는 계13장에서 말씀하고 있는데, 바다에서 한 짐승이 나온다고 하였다.

계13:1-10 "내가 보니 바다에서 한 짐승이 나오는데 뿔이 열이 요 머리가 일곱이라 그 뿔에는 열 면류관이 있고 그 머리들에는 참람된 이름들이 있더라

내가 본 짐승은 표범과 비슷하고 그 발은 곰의 발 같고 그 입은 사자의 입 같은데 용이 자기의 능력과 보좌와 큰 권세를 그에게 주었더라

그의 머리 하나가 상하여 죽게 된 것 같더니 그 죽게 되었던 상처가 나으매 온 땅이 이상히 여겨 짐승을 따르고 용이 짐승에게 권세를 주므로 용에게 경배하며 짐승에게 경배하여 가로되 누가 이 짐승과 같으뇨 누가 능히 이로 더불어 싸우리요 하더라 또 짐승이 큰 말과 참람된 말하는 입을 받고 또 마흔 두달 일할 권세를 받으니라

짐승이 입을 벌려 하나님을 향하여 훼방하되 그의 이름과 그의 장막 곧 하늘에 거하는 자들을 훼방하더라 또 권세를 받아 성도들과 싸워 이기게 되고 각 족속과 백성과 방언과 나라를 다스리는 권세를 받으니 죽임을 당한 어린 양의 생명책에 창세 이후로 녹명되지 못하고 이 땅에 사는 자들은 다 짐승에게 경배하리라

누구든지 귀가 있거든 들을찌어다 사로잡는 자는 사로잡힐 것이요 칼에 죽이는 자는 자기도 마땅히 칼에 죽으리니 성도들의 인내와 믿음이 여기 있느니라"

　　성경에서 바다는 영적으로 세상을 가리키고 있지만 실제적으로는 지중해바다를 지칭한다.(성경말씀을 잘 해석하기 위해서는 성경 역사의 지리적, 환경적 배경인 팔레스타인 땅을 중심한 중동지방과 지중해와 홍해바다를 꼭 염두해두기 바란다.)

특별히 사도요한은 이 자를 가리켜 짐승이라 하였다. 왜 짐승이라 하였는지는 더 이상 설명하지 않겠다.(7년 동안 미쳐서 짐승과 같이 되었던 바벨론의 느부갓네살 왕을 생각해보자.)그런데 이 짐승의 모양이 특이한데, 머리가 일곱이고 뿔이 열이라 하였다. 우리가 이치적으로 생각해보아도 무엇인가 숫자적으로 맞지를 않는다.

그리고 이 짐승의 머리와 뿔을 그림으로 그린다고 하여도 조화롭지 못하다.(한마디로 이 짐승은 특이하고 신비스러운 동물로, 인간의 상식적이고 보편성을 뛰어넘는 괴물과 같은 존재이다.)

이처럼 우리는 이 짐승의 상서롭지 못한 모습을 통해서도 무엇인가 불안과 염려와 근심을 가지게 된다.
자 그러면 이 짐승의 머리가 일곱이고 뿔이 열이라 하였다. 이 상징은 무엇인가? 이 해석은 계17장에서 말씀하고 있는데, 그 요지는 다음과 같다.

여기리라

지혜 있는 뜻이 여기 있으니 그 일곱 머리는 여자가 앉은
일곱 산이요 또 일곱 왕이라 다섯은 망하였고 하나는 있고
다른 이는 아직 이르지 아니하였으나 이르면 반드시 잠간
동안 계속하리라 전에 있었다가 시방 없어진 짐승은 여덟
째 왕이니 일곱 중에 속한 자라 저가 멸망으로 들어가리라
네가 보던 열 뿔은 열 왕이니 아직 나라를 얻지 못하였으
나 다만 짐승으로 더불어 임금처럼 권세를 일시 동안 받으
리라 저희가 한 뜻을 가지고 자기의 능력과 권세를 짐승에
게 주더라"

9절에 " ~ 일곱 머리는 여자가 앉은 일곱 산
   이요 또 일곱 왕이라..."

먼저 짐승의 머리는 일곱 산인데, 이 일곱 산은 로마
시를 둘러싸고 있는 일곱 언덕을 가리키고 있으며 또한
로마에서 일어날 일곱 왕을 상징한다.(로마에서 일어난
왕은 너무나 많다. 그러나 계시록에서 말씀하신 로마의 일곱
왕들은 하나님을 대적하고 하나님의 백성들을 핍박하고 죽
였던, 바로 적그리스도를 예표하는 왕들을 가리킨다.)

10절에 "또 일곱 왕이라 다섯은 망하였고 하
    나는 있고 다른 이는 아직 이르지 아니하
    였으나 이르면 반드시 잠깐 동안 계속하리
    라"

위 내용은 로마에서 적그리스도를 예표하는 왕이 7
명이 있는데 그중에서 다섯은 죽었고 하나는 현재 있고

남은 한 명은 아직 나타나지 않았다고 말씀하고 있는 것이다. 자 그러면 로마의 왕들 중 하나님을 대적하고 그의 백성들을 핍박하고 죽이고 또한 자기를 신이라 참 칭하였을 뿐만 아니라 자기 신상을 만들어 모든 사람에게 강요하며 숭배하게 한 왕들은 누구인가를 살펴보자

로마 황제의 계보

① 아우쿠스투스 ①
② 티베리우스
③ 칼리굴라 ②
④ 글라우디우스 ③
⑤ 네로 ④
⑥ 갈바
⑦ 오토
⑧ 비텔리우스
⑨ 베스파시아누스 수
⑩ 티투스
⑪ 토미티아누스 ⑥
：
? ⑦-⑧

※ 로마의 황제들은 대부분 사후에 신으로써 숭배를 받는 특이한 역사를 남겼다.

다섯은 망하였고(한마디로 적그리스도를 예표하는 다섯 명의 왕들이 죽었다는 말이다.)

※ 로마의 황제들 중 살아있을 때 스스로 신으로 참칭한 자는 칼리굴라, 네로, 베스파시아누스, 도미티아누스이고 죽어서 신으로 숭배 받은 자는 아우쿠스투스, 글라우디우스이다.

하나는 있고(사도 요한이 요한계시록 쓸 당시의 로마황제로써 적그리스도를 예표할 여섯 번째의 인물이다.)

자 계속해서 적그리스도에 대한 말씀을 살펴보자 특히 계17:11절 말씀이 해석하기가 어렵다.

"전에 있었다가 시방 없어진 짐승은 여덟

째 왕이니 일곱 중에 속한 자라 저가 멸망
으로 들어가리라"

　위 말씀은 장차 올 적그리스도가 로마의 황제로서
마지막 일곱 번째로 올 터인데, 이 자가 과거에 죽었던
로마의 황제 중 하나가 다시 부활되어 나타나기 때문에
일곱 번째에 속했지만 여덟째 왕이 된다는 말씀이다.
참으로 미스테리한 수수께끼 같은 말씀이다.

　이처럼 적그리스도의 출현은 그 자체가 기이하고 합
당치도 않을 뿐더러 바람직하지 않다는 사실이다.(적그
리스도는 사단 마귀의 화신으로써 나타나 온 세계를 미혹하
고 지배할 때에 자기가 진짜 그리스도임을 증명하기 위해서
거짓 선지자와 더불어 많은 이적과 기적을 나타낸다.
　그러나 적그리스도는 반대파에 의해서 암살당했다가 기
적적으로 살아나게 되는데, 이 일도 우리 주님의 부활을 모
방하여 흉내 내게 되는 것이다.

　예수 그리스도의 부활은 삼일동안 죽었다가 진짜로 살아
나는 생명의 부활이지만 적그리스도는 완전히 죽은 것이 아
니고 거반 죽게 된 것을 거짓 선지자가 살려내는데,
　그 때에 거짓 선지자가 사단 마귀의 도움을 받아서 과거
에 죽었던 영혼 중 무저갱에 갇혀있던 로마의 황제 중 하나
를 불러내어서 거반 죽게 된 적그리스도의 몸에 들어가 소
생하게 만든다.

　그래서 다시 살아난 적그리스도는 자기의 영혼도 본래 몸

속에 있었지만, 또 다른 영혼이 들어와 살게 되니 일곱 번째
이면서 여덟 번째가 된다는 말씀이다.)

※ 무저갱에 갇혀있던 로마의 황제들의 영혼 중 가장
　간악하고 교활하며 하나님을 대적하고 그의 백성들
　을 수없이 죽인 자는 아마 모르긴 몰라도 네로 황
　제일 것이다. 이 자는 반미치광이고 인면수심일 뿐
　만 아니라 로마시를 불태우고 그 죄를 기독인들에
　게 뒤집어 씌웠고, 또한 그것도 모자라 스스로 신이
　라 참칭하고 많은 사람들에게 자기를 숭배하라고
　강요했던 자이다.

계11:7 "저희가 그 증거를 마칠 때에 무저갱으로부터 올라오
　　　는 짐승이 저희로 더불어 전쟁을 일으켜 저희를 이기고
　　　저희를 죽일 터인즉"
겔31:15-18 "나 주 여호와가 말하노라 그가 음부에 내려가던
　　　날에 내가 그를 위하여 애곡하게 하며 깊은 바다를 덮으
　　　며 모든 강을 쉬게 하며 큰 물을 그치게 하고 레바논으로
　　　그를 위하여 애곡하게 하며 들의 모든 나무로 그로 인하
　　　여 쇠잔하게 하였느니라 내가 그로 구덩이에 내려가는 자
　　　와 함께 음부에 떨어뜨리던 때에 열국으로 그 떨어지는
　　　소리를 인하여 진동하게 하였고 물 대임을 받은 에덴의
　　　모든 나무 곧 레바논의 뛰어나고 아름다운 나무들로 지하
　　　에서 위로를 받게 하였느니라 그러나 그들도 그와 함께
　　　음부에 내려 칼에 살륙을 당한 자에게 이르렀나니 그들은
　　　옛적에 그의 팔이 된 자요 열국 중에서 그 그늘 아래 거
　　　하던 자니라
　　　너의 영화와 광대함이 에덴 모든 나무 중에 어떤 것과 같
　　　은고 그러나 네가 에덴 나무와 함께 지하에 내려갈 것이
　　　요 거기서 할례 받지 못하고 칼에 살륙 당한 자 중에 누

우리라 이들은 바로와 그 모든 군대니라 나 주 여호와의
말이니라 하라”

겔32:18-25 “인자야 애굽의 무리를 애곡하고 그와 유명한 나
라 여자들을 구덩이에 내려가는 자와 함께 지하에 던지며
이르라 너의 아름다움이 누구보다 지나가는고 너는 내려
가서 할례 받지 않은 자와 함께 뉘울찌어다 그들이 살륙
당한 자 중에 엎드러질 것임이여 그는 칼에 붙인바 되었
은즉 그와 그 모든 무리를 끌찌어다
용사 중에 강한 자가 그를 돕는 자와 함께 음부 가운데서
그에게 말함이여 할례 받지 않은 자 곧 칼에 살륙 당한
자들이 내려와서 가만히 누웠다 하리로다 거기 앗수르와
그 온 무리가 있음이여 다 살륙을 당하여 칼에 엎드러진
자라 그 무덤이 그 사방에 있도다 그 무덤이 구덩이 깊은
곳에 베풀렸고 그 무리가 그 무덤 사방에 있음이여 그들
은 다 살륙을 당하여 칼에 엎드러진 자 곧 생존 세상에서
사람을 두렵게 하던 자로다 거기 엘람이 있고 그 모든 무
리가 그 무덤 사면에 있음이여 그들은 다 할례를 받지 못
하고 살륙을 당하여 칼에 엎드러져 지하에 내려간 자로다
그들이 생존 세상에서 두렵게 하였었으나 이제는 구덩이
에 내려가는 자와 함께 수치를 당하였도다 그와 그 모든
무리를 위하여 침상을 살륙 당한 자 중에 베풀었고 그 여
러 무덤은 사면에 있음이여 그들은 다 할례를 받지 못하
고 칼에 살륙을 당한 자로다 그들이 생존 세상에서 두렵
게 하였었으나 이제는 구덩이에 내려가는 자와 함께 수치
를 당하고 살륙 당한 자 중에 뉘었도다”

눅8:30-31 “예수께서 네 이름이 무엇이냐 물으신즉 가로되
군대라 하니 이는 많은 귀신이 들렸음이라 무저갱으로 들
어가라 하지 마시기를 간구하더니”

이제 열 뿔을 해석해보자. 계17:12절 말씀을 보면
“네가 보던 열 뿔은 열 왕이니 아직 나라
를 얻지 못하였으나 다만 짐승으로 더불어
임금처럼 권세를 일시 동안 받으리라”

바다에서 나온 짐승의 머리가 일곱인 반면에 그 머리에 달린 뿔은 열이라고 하였다. 자 그러면 이 상징은 무엇을 의미하는가?

성경 상에서 뿔이 상징하는 것은 힘, 능력, 구원 등 등을 상징하는바, 그 뿔이 열이라고 하였다. 또한 열 뿔은 열 왕이라 하였는데, 그 열 왕이 자기들이 가지고 있는 능력과 권세를 한 마음, 한 뜻을 가지고 짐승에게 모두 몰아준다는 의미이다. 특히 열 뿔에 대해서는 구약 다니엘 7장에서도 말씀하고 있는데,

단7:1-8 "바벨론 왕 벨사살 원년에 다니엘이 그 침상에서 꿈을 꾸며 뇌 속으로 이상을 받고 그 꿈을 기록하며 그 일의 대략을 진술하니라 다니엘이 진술하여 가로되 내가 밤에 이상을 보았는데 하늘의 네 바람이 큰 바다로 몰려 불더니 큰 짐승 넷이 바다에서 나왔는데 그 모양이 각각 다르니 첫째는 사자와 같은데 독수리의 날개가 있더니 내가 볼 사이에 그 날개가 뽑혔고 또 땅에서 들려서 사람처럼 두 발로 서게 함을 입었으며 또 사람의 마음을 받았으며 다른 짐승 곧 둘째는 곰과 같은데 그것이 몸 한편을 들었고 그 입의 잇사이에는 세 갈빗대가 물렸는데 그에게 말하는 자가 있어 이르기를 일어나서 많은 고기를 먹으라 하였으며 그 후에 내가 또 본즉 다른 짐승 곧 표범과 같은 것이 있는데 그 등에는 새의 날개 넷이 있고 그 짐승에게 또 머리 넷이 있으며 또 권세를 받았으며 내가 밤 이상 가운데 그 다음에 본 네째 짐승은 무섭고 놀라우며 또 극히 강하며 또 큰 철 이가 있어서 먹고 부숴뜨리고 그 나머지를 발로 밟았으며 이 짐승은 전의 모든 짐승과 다르고 또 열 뿔이 있으므로 내가 그 뿔을 유심히 보는 중 다른 작은 뿔이 그

사이에서 나더니 먼저 뿔 중에 셋이 그 앞에 뿌리까지 뽑
혔으며 이 작은 뿔에는 사람의 눈 같은 눈이 있고 또 입이
있어 큰 말을 하였느니라”

위 말씀을 보면 바다에서 큰 짐승 넷이 나온다고 하
였다.

그 중에서 네 번째 짐승이 상상하기도 무서운 괴수
로서 이 괴수의 머리에 열 뿔이 돋아나 있는데, 그 뿔
사이에서 한 작은 뿔이 또 나오더니 먼저 열 뿔 중에
셋이 그 작은 뿔 때문에 뿌리까지 뽑혔다고 하였다.

그리고 말씀하기를 “이 작은 뿔에는 사람의 눈 같은
눈이 있고 또 입이 있어 큰 말을 하였다”고 했다.

그리고 특히 위 말씀에 대해 계속해서 다니엘 7장
후반 절에서 본 말씀을 천사가 해석해주고 있는데,

단7:15-28 “나 다니엘이 중심에 근심하며 내 뇌 속에 이상이
나로 번민케 한지라 내가 그 곁에 모신 자 중 하나에게 나
아가서 이 모든 일의 진상을 물으매 그가 내게 고하여 그
일의 해석을 알게 하여 가로되 그 네 큰 짐승은 네 왕이라
세상에 일어날 것이로되 지극히 높으신 자의 성도들이 나
라를 얻으리니 그 누림이 영원하고 영원하고 영원하리라
이에 내가 네째 짐승의 진상을 알고자 하였으니 곧 그것은
모든 짐승과 달라서 심히 무섭고 그 이는 철이요 그 발톱
은 놋이며 먹고 부숴뜨리고 나머지는 발로 밟았으며 또 그
것의 머리에는 열 뿔이 있고 그 외에 또 다른 뿔이 나오매
세 뿔이 그 앞에 빠졌으며 그 뿔에는 눈도 있고 큰 말하는
입도 있고 그 모양이 동류보다 강하여 보인 것이라 내가
본즉 이 뿔이 성도들로 더불어 싸워 이기었더니 옛적부터
항상 계신 자가 와서 지극히 높으신 자의 성도를 위하여

신원하셨고 때가 이르매 성도가 나라를 얻었더라
모신 자가 이처럼 이르되 네째 짐승은 곧 땅의 네째 나라
인데 이는 모든 나라보다 달라서 천하를 삼키고 밟아 부숴
뜨릴 것이며 그 열 뿔은 이 나라에서 일어날 열 왕이요 그
후에 또 하나가 일어나리니 그는 먼저 있던 자들과 다르고
또 세 왕을 복종시킬 것이며 그가 장차 말로 지극히 높으
신 자를 대적하며 또 지극히 높으신 자의 성도를 괴롭게
할 것이며 그가 또 때와 법을 변개코자 할 것이며 성도는
그의 손에 붙인바 되어 한 때와 두 때와 반 때를 지내리라
그러나 심판이 시작된즉 그는 권세를 빼앗기고 끝까지 멸
망할 것이요 나라와 권세와 온 천하 열국의 위세가 지극히
높으신 자의 성민에게 붙인바 되리니 그의 나라는 영원한
나라이라 모든 권세 있는 자가 다 그를 섬겨 복종하리라
하여 그 말이 이에 그친지라 나 다니엘은 중심이 번민하였
으며 내 낯빛이 변하였으나 내가 이 일을 마음에 감추었느
니라"

특히 20절의 말씀을 보면
　　"또 그것의 머리에는 열 뿔이 있고 그 외
　　에 또 다른 뿔이 나오매 세 뿔이 그 앞에
　　빠졌으며 그 뿔에는 눈도 있고 큰 말하는
　　입도 있고 그 모양이 동류보다 강하여 보인
　　것이라"

위 말씀에 대해서 계속해서 천사가 더 구체적으로
상세히 해석해주고 있다.

24절에서 "그 열 뿔은 이 나라에서 일어날 열
　　왕이요 그 후에 또 하나가 일어나리니 그
　　는 먼저 있던 자들과 다르고 또 세 왕을

　　　　복종시킬 것이며”

　본 말씀들을 정리해보면 다음과 같다.
　계13장에 바다에서 나온 일곱 머리 열 뿔 가진 짐승과 또한 단7장에서 바다에서 나온 네 번째 짐승,
　열 뿔 가진 괴수는 같은 존재로써 장차 마지막 때에 지중해 권에서 일어날 짐승의 제국으로써,
　이제 그 제국 안에 있는 열 명의 왕들과 그의 나라 10개국이 짐승인 적그리스도를 따르고 받들어 세울 것이다. 라는 말씀이다.

　또한 이 말씀은 적그리스도가 갑자기 나타나서 10개국의 왕들 중 세 명의 왕들을 온갖 퀘휼과 모략으로 회유하고 설득하여 그 마음을 사로잡아 부하로 삼게 되는데, 그 때에 나머지 7명의 왕들도 먼저 적그리스도의 부하가 된 3명의 왕들처럼 뒤따르게 된다는 말씀이다.

　그리고 이 열 뿔에 대해서는 단2장에서도 바벨론의 왕 느부갓네살의 큰 신상의 꿈을 통해서도 우리가 또 깨달아 볼 수 있다.

　단2:31-35 “왕이여 왕이 한 큰 신상을 보셨나이다 그 신상이
　　　　왕의 앞에 섰는데 크고 광채가 특심하며 그 모양이 심히
　　　　두려우니 그 우상의 머리는 정금이요 가슴과 팔들은 은이
　　　　요 배와 넓적다리는 놋이요 그 종아리는 철이요 그 발은
　　　　얼마는 철이요 얼마는 진흙이었나이다
　　　　또 왕이 보신즉 사람의 손으로 하지 아니하고 뜨인 돌이

신상의 철과 진흙의 발을 쳐서 부숴뜨리매 그때에 철과 진
흙과 놋과 은과 금이 다 부숴져 여름 타작마당의 겨 같이
되어 바람에 불려 간곳이 없었고 우상을 친 돌은 태산을
이루어 온 세계에 가득하였었나이다"

특별히 33절 말씀에
　　"그 종아리는 철이요 그 발은 얼마는 철이
요 얼마는 진흙 이었나이다"

위 말씀을 다니엘이 신의 감동을 받아 해석하고 있
는데,

단2:40-45 "네째 나라는 강하기가 철 같으리니 철은 모든 물건
을 부서뜨리고 이기는 것이라 철이 모든 것을 부수는 것
같이 그 나라가 뭇 나라를 부숴뜨리고 빻을 것이며 왕께서
그 발과 발가락이 얼마는 토기장이의 진흙이요 얼마는 철
인 것을 보셨은즉 그 나라가 나누일 것이며 왕께서 철과
진흙이 섞인 것을 보셨은즉 그 나라가 철의 든든함이 있을
것이나 그 발가락이 얼마는 철이요 얼마는 진흙인즉 그 나
라가 얼마는 든든하고 얼마는 부숴질만할 것이며 왕께서
철과 진흙이 섞인 것을 보셨은즉 그들이 다른 인종과 서로
섞일 것이나 피차에 합하지 아니함이 철과 진흙이 합하지
않음과 같으리이다
이 열왕의 때에 하늘의 하나님이 한 나라를 세우시리니 이
것은 영원히 망하지도 아니할 것이요 그 국권이 다른 백성
에게로 돌아가지도 아니할 것이요 도리어 이 모든 나라를
쳐서 멸하고 영원히 설 것이라
왕이 사람의 손으로 아니하고 산에서 뜨인 돌이 철과 놋과
진흙과 은과 금을 부숴뜨린 것을 보신 것은 크신 하나님이
장래 일을 왕께 알게 하신 것이라 이 꿈이 참되고 이 해석
이 확실하니이다

이 큰 신상에서도 4번째 나라는 종아리와 발의 부분으로서 단7장에 나오는 4번째 나라 열 뿔 가진 괴수와 같은 의미로 파악할 수 있다.

특히 그 신상의 발과 발가락에 대해서 다니엘이 설명하기를 얼마는 철이고 얼마는 흙이었다라고 말하면서

41절~43절 말씀에

"왕께서 그 발과 발가락이 얼마는 토기장이의 진흙이요 얼마는 철인 것을 보셨은즉 그 나라가 나누일 것이며 왕께서 철과 진흙이 섞인 것을 보셨은즉 그 나라가 철의 든든함이 있을 것이나 그 발가락이 얼마는 철이요 얼마는 진흙인즉 그 나라가 얼마는 든든하고 얼마는 부숴질만할 것이며 왕께서 철과 진흙이 섞인 것을 보셨은즉 그들이 다른 인종과 서로 섞일 것이나 피차에 합하지 아니함이 철과 진흙이 합하지 않음과 같으리이다"

위 말씀들을 정리해보면 큰 신상의 4번째 나라는 강력하고 단단하기가 철 같아서 온 세계를 짓밟았지만, 사실 내막적으로 깊숙히 그 나라의 실상을 보면 여러 나라가 합쳐져서 한국가가 되었을 뿐만 아니라 그 나라의 구성원이나 사상, 풍속 등 모든 것이 다 하나로 연

합할 수 없는 다인종 합중국이라는 말씀이다.

한마디로 물과 기름이 합칠 수 없듯이 이 나라도 언젠가는 와해되고 무너질 수밖에 없는 연합 공동체 국가라는 의미이다.

자 그러면 다시 계13:1절 말씀으로 돌아가 보자.
　　"~ 그 머리들에는 참람된 이름들이 있더
　　라"

적그리스도는 많은 이름들을 가지고 있는데,
그것은 마치 북한의 김일성 부자나 김정은이를 가리켜 온갖 미사여구와 아첨의 말로 칭송하듯, 전 세계 거민들이 적그리스도에 대해서 숭배하며 그를 경배하고 칭송하여 그 이름을 붙였고, 또한 적그리스도 자신도 스스로를 높여서 그 이름을 붙였는데, 도저히 사람으로서는 참칭할 수 없는 하나님, 메시야, 불세출의 영웅, 창세 이후로 전무후무한 자 등등..

진정 그 교만과 자고함이 하늘 보좌까지 넘보는 망령되고 참람 된 이름들인 것이다.(거짓 선지자와 이단자들도 역시 이 짐승과 같이 스스로 높여서 자기를 따르는 무리와 사람들에게 재림 주, 그리스도, 언약의 사자, 보혜사, 감람나무, 이긴 자, 밤의 하나님, 낮의 하나님, 심판자 등 진정 인간으로서는 도저히 참칭할 수 없는 망령된 짓거리를 행하고 있는데, 옛 속담에 하룻강아지 범 무서운 줄 모른다는 말과 같이 아주 가소로운 자들이고, 또한 거짓 선지자와 이단자들은 매우 가증하고 사악한 자들일 뿐만 아니라 참으로 미친 사람들이라고 할 수가 있다.

때로는 인간들이 너무나 어리석고 미련해서 엉뚱한 생각이나 행동도 하지만 이단의 괴수들은 해도 해도 너무한다. 자기 스스로를 높여서 내가 무엇이니 하면서 자기를 신처럼 떠받들게 하여 섬기게 하니 이것이야말로 사람으로서는 할 짓이 아닌 것이다.

특히 이런 사람들이 하는 짓들은 인간의 허무함과 연약함을 너무나 모르는 후안무치의 발로이다. 참으로 너무나 부끄럽고 안타까울 뿐이다.

어찌 인간이 하나님이 되며 재림주가 되고 보혜사가 되겠는가?

또 여기에 미혹 받아 다니는 인생도 불쌍하지만 스스로가 제정신이 없이 자기가 신이 된 것처럼 착각하는 자는 더 불쌍한 존재이니 하루속히 정신 차리고 회개하여 하나님께로 돌아와 용서를 받자.

하나님은 긍휼과 인애와 사랑이 크신 분이시다.

※ 적그리스도는 온 세계를 최초로 통일한 세계 대왕이다. 그리고 그는 예수님같이 죽었다가 살아나기도 하였으므로 그가 혹시 스스로를 가리켜 하나님이니, 그리스도이니 하고 망발과 교만한 말을 하고 참람 된 이름을 스스로가 불러도, 우리가 이렇게 말한 적그리스도에 대해서 그가 한 일이 너무 크기 때문에 자기가 스스로 착각을 일으켜 그렇게 말할 수도 있겠구나 하고 우리가 좋게 이해해서 생각해 볼 수도 있겠지만 그러나 당신들은 진정

아니지 않는가?

당신들이 무슨 큰 업적과 역사를 일으켰다고 하나님이 되고 재림주가 될 수 있는지 스스로가 빨리 깨닫고 회개하여 그 미친 마음에서 하루속히 벗어나 인간에게 허락하신 본연의 자리로 돌아가자.)

살후2:4 "저는 대적하는 자라 범사에 일컫는 하나님이나 숭배함을 받는 자 위에 뛰어나 자존하여 하나님 성전에 앉아 자기를 보여 하나님이라 하느니라"

단4:29-37 "열 두달이 지난 후에 내가 바벨론 궁 지붕에서 거닐쌔 나 왕이 말하여 가로되 이 큰 바벨론은 내가 능력과 권세로 건설하여 나의 도성을 삼고 이것으로 내 위엄의 영광을 나타낸 것이 아니냐 하였더니

이 말이 오히려 나 왕의 입에 있을 때에 하늘에서 소리가 내려 가로되 느부갓네살왕아 네게 말하노니 나라의 위가 네게서 떠났느니라 네가 사람에게서 쫓겨나서 들짐승과 함께 거하며 소처럼 풀을 먹을 것이요 이와 같이 일곱 때를 지내서 지극히 높으신 자가 인간나라를 다스리시며 자기의 뜻대로 그것을 누구에게든지 주시는 줄을 알기까지 이르리라 하더니

그 동시에 이 일이 나 느부갓네살에게 응하므로 내가 사람에게 쫓겨나서 소처럼 풀을 먹으며 몸이 하늘 이슬에 젖고 머리털이 독수리 털과 같았고 손톱은 새 발톱과 같았었느니라

그 기한이 차매 나 느부갓네살이 하늘을 우러러 보았더니 내 총명이 다시 내게로 돌아온지라 이에 내가 지극히 높으신 자에게 감사하며 영생하시는 자를 찬양하고 존경하였노니 그 권세는 영원한 권세요 그 나라는 대대에 이르리로다 땅의 모든 거민을 없는 것 같이 여기시며 하늘의 군사에게든지 땅의 거민에게든지 그는 자기 뜻대로 행하시나니 누가 그의 손을 금하든지 혹시 이르기를 네가 무엇을 하느냐 할 자가 없도다

그 동시에 내 총명이 내게로 돌아왔고 또 내 나라 영광에

대하여도 내 위엄과 광명이 내게로 돌아왔고 또 나의 모사
들과 관원들이 내게 조회하니 내가 내 나라에서 다시 세움
을 입고 또 지극한 위세가 내게 더하였느니라 그러므로 지
금 나 느부갓네살이 하늘의 왕을 찬양하며 칭송하며 존경
하노니 그의 일이 다 진실하고 그의 행하심이 의로우시므
로 무릇 교만하게 행하는 자를 그가 능히 낮추심이니라"

단7:25-27 "그가 장차 말로 지극히 높으신 자를 대적하며 또
지극히 높으신 자의 성도를 괴롭게 할 것이며 그가 또 때
와 법을 변개코자 할 것이며 성도는 그의 손에 붙인바 되
어 한 때와 두 때와 반 때를 지내리라 그러나 심판이 시작
된즉 그는 권세를 빼앗기고 끝까지 멸망할 것이요 나라와
권세와 온 천하 열국의 위세가 지극히 높으신 자의 성민에
게 붙인바 되리니 그의 나라는 영원한 나라이라 모든 권세
있는 자가 다 그를 섬겨 복종하리라 하여"

단8:9-12,24-25 "그 중 한 뿔에서 또 작은 뿔 하나가 나서 남
편과 동편과 또 영화로운 땅을 향하여 심히 커지더니 그것
이 하늘 군대에 미칠만큼 커져서 그 군대와 별 중에 몇을
땅에 떨어뜨리고 그것을 짓밟고 또 스스로 높아져서 군대
의 주재를 대적하며 그에게 매일 드리는 제사를 제하여 버
렸고 그의 성소를 헐었으며 범죄함을 인하여 백성과 매일
드리는 제사가 그것에게 붙인바 되었고 그것이 또 진리를
땅에 던지며 자의로 행하여 형통하였더라

그 권세가 강할 것이나 자기의 힘으로 말미암은 것이 아니
며 그가 장차 비상하게 파괴를 행하고 자의로 행하여 형통
하며 강한 자들과 거룩한 백성을 멸하리라 그가 꾀를 베풀
어 제 손으로 궤휼을 이루고 마음에 스스로 큰체하며 또
평화한 때에 많은 무리를 멸하며 또 스스로 서서 만왕의
왕을 대적할 것이나 그가 사람의 손을 말미암지 않고 깨어
지리라"

단11:36-39 "이 왕이 자기 뜻대로 행하며 스스로 높여 모든
신보다 크다 하며 비상한 말로 신들의 신을 대적하며 형통
하기를 분노하심이 쉴 때까지 하리니 이는 그 작정된 일이
반드시 이룰 것임이니라

그가 모든 것보다 스스로 크다 하고 그 열조의 신들과 여
자의 사모하는 것을 돌아보지 아니하며 아무 신이든지 돌

종말의 모든 비밀이 밝혀지다   123

아보지 아니할 것이나 그 대신에 세력의 신을 공경할 것이
요 또 그 열조가 알지 못하던 신에게 금 은 보석과 보물을
드려 공경할 것이며 그는 이방신을 힘입어 크게 견고한 산
성들을 취할 것이요 무릇 그를 안다 하는 자에게는 영광을
더하여 여러 백성을 다스리게도 하며 그에게서 뇌물을 받
고 땅을 나눠 주기도 하리라"

그러므로 적그리스도는 말과 일과 행동에 있어서도
그 교만함과 자고함이 하늘에까지 닿았던 것이다.

계13:4-10 "용이 짐승에게 권세를 주므로 용에게 경배하며 짐
승에게 경배하여 가로되 누가 이 짐승과 같으뇨 누가 능히
이로 더불어 싸우리요 하더라 또 짐승이 큰 말과 참람된
말 하는 입을 받고 또 마흔 두달 일할 권세를 받으니라
짐승이 입을 벌려 하나님을 향하여 훼방하되 그의 이름과
그의 장막 곧 하늘에 거하는 자들을 훼방하더라 또 권세를
받아 성도들과 싸워 이기게 되고 각 족속과 백성과 방언과
나라를 다스리는 권세를 받으니
죽임을 당한 어린 양의 생명책에 창세 이후로 녹명되지 못
하고 이 땅에 사는 자들은 다 짐승에게 경배하리라 누구든
지 귀가 있거든 들을찌어다 사로잡는 자는 사로잡힐 것이
요 칼로 죽이는 자는 자기도 마땅히 칼에 죽으리니 성도들
의 인내와 믿음이 여기 있느니라"

자 그러면 마지막으로 계13:2절 말씀을 보자
    "내가 본 짐승은 표범과 비슷하고 그 발은
    곰의 발 같고 그 입은 사자의 입 같은데 용
    이 자기의 능력과 보좌와 큰 권세를 그에게
    주었더라"

이 말씀은 적그리스도의 본성과 그의 정체성을 상징

하고 있는데,

그는 짐승 중에서도 가장 사납고 강포하며 탐욕스럽고 교활하여 잔인한 짐승들인 표범, 곰, 사자의 악한 성품과 특징을 닮은 인면수심의 금수와 같이 천인공노할 자인 것을 말씀하고 있다.

또한 표범이나 곰, 사자는 단7장에서 나타난 상징으로써, 지중해바다를 중심으로 일어날 4대 왕국 중 세 왕국을 말씀하고 있는데,

> 단7:2-6 "다니엘이 진술하여 가로되 내가 밤에 이상을 보았는데 하늘의 네 바람이 큰 바다로 몰려 불더니 큰 짐승 넷이 바다에서 나왔는데 그 모양이 각각 다르니
> 첫째는 사자와 같은데 독수리의 날개가 있더니 내가 볼 사이에 그 날개가 뽑혔고 또 땅에서 들려서 사람처럼 두 발로 서게 함을 입었으며 또 사람의 마음을 받았으며
> 다른 짐승 곧 둘째는 곰과 같은데 그것이 몸 한편을 들었고 그 입의 잇사이에는 세 갈빗대가 물렸는데 그에게 말하는 자가 있어 이르기를 일어나서 많은 고기를 먹으라 하였으며
> 그 후에 내가 또 본즉 다른 짐승 곧 표범과 같은 것이 있는데 그 등에는 새의 날개 넷이 있고 그 짐승에게 또 머리 넷이 있으며 또 권세를 받았으며"

이 세 왕국은 다니엘이 환상을 본 시대로부터 주의 재림 기까지 장차 이 세상에 순차적으로 나타날 짐승들의 왕국으로써 궁극적으로는 적그리스도와 그의 왕국을 예표하는 나라들이다.

그리고 또한 세상 끝 날에는 전 세계가 중동지방을

중심으로 4뿔의 역사 곧 4대 연합제국들이 동서사방으로 나누어지게 되는데,

그 때에 동방, 남방, 북방의 세력이 사자, 표범, 곰 제국이 된다. 그리고 그 모든 세력들이 적그리스도에 의해서 통합하게 된다. 그래서 사도 요한이 본 짐승이 표범, 곰, 사자와 같다고 말씀하신 것이다.

또한 이 짐승 적그리스도는 세 제국의 나타날 특성들과 그 사상과 정치적 힘들을 물려받을 것이며,

또 그 바탕 위에서 세워진다는 의미를 보여주신 것이다.(중동지방을 중심으로 전 세계가 4대 연합체제로 통합되게 되는데, 그 말씀에 대한 상세한 부분에 대해서는 다니엘서, 스가랴서, 계시록의 말씀을 통해서 자세히 해석할 것이다.)

자 그러면 정리해보자. 적그리스도는 바다에서 나온 괴물로써 주의 재림 직전에 출몰하여 전 세계를 통합하고 세계대왕이 될 것이며, 그의 통치 기간 동안에 하나님을 대적하고 그의 백성들을 수없이 죽이며 핍박할 것이다.

그는 금수와 같은 자로써 그의 작정된 기한 동안에 자기 마음과 뜻대로 하여 온 세계를 고통과 큰 곤경에 빠뜨릴 것이다.

그리고 그의 나라는 지중해 권을 중심으로 나타날 괴물의 나라로써, 단2장에서는 4번째 나올 짐승, 10발

가락의 나라, 곧 세상 끝에 나타날 로마제국이고,

또한 계17장에서는 여자가 앉은 일곱 언덕으로 돼 있는 로마 시에서 장차 나타나 신과 같이 군림할 황제인 것이다.

특별히 금세기에 나타난 구라파의 EC 공동체의 기반으로 결성된 EU 제국이 로마제국의 영광을 재현하기 위해 나타난 적그리스도의 왕국이라 할 수가 있다.(단2장에 나온 큰 신상은 이 세상 나라에 나타날 짐승의 제국인 곧 적그리스도의 왕국을 총체적으로 예표 한 상징이다.

그래서 바벨론, 메데와파사, 헬라, 로마제국에 이르기까지 머리에서부터 시작하여 발끝까지 나타난 나라들은 전부 적그리스도의 나라를 상징한다.

특별히 그 중에서도 발과 발가락은 신체부위상 맨 아래에 붙어 있는 것처럼 장차 발과 발가락으로 상징되는 나라 로마는 이 세상 끝 날에 다시 나타날 역사인 것이다.)

특별히 구라파 EU 제국에 대해서 적그리스도 왕국이라고 하는 것은 혹자는 잘못된 해석이라고 하면서 그 반증으로써 분명히 성경에서는 열 뿔은 열 왕이며 열 나라라고 했는데 현재 EU 제국은 27개국이 가입해서 연합되었기 때문에 잘못된 해석이라고 하는데,

사실은 그렇지가 않다. 왜냐하면 이 부분에 대해서는 여러 가지 관점에서 우리가 살펴보아야 할 것이다.

첫째로는 적그리스도는 로마제국에서 나타난다.

그런데 로마제국은 역사상에 사라졌다.

그렇지만 공교롭게도 EU 제국은 로마제국의 영광을 다시 찾기 위해서 세워졌다고 EU 제국의 헌법에도 명문화되어 있다.(하나님의 말씀은 다 성취되어야 한다.

특별히 그 중에서도 종말에 성취될 주님의 재림과 더불어 적그리스도와 짐승의 나라가 이 세상에 반드시 나타나야 한다.

그러한 의미 속에서 로마제국은 예수님 초림시대에서부터 예수님 재림시기까지 적그리스도의 왕국으로서는 조금도 부족함이 없는 가장 합당한 나라인 것이다.)

그러므로 EU는 성경에 예언된 대로 지중해 권에서 나타난 재생로마의 부활이다. 특히 옛날 로마제국은 수십 개 나라가 로마에 정복되어 제국을 이루었다.

이처럼 **성경 상에서 10의 숫자는 만수, 채웠다. 많다의 뜻을 가지고 있다. 그러므로 굳이 10의 숫자만 고집해서는 안 된다는 사실이다.**

둘째로는 구라파의 민족, 인종적 분포도를 보면, 게르만족, 슬라브족, 라틴족, 앵글로색슨족, 노르만족 등등 한 십여 개의 혈통적 종족이라 할 수가 있다.

또한 국가적으로 살펴보아도, 독일, 체코, 오스트리아, 헝가리 등은 본래 한 왕가와 국가로서 존재했었으나, 지금은 분리되어 각기 독립된 나라가 되었다.

이처럼 EU 제국의 가입국이 많다고 해도 혈통적, 민족적으로 보면 약10여개의 국가라고 할 수가 있다.

셋째로 EU는 그 출발이 세계 1, 2차 세계 대전이라는 엄청난 고통과 재난을 겪고는 다시는 유럽에 전쟁이 발생하여 서로 죽이는 일이 없어야 된다고 하는 절박함 속에서 탄생한 통합제국이다.

그리고 그 모체가 경제적 공동체 기구인 EC가 견인차적인 역할을 해서 하나 됨을 모토로 하여 이제는 정치적 통합에까지 이르게 된 것이다.

그러므로 EU 제국 내에 모든 나라와 국민들은 한 나라가 되었으므로, 이제는 EU 제국 안에서 너의 나라이니, 내 나라이니 하면서 서로 편을 가르고 싸워서는 안 되기 때문에, **장차 EU 제국 안에 있는 모든 나라와 국민들은 전부 통합하게 될 것이고 또한 비례 대표해서 10여명의 대의원 총대를 세워서 정치할 수 있다는** 사실을 우리가 또 알아야 하겠다.

그래서 제17장 12절에도
　"～ 열 뿔은 열 왕이니 아직 나라를 얻지 못하였으나 다만 짐승으로 더불어 임금처럼 권세를 일시 동안 받으리라"

이 말씀은 **열 명의 왕들이 특정하게 각기 자기 나라가 있는 것이 아니고, 한시적으로 권리를 가지게 된다는 말씀이다.**(만일 EU 제국의 모든 나라들이 자기가 뽑은 대통령을 총대로 보내서 정치하게 한다면 큰 어려움을 겪게 될 것이다.

왜냐하면 EU는 현재 27개국의 27명의 대통령이 있기 때문이다. 그러므로 옛 속담에 사공이 많으면 배가 산으로 간다는 말이 EU 제국에 합당할 것이다.)

넷째로 우리는 EU 제국의 수십 개 나라가 계속해서 함께 할 수 있다고 하는 일에는 조금 의심을 가질 필요가 있다.

왜냐하면 우리가 이 세상 속에서 살아가면서도 사회생활이나 또한 어느 단체나 조직이든지간에 우리가 들어가서 활동하게 될 때에 그 안에서 여러 사람들의 의견을 모아서 함께 일해 나간다는 것이 얼마나 어렵고 힘든 일인가를 우리는 다시한번 생각해 볼 수가 있다.

그뿐만 아니라 또한 한 나라 안에서도 모든 국민의 생각과 의견을 모으고 그 뜻의 일치를 이룬다는 것은 더군다나 매우 어려운 것이 사실이다.

그러면 비단 나라뿐인가? 부부생활이나 가정생활에 있어서도 참으로 하나 되기 어려운 이 시대에 어찌 EU 제국의 나라들이 계속해서 1국체제로 간다는 것은 깊이 생각해봐야 할 문제이다.

지금도 신문지상이나 뉴스를 통해서 유럽의 소식을 우리가 들어보면, EU 각국의 정치적, 경제적, 사회적 등 여러 가지 문제와 이해관계로 인하여 삐걱대는 잡음들이 만만치 않은 것을 볼 때에,

나중에는 성경에 예언된 말씀대로 EU 제국 안에서도 자기들 나라의 색깔 곧 정치적, 사상적, 경제적으로 마음에 맞는 국가들끼리 유유상종하여,

주님 오시기 직전에는 10개의 나라로 제한될 수 있다는 사실을 우리는 알아야 하겠다.

질문 14

주님의 재림에 대해서 묻습니다.

이단들은 주님의 재림을 부인하며 말하기를 어찌 예수님이 손오공인가?

그러면서 말하기를 구름타고 오신다는 말은 영적으로 해석해야지 문자 그대로 해석해서는 안 된다고 하면서 성경에 여러 구절들을 그럴듯하게 인용하고 연결하여, 우리 주님이 구름타고 오시는 일과 재림에 대하여 부인하면서 자기 단체와 교주에게는 그 의미를 부여하고 해석하고 있는데 이것이 맞는 말인지요?

대답

그들은 너무나 사악하고 거짓된 자들이며 마귀의 자식들이다.

어찌 인간이 그리스도가 되며 신이 될 수 있겠는가? 오직 예수만이 신이며 인간이시다.

그 분만이 인류를 위한 하나님 앞에 속죄제물이 되신다.(오직 예수님만이 동정녀의 몸에 탄생하심으로써 아담의 원죄가 유전되지 않는 이 세상에 유일하신 하나님의 어린양이 되실 뿐만 아니라 하나님을 대신하여 영원한 대제사장이 되신다.)

> 히7:26-28 "이러한 대제사장은 우리에게 합당하니 거룩하고 악이 없고 더러움이 없고 죄인에게서 떠나 계시고 하늘보다 높이 되신 자라 저가 저 대제사장들이 먼저 자기 죄를 위하고 다음에 백성의 죄를 위하여 날마다 제사 드리는 것과 같이 할 필요가 없으니 이는 저가 단번에 자기를 드려 이루셨음이니라
> 율법은 약점을 가진 사람들을 제사장으로 세웠거니와 율법 후에 하신 맹세의 말씀은 영원히 온전케 되신 아들을 세우셨느니라"
> 히9:11-15 "그리스도께서 장래 좋은 일의 대제사장으로 오사 손으로 짓지 아니한 곧 이 창조에 속하지 아니한 더 크고 온전한 장막으로 말미암아 염소와 송아지의 피로 아니하고 오직 자기 피로 영원한 속죄를 이루사 단번에 성소에 들어 가셨느니라
> 염소와 황소의 피와 및 암송아지의 재로 부정한 자에게 뿌려 그 육체를 정결케 하여 거룩케 하거든 하물며 영원하신 성령으로 말미암아 흠 없는 자기를 하나님께 드린 그리스도의 피가 어찌 너희 양심으로 죽은 행실에서 깨끗

하게 하고 살아계신 하나님을 섬기게 못하겠느뇨
이를 인하여 그는 새 언약의 중보니 이는 첫 언약 때에
범한 죄를 속하려고 죽으사 부르심을 입은 자로 하여금
영원한 기업의 약속을 얻게 하려 하심이니라”

그러나 모든 인생들은 본래부터 죄악을 가지고 태어
난다.

시51:5 “내가 죄악 중에 출생하였음이여 모친이 죄 중에 나를
잉태하였나이다”
롬5:12 “이러므로 한 사람으로 말미암아 죄가 세상에 들어오고
죄로 말미암아 사망이 왔나니 이와 같이 모든 사람이 죄를
지었으므로 사망이 모든 사람에게 이르렀느니라”
욥15:14 “사람이 무엇이관대 깨끗하겠느냐 여인에게서 난 자가
무엇이관대 의롭겠느냐”

그러므로 이 땅에 태어나서 사는 모든 인생들은 누
구든지 메시야나 그리스도가 될 수가 없고 더군다나 재
림 예수는 더욱 더 될 수도 없다는 사실이다.

특별히 그리스도가 되려면 자격 조건이 두 가지가
있는데, 그것은 다음과 같은 말씀 속에서 그 의미를 찾
아볼 수 있다.

롬1:2-4 “이 복음은 하나님이 선지자들로 말미암아 그의 아들
에 관하여 성경에 미리 약속하신 것이라
이 아들로 말하면 육신으로는 다윗의 혈통에서 나셨고 성
결의 영으로는 죽은 가운데서 부활하여 능력으로 하나님의
아들로 인정되셨으니 곧 우리 주 예수 그리스도시니라”

첫째는 3절 말씀에 "육신으로는 다윗의 혈통에
　　　서 나셨고"

이 말씀은 다윗의 혈통에서 예수님이 나오셨다는 뜻
이다.

그러나 대한민국에서 **태어난 사람들은 절대로 메시
야가 될 수가 없는데,** 혈통으로 따져보면 고대에 이세
상의 홍수가 끝나고 사람들이 함께 모여 바벨탑을 쌓은
후 하나님의 진노로 언어가 혼잡 되어 서로 알아들을
수가 없어서, 결국은 모든 사람들이 전 세계로 흩어질
때에 동방 땅 끝 아시아로 건너온 사람들의 후손들이기
때문이다.(성경 연구를 통해서 아시아 사람들의 혈통과 족
보를 따져 보면 노아의 아들 셈의 자손 욕단의 계열이다.)

그러므로 대한민국에서 태어난 한민족의 후예는 다
윗의 자손이 아닌 박씨는 박혁거세, 김씨는 김알지 등
의 조상이 있어서 김씨, 박씨, 이씨, 안씨, 문씨가 된
것인데 어쩌자고 자기들이 메시야라고 참칭할 수가 있
겠는가?

둘째는 8절 말씀에 "성결의 영으로는 죽은 가
　　　운데서 부활하여 능력으로 하나님의 아들로
　　　인정되셨으니 곧 우리 주 예수 그리스도시
　　　니라"

이 말씀은 예수님만이 유일하게도 죽은 자 가운데서

부활하신 분이신데, 그 이유는 바로 그 분이 동정녀의 몸에서 남자의 씨가 없이 태어나셨기 때문에 죄가 없으시다.

그러므로 사망도 우리 주님을 음부에 가두어 둘 수가 없어서 삼일 만에 우리 주님의 영혼을 당신의 몸으로 다시 돌려보내심으로 인하여 우리 주님께서는 다시 살아나신 것이다.(모든 죽음은 죄 때문에 온 결과인데, 우리 주님은 죄가 없으시기 때문에 죽여도 다시 살아나실 수밖에 없다.)

약1:15 "욕심이 잉태한 즉 죄를 낳고 죄가 장성한 즉 사망을 낳느니라"

이처럼 **메시야가 되려면 이 두 가지 자격 조건을 가져야 하는데, 이단이나 거짓 선지자는 절대로 그리스도가 될 수가 없는 것이다.**(어떤 이단의 교주들은 대부분의 사람들이 죽어 황천길로 간 것처럼 이미 이 세상을 떠나갔고, 또한 그 죽은 시체를 땅에 묻어서 자기 무덤에 들어가 있을 뿐만 아니라 그들은 하나같이 자기 죄 때문에 죽어 그 신체가 땅 속에서 썩고 있어, 만일 그 관 뚜껑을 연다면 아마 송장 썩은 냄새가 악취를 풍길 것이다.

참으로 그러한 주제에 어찌 보혜사가 되고 그리스도가 된다고 큰소리칠 수가 있겠는가? 또한 이것도 모자라 그러한 자들이 하나님이 된다고 말들을 하고 있으니, 참으로 미치고 환장할 노릇이란 말이 여기에 해당될 것이다.)

그러므로 우리 주님만이 하나님의 아들이 되시고 또한 그리스도가 되시니 이것을 온 세계에 전할 복음이 된 것이며, 그리고 모든 성경은 우리 주님께서 그리스도 되심을 증거 하는 것이다. 어찌 죄 많은 인간이 그리스도가 되거나 하나님이 될 수가 있겠는가?

롬3:23 "모든 사람이 죄를 범하였으매 하나님의 영광에 이르지 못하더니"

롬3:9-12 "그러면 어떠하뇨 우리는 나으뇨 결코 아니라 유대인이나 헬라인이나 다 죄 아래 있다고 우리가 이미 선언하였느니라

기록한바 의인은 없나니 하나도 없으며 깨닫는 자도 없고 하나님을 찾는 자도 없고 다 치우쳐 한가지로 무익하게 되고 선을 행하는 자는 없나니 하나도 없도다"

그리고 예수의 초림이 실제적이듯 우리 주님의 재림은 반드시 실제적 역사적으로 이루어지는데 그것은 이단들이 말하듯이 비유적, 상징적, 영적 재림이 아니다. 성경말씀 속에서도 수없이 예언되어 있고 또한 우리 주님도 당신 자신이 이 세상에 계실 때 여러 번에 걸쳐서 이 세상에 다시 오실 것을 말씀하셨다.(예수님의 초림은 영적, 본질적, 법적, 명분적 문제를 해결하시러 이 세상에 오셨지만 예수님의 재림은 육적, 물질적, 실제적, 가시적 문제를 해결하실 뿐만 아니라 이 세상과 인생들의 구원을 완성하신다.

특별히 주님의 초림과 재림을 사람의 구원 문제를 가지고 논한다면, 주님의 초림은 사람의 영혼의 구원 문제를 해결하

러 오셨지만, 주님의 재림은 사람의 육체를 구원하시려고 다시 오시는 것이다. 그리고 또한 모든 피조 세계도 주님의 재림을 학수고대하고 있다.)

특히 우리 주님은 육체를 다시 입을 필요가 없는 영화 체로써 영생하시는 몸이시다.(우리 주님의 부활하신 몸은 너무나 신비해서 시공을 초월해서 다니실 뿐만 아니라 제자들이 주님의 몸을 만져보니 실체가 있어 감각되었고 또한 연기처럼 바람처럼 홀연히 변화되실 수 있는 몸이시다. 그리고 음식을 먹으나 안 먹으나 생명에는 아무 지장이 없는 초인적인 몸이며, 물과 불에 들어가도 조금도 상할 수 없는 몸이고 또한 죽여도 죽음을 가질 수 없는 영원히 사시는 몸이다.)

그러므로 우리 주님은 초림 때처럼 두 번 다시 사람 몸속에 들어가 태어나실 필요가 없으신 영광스러운 자신의 몸을 가지시고 계시며, 또한 이제는 성령님처럼 어떤 사람의 몸이든지 그 속에 들어가 거할 수 없는 실존의 몸이시다.

그러므로 이단 사이비들처럼 자기 교주들에게 예수님이 재림해 계신다든지, 아니면 그럴듯하게 하나님의 말씀을 억지로 꿰어 맞추어 예수의 재림을 영적, 상징적, 비유적이라고 말하면서 그 분이 실제적, 역사적으로 오실 것을 부인하며 호도하는 짓들을 저지르고 있는데, 이는 말로 다할 수 없는 간악한 범죄이다.

마24:4-5 “예수께서 대답하여 가라사대 너희가 사람의 미혹을 받지 않도록 주의하라 많은 사람이 내 이름으로 와서 이르되 나는 그리스도라 하여 많은 사람을 미혹케 하리라”

마24:23-27 “그 때에 사람이 너희에게 말하되 보라 그리스도가 여기 있다 혹 저기 있다 하여도 믿지 말라 거짓 그리스도들과 거짓 선지자들이 일어나 큰 표적과 기사를 보이어 할 수만 있으면 택하신 자들도 미혹하게 하리라
보라 내가 너희에게 미리 말하였노라 그러면 사람들이 너희에게 말하되 보라 그리스도가 광야에 있다 하여도 나가지 말고 보라 골방에 있다 하여도 믿지 말라 번개가 동편에서 나서 서편까지 번쩍임 같이 인자의 임함도 그러하리라”

자 그러면 우리 주님이 하늘에서 구름타고 오신다고 하셨는데, 이 말씀에 대해서 상세히 살펴보자.

먼저 주님이 제자들에게 재림에 대해서 말씀하실 때에 주님 자신이 구름타고 오신다고 하였다.

막13:26 “그 때에 인자가 구름을 타고 큰 권능과 영광으로 오는 것을 사람들이 보리라”

눅21:27 “그 때에 사람들이 인자가 구름을 타고 능력과 큰 영광으로 오는 것을 보리라”

또한 대제사장에게 심문을 받을 때에도 하늘 구름을
타고 자기가 다시 오신다고 하셨다.

마26:64 "예수께서 가라사대 네가 말하였느니라 그러나 내가
너희에게 이르노니 이 후에 인자가 권능의 우편에 앉은 것
과 하늘 구름을 타고 오는 것을 너희가 보리라 하시니"

그리고 사도 바울도 주님이 강림하실 때에 이 땅에
성도들을 구름 가운데로 끌어 올려 영접하게 하신다고
하였다.

살전4:16-17 "주께서 호령과 천사장의 소리와 하나님의 나팔로
친히 하늘로 좇아 강림하시리니 그리스도 안에서 죽은 자
들이 먼저 일어나고 그 후에 우리 살아 남은 자도 저희와
함께 구름 속으로 끌어 올려 공중에서 주를 영접하게 하시
리니 그리하여 우리가 항상 주와 함께 있으리라"

또한 사도 요한도 주님의 재림을 다음과 같이 외치
고 있다.

계1:7 "볼찌어다 구름을 타고 오시리라 각인의 눈이 그를 보겠
고 그를 찌른 자들도 볼터이요 땅에 있는 모든 족속이 그
를 인하여 애곡하리니 그러하리라 아멘"

그리고 사도 요한의 환상 중에도 인자 같은 이가 곧
예수께서 구름 위에 앉아 계시는데 땅에 있는 곡식을
추수하는 장면을 증거하고 있다.

계14:14-16 "또 내가 보니 흰구름이 있고 구름 위에 사람의
아들과 같은 이가 앉았는데 그 머리에는 금 면류관이 있고

그 손에는 이한 낫을 가졌더라

또 다른 천사가 성전으로부터 나와 구름 위에 앉은 이를
향하여 큰 음성으로 외쳐 가로되 네 낫을 휘둘러 거두라
거둘 때가 이르러 땅에 곡식이 다 익었음이로다 하니 구름
위에 앉으신 이가 낫을 땅에 휘두르매 곡식이 거두어지니
라”

이처럼 우리 주님의 재림은 반드시 구름을 타고 오
시는데, 그러면 이 구름은 무엇을 상징하며 그 실체는
무엇인가?

구름은 허다한 무리나 증인, 언약 같은 의미도 있지
만, 그보다 더 중요한 것은 구름은 하나님의 영광의 임
재이고 실체로서, 성경 상에도 많이 나타나 있고 또한
증거 되어 있다고 하는 사실이다.

출16:10 “아론이 이스라엘 자손의 온 회중에게 말하매 그들이
광야를 바라보니 여호와의 영광이 구름 속에 나타나더라”

출19:9 “여호와께서 모세에게 이르시되 내가 빽빽한 구름 가운
데서 네게 임함은 내가 너와 말하는 것을 백성으로 듣게
하며 또한 너를 영영히 믿게 하려 함이니라 모세가 백성의
말로 여호와께 고하였으므로”

출24:15-18 “모세가 산에 오르매 구름이 산을 가리며 여호와
의 영광이 시내산 위에 머무르고 구름이 육일 동안 산을
가리더니 제 칠일에 여호와께서 구름 가운데서 모세를 부
르시니라
산 위의 여호와의 영광이 이스라엘 자손의 눈에 맹렬한 불
같이 보였고 모세는 구름 속으로 들어가서 산 위에 올랐으
며 사십일 사십야를 산에 있으니라”

출34:5 “여호와께서 구름가운데 강림하사 그와 함께 거기 서서
여호와의 이름을 반포하실쌔”

출40:34-38 "그 후에 구름이 회막에 덮이고 여호와의 영광이
성막에 충만하매 모세가 회막에 들어갈 수 없었으니 이는
구름이 회막 위에 덮이고 여호와의 영광이 성막에 충만함
이었으며 구름이 성막 위에서 떠오를 때에는 이스라엘 자
손이 그 모든 행하는 길에 앞으로 발행하였고 구름이 떠오
르지 않을 때에는 떠오르는 날까지 발행하지 아니하였으며
낮에는 여호와의 구름이 성막 위에 있고 밤에는 불이 그
구름 가운데 있음을 이스라엘의 온 족속이 그 모든 행하는
길에서 친히 보았더라"

레16:2 "여호와께서 모세에게 이르시되 네 형 아론에게 이르라
성소의 장안 법궤 위 속죄소 앞에 무시로 들어오지 말아서
사망을 면하라 내가 구름 가운데서 속죄소 위에 나타남이
니라"

민12:5 "여호와께서 구름 기둥 가운데로서 강림하사 장막 문에
서시고 아론과 미리암을 부르시는지라 그 두 사람이 나아
가매"

왕상8:10-11 "제사장이 성소에서 나올 때에 구름이 여호와의
전에 가득하매 제사장이 그 구름으로 인하여 능히 서서 섬
기지 못하였으니 이는 여호와의 영광이 여호와의 전에 가
득함이었더라"

그리고 이 구름은 자연계에서도 땅에 있는 것이 아
니고 하늘에 떠 있다. 이처럼 구름을 타고 오시는 우리
주님은 재림 시 하늘에서 오시는 것이다.

왜냐하면 그 분은 부활하시어 하늘로 승천하신 후
에 하나님의 보좌 우편에 좌정해 계시고 있기 때문이고
또한 때가 되면 이 땅에 다시 오시게 된다는 사실이다.

행1:2, 9-11 "그의 택하신 사도들에게 성령으로 명하시고 승천
하신 날까지의 일을 기록하였노라...
~ 이 말씀을 마치시고 저희 보는데서 올리워 가시니 구름
이 저를 가리워 보이지 않게 하더라 올라가실 때에 제자들

이 자세히 하늘을 쳐다보고 있는데 흰옷 입은 두 사람이
저희 곁에 서서 가로되 갈릴리 사람들아 어찌하여 서서 하
늘을 쳐다보느냐 너희 가운데서 하늘로 올리우신 이 예수
는 하늘로 가심을 본 그대로 오시리라 하였느니라"
막16:19 "주 예수께서 말씀을 마치신 후에 하늘로 올리우사 하
　　　나님 우편에 앉으시니라"
눅24:51 "축복하실 때에 저희를 떠나 하늘로 올리우시니"
히8:1 "이제 하는 말의 중요한 것은 이러한 대제사장이 우리에
　　　게 있는 것이라 그가 하늘에서 위엄의 보좌 우편에 앉으셨
　　　으니"
행7:56 "말하되 보라 하늘이 열리고 인자가 하나님 우편에 서
　　　신 것을 보노라 한대"

우리 주님은 부활하셔서 하나님 아버지가 계신 집,
곧 본래 자기 집인 천국 즉 하늘나라로 가셨다. 그러므
러 오실 때에도 하늘나라에서 다시 오시는 것이다.

단7:13 "내가 또 밤 이상 중에 보았는데 인자 같은 이가 하늘
　　　구름을 타고 와서 옛적부터 항상 계신 자에게 나아와 그
　　　앞에 인도되매"
막14:62 "예수께서 이르시되 내가 그니라 인자가 권능자의 우
　　　편에 앉은 것과 하늘 구름을 타고 오는 것을 너희가 보리
　　　라 하시니"

그러므로 마24:30절에 "그 때에 인자의 징조
　　　가 하늘에서 보이겠고 그 때에 땅의 모든
　　　족속들이 통곡하며 그들이 인자가 구름을
　　　타고 능력과 큰 영광으로 오는 것을 보리
　　　라"

주님의 오시는 징조는 하늘에서 보인다고 하였다.
그러면서 주님은 마24:26-27절에 "그러면 사
람들이 너희에게 말하되 보라 그리스도가
광야에 있다 하여도 나가지 말고 보라 골
방에 있다 하여도 믿지 말라 번개가 동편
에서 나서 서편까지 번쩍임 같이 인자의
임함도 그러하리라"

눅17:22-24 "또 제자들에게 이르시되 때가 이르리니 너희가
인자의 날 하루를 보고자 하되 보지 못하리라 사람이 너희
에게 말하되 보라 저기 있다 보라 여기 있다 하리라 그러
나 너희는 가지도 말고 좇지도 말라 번개가 하늘 아래 이
편에서 번뜻하여 하늘 아래 저편까지 비췸 같이 인자도 자
기 날에 그러하리라"

이처럼 우리 주님의 재림은 이 땅에서 아무개의 몸
을 빌려서 오시거나, 아니면 위임하셔서 상징적으로나
명분적으로 오시지 않고 직접 이 세상에 다시 오시는
데, 그 분은 만왕의 왕, 만주의 주로써 또한 심판 주로
써 임하실 때에 이 세상에 악인들과 사단 마귀와 모든
어둠의 세력들을 멸망시키고 또한 자기 백성들을 구원
하고 영광스럽게 하시기 위해서 친히 이 세상에 다시
오시는 것이다.

그러므로 주님의 말씀 가운데에서도 그리스도가 여
기 있다, 저기 있다, 광야에 있다, 골방에 있다 하여도
나가 보지 말라고 종말 기의 성도들을 위해 신신당부하

신 것이다.

> 마25:31-34,41 "인자가 자기 영광으로 모든 천사와 함께 올때
> 에 자기 영광의 보좌에 앉으리니 모든 민족을 그 앞에 모
> 으고 각각 분별하기를 목자가 양과 염소를 분별하는 것 같
> 이 하여 양은 그 오른편에, 염소는 왼편에 두리라
> 그 때에 임금이 그 오른편에 있는 자들에게 이르시되 내
> 아버지께 복 받을 자들이여 나아와 창세로부터 너희를 위
> 하여 예비된 나라를 상속하라...
> ~ 또 왼편에 있는 자들에게 이르시되 저주를 받은 자들아
> 나를 떠나 마귀와 그 사자들을 위하여 예비된 영영한 불에
> 들어가라"
> 살전1:10 "또 죽은 자들 가운데서 다시 살리신 그의 아들이 하
> 늘로부터 강림하심을 기다린다고 말하니 이는 장래 노하심
> 에서 우리를 건지시는 예수시니라"
> 살후1:7-10 "환난 받는 너희에게는 우리와 함께 안식으로 갚으
> 시는 것이 하나님의 공의시니 주 예수께서 저의 능력의 천
> 사들과 함께 하늘로부터 불꽃 중에 나타나실 때에 하나님
> 을 모르는 자들과 우리 주 예수의 복음을 복종치 않는 자
> 들에게 형벌을 주시리니 이런 자들이 주의 얼굴과 그의 힘
> 의 영광을 떠나 영원한 멸망의 형벌을 받으리로다
> 그 날에 강림하사 그의 성도들에게서 영광을 얻으시고 모
> 든 믿는 자에게서 기이히 여김을 얻으시리라(우리의 증거
> 가 너희에게 믿어졌음이라)"
> 딤후4:1 "하나님 앞과 산 자와 죽은 자를 심판하실 그리스도 예
> 수 앞에서 그의 나타나실 것과 그의 나라를 두고 엄히 명
> 하노니"
> 계19:11-16 "또 내가 하늘이 열린 것을 보니 보라 백마와 탄
> 자가 있으니 그 이름은 충신과 진실이라 그가 공의로 심판
> 하며 싸우더라
> 그 눈이 불꽃같고 그 머리에 많은 면류관이 있고 또 이름
> 쓴 것이 하나가 있으니 자기 밖에 아는 자가 없고 또 그가
> 피 뿌린 옷을 입었는데 그 이름은 하나님의 말씀이라 칭하
> 더라 하늘에 있는 군대들이 희고 깨끗한 세마포를 입고 백

마를 타고 그를 따르더라 그의 입에서 이한 검이 나오니
그것으로 만국을 치겠고 친히 저희를 철장으로 다스리며
또 친히 하나님 곧 전능하신 이의 맹렬한 진노의 포도주
틀을 밟겠고 그 옷과 그 다리에 이름 쓴 것이 있으니 만왕
의 왕이요 만주의 주라 하였더라"

이제 말씀들을 정리하여 결론을 내려 보자.

우리 주님은 분명히 부활 승천하시어 하나님 보좌
우편에 계신다.

그러나 마지막 때가 되면 이 세상에 친히 다시 오신
다.

히1:13 "어느 때에 천사 중 누구에게 내가 네 원수로 네 발등
상 되게 하기까지 너는 내 우편에 앉았으라 하셨느뇨"
행3:21 "하나님이 영원 전부터 거룩한 선지자의 입을 의탁하여
말씀하신바 만유를 회복하실 때까지는 하늘이 마땅히 그를
받아 두리라"

오실 때에는 하늘 구름을 타고 오시는데 그 구름은
하나님의 영광의 임재이며 실재이고,

또한 수많은 천사들과 성도들을 대동하고 오실 때에
만왕의 왕, 만주의 주로써, 또한 심판 주로써 오시니,

그 때에는 하늘에 있는 천체들도 징조를 보이겠고,

이 세상에는 천지가 개벽하는 일들이 벌어지게 될
것이다.

눅21:25-28 " 일월 성신에는 징조가 있겠고 땅에서는 민족들
이 바다와 파도의 우는 소리를 인하여 혼란한 중에 곤고하
리라 사람들이 세상에 임할 일을 생각하고 무서워하므로
기절하리니 이는 하늘의 권능들이 흔들리겠음이라

그 때에 사람들이 인자가 구름을 타고 능력과 큰 영광으로
오는 것을 보리라 이런 일이 되기를 시작하거든 일어나 머
리를 들라 너희 구속이 가까왔느니라 하시더라"

자 이제 우리는 마지막으로 베드로의 말씀과 사도
바울의 말씀을 기억하면서 우리 주님의 재림을 기다리
자.

벧후3:8-14 "사랑하는 자들아 주께는 하루가 천년 같고 천년이
하루 같은 이 한가지를 잊지 말라 주의 약속은 어떤 이의
더디다고 생각하는 것 같이 더딘 것이 아니라 오직 너희를
대하여 오래 참으사 아무도 멸망치 않고 다 회개하기에 이
르기를 원하시느니라
그러나 주의 날이 도적 같이 오리니 그 날에는 하늘이 큰
소리로 떠나 가고 체질이 뜨거운 불에 풀어지고 땅과 그
중에 있는 모든 일이 드러나리로다 이 모든 것이 이렇게
풀어지리니 너희가 어떠한 사람이 되어야 마땅하뇨 거룩한
행실과 경건함으로 하나님의 날이 임하기를 바라보고 간절
히 사모하라 그 날에 하늘이 불에 타서 풀어지고 체질이
뜨거운 불에 녹아지려니와 우리는 그의 약속대로 의의 거
하는바 새 하늘과 새 땅을 바라보도다
그러므로 사랑하는 자들아 너희가 이것을 바라보나니 주
앞에서 점도 없고 흠도 없이 평강 가운데서 나타나기를 힘
쓰라"
살전5:23 "평강의 하나님이 친히 너희로 온전히 거룩하게 하시
고 또 너희 온 영과 혼과 몸이 우리 주 예수 그리스도 강
림하실 때에 흠 없게 보전되기를 원하노라"

아멘! 주 예수여 어서 오시옵소서!!

<대한민국과 세계 열방 나라들에 대한 예언>

<대한민국과 세계 열방 나라들에 대한 예언>

질문 1   - 대한민국 편 -

제가 사는 대한민국에 대해서 너무나 궁금합니다.

그중에 하나는 남북분단의 비극 속에서 세계 역사상 유래가 없는 북한의 김씨 왕조를 왜 하나님께서는 아직도 그냥 내버려두고 계십니까?

이 일 때문에 얼마나 많은 주의 종들과 성도들이 제단에서 산야에서 북한의 자유와 해방을 위해서 수없이 목이 터져라 외치며 눈물 흘려 기도했는지 모릅니다.

그럼에도 불구하고 아직도 북한은 망부석같이 꼼짝도 안하고 있으니 이 어찌 된 일입니까?

왜 하나님께서는 이 민족의 염원인 통일과 북한의 복음화를 위한 간절한 기도를 외면하고 계십니까?

이 땅에 사는 모든 백성들은 너무나 고통스럽습니다. 하나님 아버지 하루 속히 이 땅에 통일을 이루어 주십시오. 그리고 하나님 이 민족에 대한 하나님의 계획은 무엇인지 알려 주십시오?

대답

하나님께서는 대한민국을 너무나 사랑하신다. 그러기 때문에 이 세상 어느 나라보다도 더욱 징계와 채찍질을 하고 계신다.

> 계3:19 "무릇 내가 사랑하는 자를 책망하여 징계하노니 그러므로 네가 열심을 내라 회개하라"
>
> 히12:5-10 "또 아들들에게 권하는것 같이 너희에게 권면하신 말씀을 잊었도다 일렀으되 내 아들아 주의 징계하심을 경히 여기지 말며 그에게 꾸지람을 받을 때에 낙심하지 말라 주께서 그 사랑하시는 자를 징계하시고 그의 받으시는 아들마다 채찍질하심이니라 하였으니
>
> 너희가 참음은 징계를 받기 위함이라 하나님이 아들과 같이 너희를 대우하시나니 어찌 아비가 징계하지 않는 아들이 있으리요 징계는 다 받는 것이거늘 너희에게 없으면 사생자요 참 아들이 아니니라
>
> 또 우리 육체의 아버지가 우리를 징계하여도 공경하였거든 하물며 모든 영의 아버지께 더욱 복종하여 살려 하지 않겠느냐 저희는 잠시 자기의 뜻대로 우리를 징계하였거니와 오직 하나님은 우리의 유익을 위하여 그의 거룩하심에 참예케 하시느니라"

우리 주님도 하나님의 한 분 밖에 없는 독생자로써 이 세상 누구보다도 고난을 많이 당하셨다.(구약에 야곱의 아들 요셉은 아버지의 사랑을 독차지 하였다.

그러나 세상에 이런 일이 있을까? 라고 하는 TV에 나올 정도로 그의 생애는 고통과 시련의 삶이었다.

그 외에도 성경에 나오는 모든 하나님의 사람들은 이 세상에서 많은 환난과 고통을 당하였다.)

행14:22 "제자들의 마음을 굳게 하여 이 믿음에 거하라 권하
고 또 우리가 하나님 나라에 들어가려면 많은 환난을 겪
어야 할 것이라 하고"
고후4:17 "우리의 잠시 받는 환난의 경한 것이 지극히 크고
영원한 영광의 중한 것을 우리에게 이루게 함이니"
요16:33 "이것을 너희에게 이름은 너희로 내 안에서 평안을
누리게 하려함이라 세상에서는 너희가 환난을 당하나 담
대하라 내가 세상을 이기었노라 하시니라"

특별히 우리 주님의 고난과 핍박과 죽음은 인류를 구원하시기 위한 하나님의 섭리이고 경륜이다.

사53:3-10 "그는 멸시를 받아서 사람에게 싫어 버린바 되었
으며 간고를 많이 겪었으며 질고를 아는 자라 마치 사람
들에게 얼굴을 가리우고 보지 않음을 받는 자 같아서 멸
시를 당하였고 우리도 그를 귀히 여기지 아니하였도다
그는 실로 우리의 질고를 지고 우리의 슬픔을 당하였거늘
우리는 생각하기를 그는 징벌을 받아서 하나님에게 맞으
며 고난을 당한다 하였노라
그가 찔림은 우리의 허물을 인함이요 그가 상함은 우리의
죄악을 인함이라 그가 징계를 받음으로 우리가 평화를 누
리고 그가 채찍에 맞음으로 우리가 나음을 입었도다 우리
는 다 양 같아서 그릇 행하여 각기 제 길로 갔거늘 여호
와께서는 우리 무리의 죄악을 그에게 담당시키셨도다
그가 곤욕을 당하여 괴로울 때에도 그 입을 열지 아니하
였음이여 마치 도수장으로 끌려가는 어린 양과 털 깎는
자 앞에 잠잠한 양 같이 그 입을 열지 아니하였도다 그가
곤욕과 심문을 당하고 끌려 갔으니 그 세대 중에 누가 생
각하기를 그가 산 자의 땅에서 끊어짐은 마땅히 형벌 받
을 내 백성의 허물을 인함이라 하였으리요 그는 강포를
행치 아니하였고 그 입에 궤사가 없었으나 그 무덤이 악
인과 함께 되었으며 그 묘실이 부자와 함께 되었도다
여호와께서 그로 상함을 받게 하시기를 원하사 질고를 당

케 하셨은즉 그 영혼을 속건제물로 드리기에 이르면 그가
그 씨를 보게 되며 그 날은 길 것이요 또 그의 손으로 여
호와의 뜻을 성취하리로다”
히12:1-3 “이러므로 우리에게 구름 같이 둘러싼 허다한 증인
들이 있으니 모든 무거운 것과 얽매이기 쉬운 죄를 벗어
버리고 인내로써 우리 앞에 당한 경주를 경주하며 믿음의
주요 또 온전케 하시는 이인 예수를 바라보자 저는 그 앞
에 있는 즐거움을 위하여 십자가를 참으사 부끄러움을 개
의치 아니하시더니 하나님 보좌 우편에 앉으셨느니라
너희가 피곤하여 낙심치 않기 위하여 죄인들의 이같이 자
기에게 거역한 일을 참으신 자를 생각하라”

이처럼 대한민국도 열국 가운데에서 하나님의 섭리
와 뜻을 이루기 위해서 종말에 선택된 민족이다.(하나님
께서는 당신의 섭리와 역사를 이루게 하시려고 구약의 이스
라엘 민족을 선택하셔서 많은 시련과 고난을 주심으로 열방
가운데 당신의 뜻을 나타내 보이신 것처럼, 종말 기에 이르
러 대한민국을 제2의 영적 이스라엘로 삼으셔서 구약의 육
적 이스라엘 백성과 같이 열방에 하나님의 뜻과 섭리를 나
타내기 위해서 많은 시련과 고난을 받게 하고 있는 것이다.

그러나 하나님께서는 대한민국을 너무나 사랑하신다.
그러기 때문에 대한민국은 이 세상 어느 민족보다도 더
욱 더 하나님의 말씀 앞에 바로 서야 한다.
그러므로 하나님께서는 대한민국에게 크신 인애와 자비를
베푸시되, 그들이 죄악 가운데 빠지지 않게 하시려고 늘 간
섭하시고 채찍질하고 계신 것이다.)

출4:22-23 “너는 바로에게 이르기를 여호와의 말씀에 이스라
엘은 내 아들 내 장자라

이처럼 하나님께서는 이 나라 이 민족을 늘 눈동자와 같이 귀히 여기시고 참 아들과 같이 대우하시고 계시기 때문에 이 나라 이 민족은 시련과 환난이 큰 것이다. 왜냐하면 그 분의 뜻에 합당한 나라가 되어야 하기 때문이다.

또한 하나님의 섭리와 역사를 이루시기 위하여 열방 가운데 이 민족을 장자로 삼으셔서, 마지막 때에 예표, 모델, 제물이 되게 하시기 때문에 고통이 클 수밖에 없는 것이다.(어느 집이든 그 가문의 장자는 책임과 의무가 크고 두 어깨가 무겁다는 사실이다.)

특별히 이 세상 가운데에서도 위대한 일을 한 영웅이나 위인들도 그의 생애 가운데 말로 다 할 수 없는 고난과 시련을 겪지 않은 이가 없으며, 심지어 그 시대의 사람들에게조차도 인정받지 못하고 도리어 배척을 당하거나 희생양이 된 자도 적지 않다.

그러나 그들이 개인적으로는 고통이 크고 이 세상으로부터 타켓이 되고 표적이 되어 억울함이 이루 말할 수 없지만, 이 세상은 불가피하게도 그러한 자들로 인하여 진보와 발전을 이루게 되고 인류 역사의 등불이 되었던 것이다.(무슨 물건이든 새 제품을 만들어 사람들에게 판매하려면 그 제품의 성분, 성질, 성능의 우수성을 홍보하기 위해 먼저 시연하는 제품이나 샘플 제품의 희생이 필요하다.)

그러므로 종말 기에 이르러 하나님께서도 인류 역사의 카운트다운의 피날레를 멋지게 장식하기 위해서 수많은 나라 중에서 대한민국을 선택하셔서 당신의 언약을 이루실 나라로 삼으셨다.
그러므로 이 나라 이 민족은 많은 고통과 시련이 따른다고 해도 큰 자부심과 자랑거리로 삼아야 하겠다.

시33:12 "여호와로 자기 하나님을 삼은 나라 곧 하나님의 기업으로 빼신바 된 백성은 복이 있도다"

특별히 하나님께서는 이 나라의 시초부터 작금에 이르기까지 섭리하셔서 보존하시되, 지정학적으로 큰 나라, 강대국이 되지 않게 하시고 또한 다른 나라를 침략하여 강탈하거나 포악하고 잔인하지 않은 나라로 남게 하신 것은 하나님의 세밀하신 계획이시며 섭리하신 역사이다.

왜냐하면 하나님의 일하시는 방법은, 먼저 자신이 희생당하실 뿐만 아니라 고통을 당하며 억울함을 당할 때에 그 분의 사랑과 공의를 실현하실 수 있기 때문이다.(하나님의 형상과 모양이신 우리 주님도 이 땅에 오셔서 아버지 뜻을 실현하실 때에 당신이 먼저 제물이 되시고 한 알의 밀알이 되셨다.

그리고 우리 주님은 이 세상에서 버림받고 소외되고 가난한 자들의 친구가 되셨을 뿐만 아니라 그들과 함께 하셨다.

또한 인애가 크시고 긍휼이 크시기 때문에 이 세상에서 강하고 힘 있고 권세 있는 자, 지혜 있는 자들보다도 참으로 약하고 어리석고 무능하고 천한 자들에게 더 큰 은혜와 사랑을 베푸셨다. 바로 이것이 그 분의 인격과 성품의 본질이시다. 이처럼 하나님이 일하시는 방법은 희생, 헌신, 죽음, 인애, 긍휼, 자비 등 한마디로 "십자가의 도"라고 표현할 수 있다.)

고전1:18-24 " 십자가의 도가 멸망하는 자들에게는 미련한 것이요 구원을 얻는 우리에게는 하나님의 능력이라 기록된바 내가 지혜 있는 자들의 지혜를 멸하고 총명한 자들의 총명을 폐하리라 하였으니
지혜 있는 자가 어디 있느뇨 선비가 어디 있느뇨 이 세대에 변사가 어디 있느뇨 하나님께서 이 세상의 지혜를 미련케 하신 것이 아니뇨 하나님의 지혜에 있어서는 이 세상이 자기 지혜로 하나님을 알지 못하는고로 하나님께서 전도의 미련한 것으로 믿는 자들을 구원하시기를 기뻐하셨도다
유대인은 표적을 구하고 헬라인은 지혜를 찾으나 우리는 십자가에 못 박힌 그리스도를 전하니 유대인에게는 거리끼는 것이요 이방인에게는 미련한 것이로되 오직 부르심을 입은 자들에게는 유대인이나 헬라인이나 그리스도는 하나님의 능력이요 하나님의 지혜니라"
요12:24 "내가 진실로 진실로 너희에게 이르노니 한 알의 밀이 땅에 떨어져 죽지 아니하면 한 알 그대로 있고 죽으면 많은 열매를 맺느니라"

만일 대한민국이 나라가 크거나 강대국이었다면 하나님은 이민족을 종말 기에 선택하지 않으셨을 것이다. 왜냐하면 이 세상에서 큰 나라나 강대국이 된 다는 것은 얼마나 많은 피의 댓가와 희생이 주어져야 하는가? (일본의 대동아권이나 로마제국, 몽고의 세계 정복 전쟁 등 이 땅의 모든 강대국들은 수많은 전쟁과 피 흘림으로서, 또한 약소국을 짓밟음으로서 세워졌기 때문이다.

그러나 옛 말에 권불십년이니, 화무십일홍과 같은 말처럼, 이 땅 위에서 존재하는 모든 것들은 영원한 것이라고 하는 것은 하나도 없다는 사실이다.
또한 이 세상 그 어떠한 권력과 힘을 가졌다고 할지라도 일장춘몽과 같은 것일 뿐만 아니라, 그 치부한 것이나 차지한 것이 불의와 강포 속에서 이루어진 것이라고 한다면, 그것은 더군다나 오래 가지 못할 것이다.
그러므로 이 세상도 그 불의를 용납할 수 없을진대, 하물며 공의로우신 하나님은 이 세상을 경영하시는 분으로써 차마 불의와 악을 그대로 두실 수가 없기 때문에 심판하시는 것이다.)

합1:13 "주께서는 눈이 정결하시므로 악을 참아 보지 못하시며 패역을 참아 보지 못하시거늘 어찌하여 궤휼한 자들을 방관하시며 악인이 자기보다 의로운 사람을 삼키되 잠잠하시나이까"

또한 이 세상을 경영하시는 하나님께서는 인간 개개인의 일도 공의로써 심판하시지만, 나라와 민족과 종족도 그 분의 섭리와 경륜 속에서 흥망성쇠의 영욕을 취하게 하다가, 나중에는 그 분의 정하신 계획 속에서 심판을 받게 하시니, 특히 강대국이 되어 남의 나라를 침략하거나 포악한 짓을 저지른 나라였다면 어찌 당신의 언약 백성으로 선택할 수가 있었겠는가?

하나님의 진노와 심판만이 부어지게 될 것이다.(하나님께서만이 진실로 이세상과 인류 역사를 경영하시는 분이시다. 그러나 못난 인간들은 인간 세상만사가 사람의 계획과 뜻대로 되는 것인 줄 알지만, 그것은 큰 착각인 것이다.)

> 사10:5-7 "화 있을진저 앗수르 사람이여 그는 나의 진노의 막대기요 그 손의 몽둥이는 나의 분한이라 내가 그를 보내어 한 나라를 치게 하며 내가 그에게 명하여 나의 노한 백성을 쳐서 탈취하며 노략하게 하며 또 그들을 가로상의 진흙 같이 짓밟게 하려 하거늘 그의 뜻은 이같지 아니하며 그 마음의 생각도 이같지 아니하고 오직 그 마음에 허다한 나라를 파괴하며 멸절하려 하여"

> 사10:12-15 "이러므로 주 내가 나의 일을 시온산과 예루살렘에 다 행한 후에 앗수르 왕의 완악한 마음의 열매와 높은 눈의 자랑을 벌하리라
> 그의 말에 나는 내 손의 힘과 내 지혜로 이 일을 행하였나니 나는 총명한 자라 열국의 경계를 옮겼고 그 재물을 약탈하였으며 또 용감한자 같이 위에 거한 자를 낮추었으며 나의 손으로 열국의 재물을 얻은 것은 새의 보금자리를 얻음 같고 온 세계를 얻은 것은 내어버린 알을 주움 같았으나 날개를 치거나 입을 벌리거나 지저귀는 것이 하나도 없었다 하는도다
> 도끼가 어찌 찍는 자에게 스스로 자랑하겠으며 톱이 어찌 켜는 자에게 스스로 큰체 하겠느냐 이는 막대기가 자기를 드는 자를 움직이려 하며 몽둥이가 나무 아닌 사람을 들려 함과 일반이로다"

눅12:4-7 "내가 내 친구 너희에게 말하노니 몸을 죽이고 그
       후에는 능히 더 못하는 자들을 두려워하지 말라 마땅히
       두려워할 자를 내가 너희에게 보이리니 곧 죽인 후에 또
       한 지옥에 던져 넣는 권세 있는 그를 두려워하라
       내가 참으로 너희에게 이르노니 그를 두려워하라 참새 다
       섯이 앗사리온 둘에 팔리는 것이 아니냐 그러나 하나님
       앞에는 그 하나라도 잊어버리시는 바 되지 아니하는도다
       너희에게는 오히려 머리털까지도 다 세신바 되었나니 두
       려워하지 말라 너희는 많은 참새보다 귀하니라"
대상29:10-13 "다윗이 온 회중 앞에서 여호와를 송축하여 가
       로되 우리 조상 이스라엘의 하나님 여호와여 주는 영원히
       송축을 받으시옵소서 여호와여 광대하심과 권능과 영광과
       이김과 위엄이 다 주께 속하였사오니 천지에 있는 것이
       다 주의 것이로소이다 여호와여 주권도 주께 속하였사오
       니 주는 높으사 만유의 머리심이니이다 부와 귀가 주께로
       말미암고 또 주는 만유의 주재가 되사 손에 권세와 능력
       이 있사오니 모든 자를 크게 하심과 강하게 하심이 주의
       손에 있나이다 우리 하나님이여 이제 우리가 주께 감사하
       오며 주의 영화로운 이름을 찬양하나이다"

또한 하나님께서는 창세 때부터 대한민국을 종말 기
에 이르러 사용하시기 위해 수많은 외침과 전쟁 속에서
도 그 명맥을 유지하고, 강대국의 틈바구니 속에서도
지금까지 보존하신 것은 여호와 이레요, 하나님의 강권
하신 섭리이다.

그러므로 너희가 부르는 애국가 가사 속에서도 "하
느님이 보우하사 우리나라 만세"라고 작시되어 있는 것
이다.

그리고 사실 너희 민족의 개국설화도 깊이 따져보면

158

하늘에서 내려온 하느님의 아들인 환웅이라는 자가 단군 왕검을 낳은 것이 아니겠는가?

그러니 너희는 신의 백성일 뿐만 아니라 존귀한 신의 아들들이 되는 것이니, 괜히 쓸데없이 목석이나 쇠붙이 같은 것으로 만든 우상을 섬기거나 귀신들을 섬기면 안 될 것이다.

참으로 경배와 영광을 받으실 이는 오직 한 분 하나님 밖에는 없다고 하는 사실이다.

행17:22-31 "바울이 아레오바고 가운데 서서 말하되 아덴 사람들아 너희를 보니 범사에 종교성이 많도다 내가 두루 다니며 너희의 위하는 것들을 보다가 알지 못하는 신에게라고 새긴 단도 보았으니 그런즉 너희가 알지 못하고 위하는 그것을 내가 너희에게 알게 하리라
우주와 그 가운데 있는 만유를 지으신 신께서는 천지의 주재시니 손으로 지은 전에 계시지 아니하시고 또 무엇이 부족한 것처럼 사람의 손으로 섬김을 받으시는 것이 아니니 이는 만민에게 생명과 호흡과 만물을 친히 주시는 자이심이라
인류의 모든 족속을 한 혈통으로 만드사 온 땅에 거하게 하시고 저희의 년대를 정하시며 거주의 경계를 한하셨으니 이는 사람으로 하나님을 혹 더듬어 찾아 발견케 하려 하심이로되 그는 우리 각 사람에게서 멀리 떠나 계시지 아니하도다 우리가 그를 힘입어 살며 기동하며 있느니라
너희 시인 중에도 어떤 사람들의 말과 같이 우리가 그의 소생이라 하니 이와 같이 신의 소생이 되었은즉 신을 금이나 은이나 돌에다 사람의 기술과 고안으로 새긴 것들과 같이 여길 것이 아니니라
알지 못하던 시대에는 하나님이 허물치 아니하셨거니와

이제는 어디든지 사람을 다 명하사 회개하라 하셨으니 이
는 정하신 사람으로 하여금 천하를 공의로 심판할 날을
작정하시고 이에 저를 죽은 자 가운데서 다시 살리신 것
으로 모든 사람에게 믿을만한 증거를 주셨음이니라 하니
라”
고전8:4-6 “그러므로 우상의 제물 먹는 일에 대하여는 우리가
우상은 세상에 아무 것도 아니며 또한 하나님은 한분 밖
에 없는 줄 아노라
비록 하늘에나 땅에나 신이라 칭하는 자가 있어 많은 신
과 많은 주가 있으나 그러나 우리에게는 한 하나님 곧 아
버지가 계시니 만물이 그에게서 났고 우리도 그를 위하며
또한 한 주 예수 그리스도께서 계시니 만물이 그로 말미
암고 우리도 그로 말미암았느니라”

그리고 대한민국은 지정학적으로나 보나 국민성으로
보나 종교적 열성 그리고 반만년의 역사 등 모든 면에
있어서 저 중동지방의 이스라엘 민족과 대동소이하다.

특히 작금에 이르러 남북한이 분단되어 서로 반목
하고 대치하는 일도 이스라엘 왕국의 남북조시대와 같
다.

당시에도 북쪽 이스라엘은 금 우상을 섬기고 불신앙
으로 패역을 저지를 때에 뜻있는 신앙인들이 남쪽으로
피난하여 내려갔던 것처럼, 너희 민족도 북한 정치가
싫고 살아있는 인간이 신이 되어서 우상을 만들어 섬기
게 하니, 뜻있는 신앙인들이 남쪽으로 내려가게 되어
남한에는 믿는 자들이 많아지게 되었을 뿐만 아니라 교
회들도 많이 세워지게 되었다.

그리고 두 민족은 공히 그 수많은 시련과 환난을 종교적 신앙심으로 극복하였을 뿐만 아니라, 감당할 수 없는 상황과 환경 속에서도 끈질긴 저력을 가지고 21세기인 지금까지 살아남을 수 있었던 것이다.(고려 시대는 불교가 호국 정신으로, 조선시대 말엽에는 동학교가 민족 수호, 해방 후에는 기독교의 신앙으로서 이 민족과 나라를 지켜오고 있다.

또한 이스라엘 민족도 대한민국이 종교적 열정과 신앙심을 가진 것처럼 여호와 하나님을 믿는 절대적 신앙 속에서 지금까지 존속할 수 있었던 것이다.

특히 두 민족은 종교적 열성이 강한 나라로써 무슨 종교이든지간에 그 땅에 들어오면 실패하지 않고 다 꽃을 피운다. 바알, 아스다롯, 밀곰, 유교, 불교, 도교, 심지어 이단 사이비까지 성공한다.)

그리고 또한 하나님께서는 대한민국을 선택하기 위해서 많은 고통과 시련을 주신 이유가 있는데, 그것은 바로 아래 말씀에서 보여주는 것과 같이 심는 대로 거두는 법칙을 적용하기 위해서이다.

갈6:7-8 "스스로 속이지 말라 하나님은 만홀히 여김을 받지
       아니하시나니 사람이 무엇으로 심든지 그대로 거두리라
       자기의 육체를 위하여 심는 자는 육체로부터 썩어진 것을
       거두고 성령을 위하여 심는 자는 성령으로부터 영생을 거
       두리라"
고후9:6 "이것이 곧 적게 심는 자는 적게 거두고 많이 심는
       자는 많이 거둔다 하는 말이로다"

※ 하나님이 이세상과 자연 환경, 만유의 모든 존재
들 속에 정해놓으신 원칙과 법칙이 있는데, 그것
은 "심음의 법칙"이다. 한국 속담에도 "콩 심은
데 콩 나고 팥 심은 데 팥 난다", "가는 말이 고
와야 오는 말이 곱다"라는 말처럼 이 세상 만사
나 자연이나 사람이나 무엇을 심던지 그대로 거
두게 되는 것이다.

그러므로 악을 심으면 악을 거두게 되고 선을 심
으면 선을 거두게 되는데, 하나님께서도 이 원칙
을 어길 수 없으시기 때문에, 창세 때부터 끊임
없이 이 세상에다가 선을 심으셔야 하는 것이다.
그래야 하나님께서도 이 땅에서 선한 일들을 도
모 하실 수가 있을 뿐만 아니라 선한 역사를 이
루실 수 있으신 것이다. 그리고 또한 우리 주님
도 이 땅에 오실 수 있는 그루터기가 되는 것이
다.(구약의 모든 인물들이나 사건들은 예수 그리스도
를 이 세상에 보내시기 위한 씨앗이요, 통로요, 예표
인 것이다. 또한 모든 말씀이나 예언도 예수 그리스
도를 나타내고 증거하고 역사할 언약들이다.

이처럼 적그리스도도 이 세상에 나타나기 위해서는
반드시 악의 씨를 수없이 심거나 예고가 있어야 하는
데, 특별히 성경 상에 나오는 모든 악한 인물들이나
사건들, 그리고 이 세상 나라에 역사했던 악한 왕들

은 전부가 다 적그리스도가 오기 위한 발판이고 통로
이며 씨앗이다. 그러므로 이제 성경 말씀에 예언한
대로 그 악의 화신이 반드시 나타나게 될 것이다.)

그러므로 하나님께서도 이 심음의 법칙을 어길 수가
없으시니 그분 스스로가 이 원칙과 법칙을 만유 가운데
세우셨기 때문이다.

**특히 세계 열방을 경영하시는 분으로써 사사로운 감
정이나 사적인 일로써 그 모든 것들보다 앞세울 수 없
기 때문에, 악의 세력이나 악한 자들이라도 함부로 벌
하실 수 없는 것이 그분의 공의의 법인 것이다.**(갈대아
우르에서 아브라함을 부르신 하나님께서는 가나안 땅을 유
업으로 약속하셨지만 그 땅을 즉시 아브라함에게 주시지 않
았다. 그 이유는 여러 가지가 있지만 그 중에서도 가장 중요
한 이유 중에 하나는 가나안 땅에 거주하는 종족들의 죄악
이 관영치 않았기 때문이다.

그러므로 아브라함의 자손은 애굽에 들어가 4대가 지나도
록 많은 환란과 고통을 겪는 씨앗을 심었을 뿐만 아니라,

가나안 땅을 차지할 수 있는 자격을 갖춘 후에, 그리고
가나안 족을 심판할 상황이 무르익었을 때 돌아오게 된 것
이다.)

창15:13-16 "여호와께서 아브람에게 이르시되 너는 정녕히 알
라 네 자손이 이방에서 객이 되어 그들을 섬기겠고 그들은
사백년 동안 네 자손을 괴롭게 하리니 그 섬기는 나라를
내가 징치할찌며 그 후에 네 자손이 큰 재물을 이끌고 나

이처럼 종말 기에 이르러 대한민국을 크게 연단하고 고통과 시련을 주시는 것은 하나님께서 이 민족을 들어서 세계 만국을 구원하고 역사하실 섭리를 이루고 있는 것이다.

그러므로 우리가 믿음 때문에 시험당하고 고난당하는 일들을 두려워하지 말자.

그리고 또한 시험과 고난을 당할 때 왜 나만 이러한 일을 당하는가 하면서 마치 손해보고 피해를 입은 것처럼 망상에 빠지지 말자.

반드시 하나님께서는 당신을 위해서 한 일이나 아니면 말씀과 믿음 때문에 당한 시련과 고통이 있다면 반드시 그 행한 일에 대해서 갚으시고 상으로 보상하시되 현세에서든 아니면 후대에 자손들에게 갚아주신다.

만일 그렇지 않을 시에는 천국에서 갚으신다는 사실을 우리가 분명히 깨닫자.

그러나 고통을 주고 핍박한 악인들에게는 배로 갚으시는 것이 하나님의 공의인 것이다.

이는 그의 영광을 나타내실 때에 너희로 즐거워하고 기뻐
하게 하려 함이라
너희가 그리스도의 이름으로 욕을 받으면 복 있는 자로다
영광의 영 곧 하나님의 영이 너희 위에 계심이라"
마19:27-29 "이에 베드로가 대답하여 가로되 보소서 우리가
모든 것을 버리고 주를 좇았사오니 그런즉 우리가 무엇을
얻으리이까
예수께서 가라사대 내가 진실로 너희에게 이르노니 세상
이 새롭게 되어 인자가 자기 영광의 보좌에 앉을 때에 나
를 좇는 너희도 열 두 보좌에 앉아 이스라엘 열 두 지파
를 심판하리라 또 내 이름을 위하여 집이나 형제나 자매
나 부모나 자식이나 전토를 버린 자마다 여러 배를 받고
또 영생을 상속하리라"

자 그러면 지금부터 대한민국의 종말에 대한 하나님
의 경륜과 섭리를 밝히려고 한다.
그러면 먼저 너희들이 가장 궁금해 하고 또한 간절
히 염원하고 있는 이 땅의 통일 문제인데, 이 부분에
대해서 우리가 한번 깊이 생각해보자.

**장차 하나님께서는 멀지 않은 때에 북방세력의 뿌리을
꺾으시고 이 나라 이 민족의 통일을 반드시 이루어주실
것이다.**
그러면 너희는 그 때가 언제인가 매우 궁금해 할 것
이다. 너희는 이렇게 생각하라.
이스라엘 민족이 바벨론에 포로로 잡혀갔다가 70년
만에 해방되어 자기 땅에 돌아온 것을 기억하면 될 것
이다.(하나님께서는 창세 때부터 모든 만유를 창조하실 때
에 그냥 주먹구구식으로 창조하신 것이 아니고 아주 세밀하

고 정확한 원칙과 계획 속에서 창조하셨는데, 그 중에서도 숫자의 법칙을 당신이 창조하신 모든 만유 속에다 두셨다.

그러므로 이 숫자의 법칙들은 하나님의 모든 창조물들 속에 내재되어 있는 것이다.

하늘의 모든 영물들, 우주의 수많은 별들, 그 외에 삼라만상의 모든 존재들 속에 숫자와 그 법칙들이 운용되고 있기 때문에 우리가 혹시 성경 상에서나 신앙생활 속에서 숫자가 나와서 그 의미를 깨달을 일이 있으면 반드시 영적이고 내적인 뜻을 먼저 살펴보고 궁구해보아야 하겠다.

지구상 7일 창조, 7영의 역사, 7집사, 7인, 7나팔, 7대접 등.

※ 복음은 천국복음과 영원한 복음이 있는데, 천국 복음은 그 말대로 천국 가는 복음이고, 영원한 복음은 영원무궁 세계로 가는 복음으로써, 한 마디로 하나님의 카이로스 적인 역사를 성취하는 복음이다.

특히 영원무궁에 대해서는 본 필자의 책인 창세기 난해 구절 해석서인 "창조의 모든 비밀이 밝혀지다"에서 다 공개하였다.)

※ 하나님께서는 세계 역사 속에서 당신의 때와 기한 을 두셨는데, 그 대표적인 케이스가 단9장 말씀에 나오는 70이레의 역사이다.

그리고 또한 이스라엘 민족이 애굽에서 종살이

400년, 광야 40년, 모세의 40일 금식, 바벨론 포로생활 70년 등, 이 모든 시간들은 하나님의 섭리를 이룰 크로노스가 아닌 카이로스의 시간들이다. 그러므로 성경 상에서 나오는 숫자 중 위와 같이 하나님의 섭리 숫자가 적용되는 개인이나 국가는 하나님의 카이로스의 대상으로 들어가게 된다는 사실을 명심하자.(크로노스는 일반적인 시간을 의미하고 카이로스는 하나님의 특별섭리를 이루는 시간을 뜻한다.

특별히 성경에 기록된 예언들은 영원한 복음으로써 어느 특정한 시대에만 국한되어지는 말씀이 아니고, 예언된 시대로부터 세상 끝 날까지 계속해서 반복하고 적용하여도 조금도 하자가 없는 말씀들이다. 그리고 구약에 다니엘, 스가랴, 이사야의 예언들 중 세계 열방 나라에 대한 말씀들은 종말 기에 또다시 나타나 성취하게 되는데, 특별히 요한계시록과 짝을 이루어 해석하게 되면 구약말씀의 예언들이 얼마나 이 시대에 또다시 정확히 이루어져가고 있는 가를 우리는 새삼 깜짝 놀라게 된다.)

수천 년 크로노스의 역사를 가지고 있는 대한민국은 종말의 하나님의 섭리의 시간, 즉 카이로스인 남북통일의 역사를 이스라엘 민족의 바벨론 포로생활 70년 해방과 함께 연결 지어 깊이 궁구해보면 다음과 같다.(우리는 여기에서 또다시 의문을 가질 수 있다.

왜냐하면 이스라엘 민족이 바벨론에게만 멸망당하여 포로생활 한 것이 아니고 앗수르를 위시해서 수많은 강대국들에 의해서 나라가 망하고 포로생활을 많이 하였다.

그렇다면 왜 바벨론에서의 해방과 귀환이 중요한가? 그것은 이미 예레미야를 통하여 예언하신 대로,
이스라엘 백성이 바벨론에 붙잡혀가 포로생활 하다가 70년 만에 자기 땅에 돌아올 것이라는 말씀의 언약이 성취되었기 때문 일 뿐만 아니라 그들이 자기 땅에 돌아와 그들의 신앙의 상징인 성전 곧 하나님의 영광의 처소를 세웠기 때문이다.
그리고 또한 하나님께서 세계 열방을 섭리하시는 가운데 기적과 같이 예언된 말씀으로 바벨론에서 돌아왔기 때문에 바벨론에서의 귀환 역사는 하나님의 카이로스적 섭리에 들어가게 된다.

그리고 더 나아가 바벨론은 하나님을 대적하고 반역하는 나라로써 하나님의 공의와 심판을 상징하는 비밀을 보여주고 있다.
그러므로 창세 때에 바벨이라고 하는 단어가 들어간 바벨탑, 유다 왕국을 멸망시킨 바벨론, 그리고 종말 기에 나타날 음녀 바벨론, 심지어 예수님의 족보인 마1장에서도 바벨론이란 이름이 4번이나 거론되어 나오는 것이다.
이처럼 바벨론의 70년 귀환 역사는 하나님의 구속사의 섭리를 보여주는 매우 중요한 카이로스이고 또한 하나님의 구원 역사를 이루는데 있어서 매우 필수불가결한 사건 재료이다.

자 그러면 애굽에서 노예 생활을 한 400여년은 왜 대한

민국에 적용할 수 없는가? 그 이유는 다음과 같다.

먼저 400년의 기간은 매우 긴 시간으로 만일 대한민국 남북통일에 그 시간을 적용한다면 너무 길어서 맞지 않을 뿐만 아니라 맞았다고 하여도 대한민국의 통일은 이룰 수가 없다. 생각해보라 70년도 아니고 400년이면 대한민국이라는 나라가 이 세상에서 사라져 버릴 수도 있기 때문이다.

그리고 또한 이스라엘 민족의 바벨론 포로 생활과 애굽의 노예 생활은 근본적으로 다르다. 그러면 무엇이 다른가? 먼저 애굽의 노예 생활을 살펴보면, 이스라엘 민족이 애굽으로 포로되어 간 것이 아니고 그 조상 요셉 때에 중동지방에 대기근이 들어서 식량을 구하러 야곱의 자손 70여명이 스스로가 애굽 땅으로 내려가게 되었고 이에 하나님께서는 이스라엘 민족을 번성케 하셨을 뿐만 아니라 큰 나라가 되어 나오게 하였기 때문에 바벨론에 붙잡혀가 포로생활 하다가 해방되어 나온 사건과는 본질적으로 차이가 있는 것이다.)

> 렘16:14-15 "여호와께서 가라사대 그러나 보라 날이 이르리니 다시는 이스라엘 자손을 애굽 땅에서 인도하여 내신 여호와의 사심으로 맹세하지 아니하고 이스라엘 자손을 북방 땅과 그 모든 쫓겨났던 나라에서 인도하여 내신 여호와의 사심으로 맹세하리라 내가 그들을 그 열조에게 준 그들의 땅으로 인도하여 들이리라"
>
> 렘23;5-8 "나 여호와가 말하노라 보라 때가 이르리니 내가 다윗에게 한 의로운 가지를 일으킬 것이라 그가 왕이 되어 지혜롭게 행사하며 세상에서 공평과 정의를 행할 것이며 그의 날에 유다는 구원을 얻겠고 이스라엘은 평안히 거할 것이며 그 이름은 여호와 우리의 의라 일컬음을 받으리라
>
> 그러므로 나 여호와가 말하노라 보라 날이 이르리니 그들이 다시는 이스라엘 자손을 애굽 땅에서 인도하여 내신

여호와의 사심으로 맹세하지 아니하고 이스라엘 집 자손
을 북방 땅, 그 모든 쫓겨났던 나라에서 인도하여 내신
여호와의 사심으로 맹세할 것이며 그들이 자기 땅에 거하
리라 하시니라"

세계 열국 가운데 대한민국은 저 중동 지방에 있는 육적 이스라엘 민족과 함께 종말에 뽑힌 영적 이스라엘 선민으로서, 장차 주님의 재림을 선도하고 예표하며 카운트다운 할 나라이다.

특히 이스라엘 나라는 무화과나무의 비유를 통해서 주님의 재림을 예표하고 있지만 대한민국도 남북통일의 날이 마치 바벨론 포로생활 70년 만에 해방된 이스라엘 민족처럼 70년 만에 이루어진다면, 하나님의 카이로스가 적용되면서 주님의 재림나팔의 카운트다운이 될 **것이다.**(주님 재림나팔은 계시록상의 7나팔의 역사인데, 만일 천사가 그 첫 번째 나팔을 천상에서 이 세상을 향하여 불게 되면, 심령이 깨끗한 자는 그 나팔 소리를 영음으로 듣게 된다.

그러나 나팔소리를 듣지 못한 사람들은 계8:7절에 "첫째 천사가 나팔을 부니 피 섞인 우박과 불이 나서 땅에 쏟아지매 땅의 삼분의 일이 타서 사위고 수목의 삼분의 일도 타서 사위고 각종 푸른 풀도 타서 사위더라" 라는 말씀이 실제로 성취되는 역사를 보게 될 것이다.

그러면 종말의 시작인 첫째나팔이 울렸구나 하고 속히 판단하여 예수 신랑을 맞이할 준비를 해야 할 것이다.)

그리고 이 첫째나팔은 대한민국에 남북통일을 가져

올 것이다.

왜냐하면 이 첫째나팔로 인하여 지구상 삼분의 일의 초목과 농작물들이 큰 피해를 입게 되는데, 그 지역이 대부분 북한을 돕던 나라가 되기 때문이다.

자 그러면 이 종말의 카운트다운인 첫째나팔로 인하여 이 땅에 재앙이 내릴 때 제일 먼저 피해를 볼 지역은 아세아권인데, 그 지역을 구체적으로 살펴보면 다음과 같다.

러시아를 비롯하여 중국, 몽골, 중앙아시아 등, 북한에 이르기까지 공산주의를 하던 나라들인데, 하나님께서 이 나라들을 제일 먼저 벌 하시는 이유는 지옥에서 나온 붉은 용의 사상, 곧 무신론, 유물론 주의에 완전히 빠지고 그 사상에 미쳐서 부모도 모르고 인류도덕과 인정 등 도저히 인간이라고도 할 수 없는 금수와 버러지 같은 자들이 되었을 뿐만 아니라 수많은 사람들을 혁명이란 이름으로 핍박하고 죽이고 살상하며 전쟁을 수없이 일으켰고 또한 하나님을 대적하며 그의 백성들을 무수히 짓밟고 죽였으며 교회를 파괴하고 멸망시킨 죄이니, 그 죄가 천인공노하여 하늘에까지 닿았으므로 하나님은 그 죄를 갚으시되 종말에 이르러 제일 먼저 갚으시게 되는 것이다.

바로 이것이 이 세상을 다스리는 하나님의 공의이고 심판이다.

특히 하나님의 미워하시는 그 공산주의 잔재의 뿌리가 아직도 중국과 북한 땅에 남아 있어서 더욱더 하나님의 진노를 받게 되는 것이다.

또한 러시아는 공산주의 사상을 제일 먼저 받아들여서 실행한 나라요, 온 세계에 공산주의를 보급한 죄의 원흉이기도 하다.(러시아는 이 세상 나라 중에서 제일 큰 땅덩어리를 가진 강대국이 되어서, 약한 나라들을 돕고 또한 위로부터 주신 모든 권세와 힘을 가지고 온 열방에 공의와 정의를 세워 나갔어야 했을 뿐만 아니라 다스리고 본이 되었어야 할 나라가, 그 책임을 감당치 않고 도리어 사단 마귀의 사주를 받아서 그 힘과 권세를 가지고 온 세계를 피로 물들게 하는데 사용된 나라가 되었으니, 그 죄가 얼마나 컸겠는가?

그러므로 이 세상을 통치하시는 여호와 하나님께서는 도저히 참을 수가 없으셔서, 옛날 이 세계를 지배했던 수많은 강대국들처럼 장차 바람에 나는 겨와 같이 종말 기에 이르러 큰 나라들을 흩어버리실 것이다. 앗수르, 바벨론, 로마제국, 몽골제국 등)

단2:34-35 "또 왕이 보신즉 사람의 손으로 하지 아니하고 뜨인 돌이 신상의 철과 진흙의 발을 쳐서 부숴뜨리매 때에 철과 진흙과 놋과 은과 금이 다 부숴져 여름 타작마당의 겨 같이 되어 바람에 불려 간곳이 없었고 우상을 친 돌은 태산을 이루어 온 세계에 가득하였었나이다"

특별히 종말 기에 이르러 하나님의 완전한 세계가 이르기 전에, 인류의 1/3을 미혹하고 타락시켰던 공산주의에 대한 하나님의 분노를 쏟으실 때에, 공산주의자들이 수많은 사람들을 죽여 붉은 피를 흘려 땅을 더럽힌 것처럼, 하나님께서도 그 죄악을 갚으실 때에 땅에 재앙을 내려 황폐케 하실 뿐만 아니라 땅에서 나는 소산을 먹지 못하도록 심판하시는 것이다.(특별히 피가 섞인 우박이라 한 것은 인간의 욕심으로 자초한 환경의 재앙으로 인하여 공기 중에 많은 이물질이 섞여 색깔이 붉게 된 것인데, 그것은 마치 작금에 환경의 재앙으로 이 땅에 황산비나 적색비가 내려서 많은 농작물이나 식물에 피해를 준 것처럼 될 것이다.

※ 인간의 범죄는 스스로도 저주를 받아 파멸에 이르게 되지만 애꿎게도 이세상과 자연 환경까지도 인간의 범죄로 인하여 저주를 받게 된다. 이처럼 인간의 죄악은 이 세상에 존재하는 모든 것들에게도 똑같이 무서운 형벌과 저주와 심판을 뒤따르게 한다.

※ 아담은 범죄 후 땅이 저주를 받아 가시와 엉겅퀴를 내므로 이마에 땀을 흘리지 않으면 살아갈 수가 없었다. 또한 카인도 동생 아벨을 죽인 일로 인하여 땅이 저주를 받아 소산을 내지 않으므로 한 곳에 정착하지 못하고 이리저리 부평초와 같이 유랑하는 신세가 되었다.)

계16:5-7 "내가 들으니 물을 차지한 천사가 가로되 전에도 계셨고 시방도 계신 거룩하신 이여 이렇게 심판하시니 의로우시도다 저희가 성도들과 선지자들의 피를 흘렸으므로 저희로 피를 마시게 하신 것이 합당하니이다 하더라 또 내가 들으니 제단이 말하기를 그러하다 주 하나님 곧

전능하신 이시여 심판하시는 것이 참되시고 의로우시도다
하더라"

　그리고 이 피 섞인 우박에다가 더욱 일조한 재난이
있는데, 그것은 북한의 백두산이다.
　이 백두산이 폭발하여 붉고 시커먼 화산재가 비와
섞여서 내릴 때 북방의 큰 세력인 러시아와 중국에 주
로 많이 쏟아져 많은 농작물과 식물이 피해를 보게 되
는데 이 때에 큰 기근이 북방에 오게 된다. 이것이 바
로 계시록상의 검은 말 재앙의 절정으로써, 이 일로 인
하여 북방의 세력들이 식량 대란으로 인하여 쩔쩔 매다
가 그 영향이 중동지방에까지 그 여파가 미쳐 전쟁이
일어나게 되는 것이다.

　그러므로 이 전쟁이 바로 다니엘 11장에 나온 남방
왕, 북방왕의 전쟁의 역사가 성취하게 되는데, 나중에
는 이 전쟁이 큰 전쟁으로 이어져 결국은 세계 3차 대
전으로 나가는 단초가 될 것이다.(백두산 폭발은 수 천년
간 외세에 침략당하고 고통당하며 억압당했던 대한민국의
한 맺힘에 울부짖음이며 분노의 폭발일 뿐만 아니라 억울함
을 받았던 나라들에게 되갚아주는 보복이며 심판이다.
　동시에 세상 나라들에게는 때가 다 되었다는 것을 경고하
는 하나님의 심판과 재앙의 나팔이다.

※ 백두산 폭발은 천년 전에도 있었다. 그 때에 재앙은 매우
　심각하여 당시 만주와 연해주 쪽에 나라를 세웠던 발해
　가 망하게 되는데 결정적으로 그 영향을 미쳤다. 이처럼

174

또다시 백두산이 폭발을 하게 되면 아세아 권에 큰 재앙이 임하게 되는데 남한도 예외가 아니다. 특히 화산재와 먼지가 비가 되고 우박이 되어 떨어지게 되는데, 특별히 하나님께서는 남한 땅을 보호하고 농작물을 지켜주려고 무더운 여름에 재앙을 일으키신다.

그 때에는 남쪽에서 바람이 크게 불어오는 계절로서 만일 북방에서 시꺼먼 재앙의 구름이 남한으로 밀려 내려오게 된다면 하나님께서는 남태평양이나 인도양에서 큰 태풍을 일으켜서 재앙의 먹구름을 깨끗하게 날려 보내게 하실 것이다. 그리고 하나님께서 여름에 재앙을 내리는 것은 초목과 식물에 많은 피해를 주기 위해서이고, 또한 우박이란 것은 겨울에는 내릴 수가 없고 여름에 떨어져야 만이 많은 사람들이 하나님의 재앙이라고 생각할 것이기 때문이다.)

그리고 이때에 북한은 작금에 이르기까지 가뜩이나 식량도 자급자족할 수 없는 궁핍한 상태에 있었는데, 이제는 자기를 돕던 중국마저도 대 기근에 시달리게 되니 더 이상 감당할 수가 없게 된다.
그러므로 김씨 왕조는 더 이상 정치를 할 수가 없어서 북한 주민들 아무도 모르게 은금보화를 싸들고 외국으로 도망가게 될 것이다.

참으로 그때에서야 북한의 자유와 해방이 올 것이다. 그리고 동시에 휴전선이 무너져 남북통일이 되는 것이다. 그러므로 너희는 그 때가 이제 얼마 남지 않았기 때문에 통일을 잘 대비하고 준비하여야 할 뿐만 아니라 북한에 복음화를 이루기 위해서 최선을 다해야 하겠고, 또한 그렇게 하기 위해서 하나님께서는 미리부터 너희 나라를 경제적으로 과학기술적으로 축복하신 이유가 바로 여기에 있었던 것이다.

그러므로 이 일에 하나님의 종들과 교회들은 더욱 각성하고 분발하여 북한 복음화를 이루는데 모두가 다 힘 써야 할 것이다.

그러나 **남한의 교회들과 하나님의 백성들은** 점점 극단적인 이기주의와 개 교회주의에 빠져서, 내 교회니 너희 교회니 하면서 다른 교회들을 돌아보지 아니하고 그저 건물이나 짓고 외형, 대형주의, 물량주의에 빠져서 세속화 돼가고 있으니, 어찌 이 민족의 복음화를 이룰 수가 있겠는가? 더군다나 종말에 세계복음화를 이루는데 있어서 진정 선민으로써 하나님 앞에 사용 받을 수 있을까?

우리는 마땅히 자문자답해보아야 할 것이다.

그러므로 하나님께서 지금까지 남북한 통일을 미루시고 지체하게 하신 이유가 바로 여기에 있었던 것이다.(통일이 지체된 이유 중에 또 하나는 마치 사도바울이 질병으로 인하여 자고하지 않게 하신 것처럼 이 백성이 타락되지 않고 교만하지 않게 하심이다.

※ "창조의 모든 비밀이 밝혀지다"에서 밝힌 내용 중에는 다음과 같은 내용도 있다.

하나님께서 이세상인 지구를 처음 창조하셨을 때에는 지구상의 대륙이 한 덩어리였다.

그러나 하나님은 이세상이 너무나 패역하고 죄악이 관영하여 노아 홍수와 소돔과 고모라 심판을 하시면서 지구상의 대륙을 육대주로 나누어 놓으셨다. 그러면 그 이유는 무엇 때문인가? 그것은 다음과 같다. 인간들이 범죄한 후 한 대륙에 모여서 전부 살게 되면 그들의 생각과 마음이 항상 선하지 못할 뿐만 아니라 늘 상 악한 것들을 계획하여 못된 짓들을 저지를고 또한 그 힘들을 모아서 하나님을 대적하고 반역하는 사단적인 세상을 순식간에 만들 수가 있었기 때문에, 하나님께서는 인류의 미래를 깊이 생각하시고 지상의 대륙을 오대양 육대주로 나누어 놓으셨던 것이다.

※ 홍수 후에도 인간들은 그 사악하고 못된 버릇을 못 고치고 결국은 바벨탑을 쌓아 망령됨을 부릴 때에 하나님께서는 그 언어를 혼잡케 하심으로써 전 인류를 흩어 버리신 것이다.)

또한 대한민국의 통일이 지체되고 큰 고통과 시련을 겪게 하신 또 다른 이유가 있다면, 그것은 바로 너희 남한 백성들과 교회의 성도들과 주의 종들을 정신 차리게 하고 기도하며 근신하게 하기 위해서이다.

그래서 하나님께서는 북한에 핵을 들리게 하고 전쟁광으로 만들어 호시탐탐 우는 사자와 같이 허락하게 하신 것이다.

그러므로 통일이 지체된 일들은 도리어 너희 민족의 홍복이 되었고 근신하게 하신 하나님의 은혜이다.

그러므로 이제 다시한번 너희에게 말한다.

너희 남한의 목사들이나 하나님의 백성들이여 진정으로 근신하고 깨어 있으라. 만일 그렇지 않고 **계속해서 정신 차리지 못하고 변질되거나 타락되어 간다면,** 6.25같은 대 전쟁은 아니더라도 이 땅에 큰 피해를 가져올 수 있는 전쟁이 또 발생될 수 있다는 사실을 명심하라.

특히 이 세상 사람보다 믿는 백성들과 그 백성들을 인도하는 목자들의 사명과 책임이 더 크고 막중하다는 사실이다.

그러므로 하나님의 종들과 백성들이 바로 살고 행해야 한다. 만일 그렇지 않을 시에는 하나님의 심판이 더 크고 무섭다는 사실을 분명히 알아야 한다.

그러나 북한에 살고 있는 하나님의 백성들의 고통과 환난은 이루 말할 수 없다. 내가 그들의 울부짖음을 듣고 있느니라. 내가 그들의 소리를 왜 외면하겠는가? 특별히 그들을 종말 기에 이르러 크게 사용하기 위한 하나님의 역사와 섭리인 것이다.

그러므로 그들은 세계 민족과 너희 한국 백성들을 위해서 큰 고난의 십자가를 지고 있느니라.

그들의 희생이 없이는 하나님의 공의를 이룰 수가 없기 때문에 나 여호와는 그 백성들을 바라보면서 울고 있느니라.

누가 이 백성들의 환난과 고통을 대신하겠는가?

이제 내가 그들의 눈물을 닦아주고 그들의 죽음을 헛되이 하지 않을 것이며 그들의 울부짖음을 들어주고 또한 그들의 원통함을 대신 갚아 줄 것이다.

나 여호와는 그들로 인하여 크게 기뻐하며 즐거워하느니라. 그들이야 말로 진정 내 백성이니라.

너희 남한 백성들처럼 등 따숩고 배부르며 완전한 자유와 풍요 속에서도 너희는 나를 믿지 않고 멀리할 뿐만 아니라 죄악이 극에 달해가고 있다.

그러나 북한 백성들은 그렇지가 않다.

내가 그들의 수고와 희생을 반드시 영광과 상으로 보상해줄 것이다.(북한의 기독교인들은 종말에 나타날 대환난을 미리 경험하며 맛보고 있다.

정치적, 종교적, 경제적, 사상적, 자유가 없는, 완전히 인간다운 삶이라는 것은 전혀 찾아볼 수도 없고 누릴 수도 없는 한마디로 지옥이 따로 없는 환난과 고통을 당하고 있다.

이들의 시련은 장차 올 대 환난 속에서 성도들이 어떻게 그 시련을 견디고 감당할 것인가를 미리 보여주는 청사진이며 또한 전 세계에 모든 기독교인들에게 경각심을 갖게 해주는 살아있는 시청각 교육인 것이다.

그러므로 하나님은 이러한 모습을 전 세계 사람들에게 마지막으로 보여주시면서 종말의 카운트다운을 시작할 것인데, 이 일에 북한 교회와 성도를 사용하고 있는 것이다.

그러므로 그들은 종말 기에 나타날 하나님의 백성들의 본보기로서, 그것은 마치 예수님 같은 본보기일 뿐만 아니라 종말 기의 신앙의 모델이고 예표 자들이라 할 수 있는 것이다.

그러나 우리가 그들을 인간적, 육신적으로 생각해보면 너무나 비참하고 안됐다고도 할 수가 있겠지만, 사실 그들은 영적으로는 부요하고 참으로 복된 자들로써, 도리어 그들의 고난이 모든 이들에게 하나님의 뜻과 믿음의 부요함을 전달해 준다.

그러나 이제 그들의 고난이 얼마 남지 않았다.

이제 북방의 큰 세력인 강대국들의 뿔들을 하나님께서 꺾으실 때가 온 것이다.

그것은 바로 이 나라 이 민족의 통일이다.

특별히 이 민족의 통일은 주님 재림의 첫째 나팔이다.

그러나 동시에 이 민족의 통일은 이제는 거꾸로 세계 모든 민족이 환난과 시련을 보게 되는 때가 된 것이며,

또한 세상이 종말로 달려가는 하나님의 카이로스가 적용되는 마지막 때인 것이다.)

그리고 이 민족의 남북통일이 오게 된다면 제일 먼저 감격할 일은 지긋지긋한 환난과 지옥 같은 고통 속에서 살아온 북한 백성들의 자유와 해방의 날이 될 것이다.

또한 하나님께서는 자유와 해방된 북한의 성도들을

종말 기에 나팔수로 온 세계와 열방에 주의 재림을 선포하는 도구로 사용하실 것이다.

그리고 **남한에 있는 하나님의 종들과 백성들 중에서** 지금까지 많은 환난과 고통, 그리고 가난과 어려운 시험 속에서도 나를 위해서 끝까지 배반치 않고 충성하였던 종들과 성도들을 내가 다시 일으켜 세울 것이다.

특별히 하나님께서는 그들을 앞장 세워서 동방 땅끝 해 돋는 곳에서부터 종말의 복음, 영원한 복음을 온 세계에 전파할 것이다.

그래서 이제는 유턴하여 천국복음을 전파하며 시작하였던 예루살렘에까지 진군하여 우리 주님의 재림의 소식을 다 전파하게 될 것이다.

특별히 이런 위대한 일에 너희 한국 민족을 선택하였으니 너희는 기뻐하고 즐거워하라.

그러나 아직도 정신을 못 차리고 있거나 세속에 빠져있는 하나님의 종들과 백성들이 있다면 하루 속히 정신을 똑바로 차리고 이 죄악 된 세상 속에서 빨리 빠져나와 캄캄한 이 세상을 비추는 등불, 곧 동방의 빛이 되어야 하겠다.

렘51:6 "바벨론 가운데서 도망하여 나와서 각기 생명을 구원하고 그의 죄악으로 인하여 끊침을 보지 말지어다 이는 여호와의 보수의 때니 그에게 보복하시리라"

슥2:7 "바벨론 성에 거하는 시온아 이제 너는 피할찌니라"

그러므로 이 역사를 이루기 위해서, 마치 특공대가
강하게 훈련받아 사지와 극한 전투 속에서도 살아남고
승리하듯이, 이 땅의 백성들 중에 특히 북한 백성들을
용광로와 같은 불로 시련하고 있는 것이다.

그러나 이제 그 시험의 때가 끝나가고 있다.
이제 하나님의 진노의 심판으로 북방의 뿔을 꺾으실
때가 온 것이다.
그 때에 동양의 예루살렘이라고 칭하였던 북한과 평
양이 다시한번 하나님의 은총을 입게 될 것이다. (일제
시대 때 신사참배를 가결하여 제일 먼저 일본 천조대신을
섬겼던 곳, 그리고 공산주의를 발 빠르게 받아들여 하나님의
미움을 샀던 땅, 곧 하나님의 촛대를 옮겼던 북한의 교회)

그것은 마치 우리 주님이 버림받았다가 만유의 주가

되신 것과 같이 될 것이고, 또한 건축자가 필요 없다고 버렸던 돌이 이제는 머릿돌이 되고 모퉁이돌이 된 것처럼, **북한과 평양이 하나님의 성읍이 되고 하나님의 나라가 될 것이다.**(종말에 다림줄의 말씀만이 북한의 고난을 이해할 수가 있고, 또한 북한의 흑암과 철의 장막을 무너뜨릴 수가 있는 것이다.)

이제 북한의 어둠의 세력은 느부갓네살이 보았던 큰 신상처럼 이 민족의 큰 장애물이었으나, 이제 때가 되니 하나님의 종말의 말씀인 뜨인 돌이 날아와 큰 신상을 칠 때에 타작마당의 겨와 같이 다 날라 갈 것이다. (이 민족에게 큰 장애물은 남북통일이었다.

그러나 그 장애물은 도리어 이 민족을 강하고 견고하게 만들었다. 그것은 마치 씨름선수가 샅바를 잡고 힘을 키우고 길러내듯이 하였고, 또한 구약시대에 야곱이 얍복강 나루에서 천사와 씨름하며 승리하였던 것과 같이 하였다.)

특별히 대한민국의 큰 태산 같은 북한의 암흑 세력인 철의 장막이라는 장애물이 제거될 때, 이제는 그 땅이 도리어 시온의 대로가 되어 하나님의 영원한 복음인 종말 복음을 온 유라시아와 세상 땅 끝인 중동지방에까지 다 전파하게 될 것이다.

그 일은 마치 예루살렘에서 온 세계를 향하여 복음을 전파하였던 것처럼, 이제는 거꾸로 영원한 복음이 아세아 동방땅 끝에서 시작하여 종말 기에 이르러 세상 땅 끝인 중동지방, 곧 예루살렘에 예수 재림의 복음을 다 전파할 것이다.(예수 초림 때 동방의 박사들이 예수 탄생 소식을 알린 것과 같은 일이 다시 재현될 것이다.

　　다시 말해서 해 돋는 동방 땅 끝에서 영원한 복음의 소식 곧 재림의 소식을 예루살렘과 온 유대와 사마리아 땅 끝까지 다 전하게 될 것이다.

※ 이 일은 창세기 9:26-27 말씀의 성취인데 "셈의 하나님 여호와를 찬송하리로다 가나안은 셈의 종이 되고 하나님이 야벳을 창대하게 하사 셈의 장막에 거하게 하시고 가나안은 그의 종이 되게 하시기를 원하노라"
이 말씀은 노아가 홍수가 끝나고 세 아들을 향한 예언인데 이 예언은 바로 세계를 향한 예언이라 할 수가 있다. 특히 야벳은 구라파인들 곧 백인들을 말씀하며 셈은 아브라함을 위시해서 황인종인 아세아 인들을 가리키고 있다.

그리고 함은 아프리카에 거주하는 흑인들을 상징한다고 볼 수가 있다.
하나님께서는 이 노아의 예언대로 당신의 세계 역사를 성취해 가시는데 특별히 종말에도 당신의 구속 역사와 인류 역사를 마무리할 때에 셈의 하나님 여호와가 되시고 셈의 장막에 거하는 자들을 축복하신다.
그래서 종말의 책인 요한계시록 서두에서도 셈의 후손들이 거주하고 있는 "아세아에 있는 일곱 교회에게 편지하노니" 라고 말씀하신 것이다.)

자 이제 결론을 내려 보자.

먼저 육적 이스라엘 민족의 바벨론 포로생활 70년 만의 해방과 대한민국의 남북통일과는 어떤 연관성이 있는가?(쏘련도 70년 만의 공산주의 철의 장막이 무너지고 이제는 자유를 가진 나라가 되었을 뿐만 아니라, 그 나라의 본래의 이름인 러시아라는 국호를 다시 찾게 되었다.)

이스라엘 민족의 바벨론 포로 70년 해방은 하나님의 카이로스적인 섭리 시간이다.

특히 바벨론은 장차 올 적그리스도 왕국을 예표하고 있고 또한 느부갓네살은 적그리스도를 상징하는 바, 그의 디아블로스와 공룡같은 무지막지한 성품에 자기를 대신하여 큰 우상까지 만들어 섬기게 하였을 뿐만 아니라, 만일 그 우상에게 절하지 않는 자는 몇이든지 다 죽이고 또한 뜨거운 불속에다가 집어던져버렸다.

이처럼 이스라엘 백성들과 그의 나라가 원수의 나라에 짓밟히고 포로가 되어 비참한 세월을 보낼 때에, 하나님의 강권하신 역사로 말미암아 이스라엘 백성들이 바벨론에서 해방되어 자기 땅에 돌아오게 되었는데, 이것이야말로 한 나라와 한 민족을 해방시키시고 구원하시는, 하나님의 카이로스의 섭리 역사이다.(특별히 하나님께서 한 국가와 한 민족을 해방시키고 자유를 주시는데 걸린 카이로스의 시간은 70년이다.

그러면 하나님께서 세계 역사를 하나님의 구원 섭리로 완성하시는 카이로스의 시간은 얼마일까? 그것은 바로 단 9장에 나온 예언의 말씀처럼 70이레이다.)

그러므로 작금의 대한민국의 현실도 남북이 갈라져, 남한은 민주국가로서 자유를 마음껏 누리고 살고 있지만 북한은 어떤가?

한마디로 얼어붙은 땅으로서, 그것은 마치 이스라엘 민족이 바벨론에 포로되어 비참한 삶을 살았던 것처럼, 북한 국민들의 삶은 이 세상 어느 시대, 어느 백성들보다도 비교할 수가 없을 정도로 참혹한 것이다.

그러나 이들의 비참한 삶은 하나님의 종말에 대한 섭리 역사로서 이민족과 북한 백성을 연단하기 위함이요, 또한 이 시련으로 말미암아 이 민족이 하나님을 가까이 하게 되었고 또한 더 나아가 **그들의 무수한 기도와 간구는 하나님 보좌 앞 금 제단에 쌓여져 하나님께서 종말의 역사를 이루실 수 있는 공의의 터전을 마련할 수가 있게 되었던 것이다.**(하나님은 공의로우신 분으로서 이 세상에서 당신의 역사를 이루어 가실 때에는 무조건 일방통행 식으로 하지 않으신다.

그러면 하나님께서는 이세상의 역사를 어떻게 성취해 가시는가? 우리가 한번 깊이 생각해 보자.

그것은 첫째로 하나님께서는 당신의 계획을 만세 전에 세우셔서 그것을 당신의 책에다 선포하시고 밝히시며,

둘째로 당신의 계획과 일을 성취하시기 위해서 이 일에 적합한 인재를 선택하시고 계시하셔서 사명을 감당케 하고,

셋째로 이 일을 성취하시기 위해서 필요한 영적 자원인 씨를 심는 것으로써, 예를 들면 많은 사건과 역사를 통해서 이 땅에 개입하실 발판을 마련하는 것이다.

그리고 그 역사를 열매 맺고 무르익게 하기 위해서 당신의 백성들의 간구와 기도가 하늘 보좌에 쌓여져야 하는 것이다.)

암3:7 "주 여호와께서는 자기의 비밀을 그 종 선지자들에게 보이지 아니하시고는 결코 행하심이 없으시리라"
계8:3-5 "또 다른 천사가 와서 제단 곁에 서서 금 향로를 가지고 많은 향을 받았으니 이는 모든 성도의 기도들과 합하여 보좌 앞 금단에 드리고자 함이라 향연이 성도의 기도와 함께 천사의 손으로부터 하나님 앞으로 올라가는지라 천사가 향로를 가지고 단 위의 불을 담아다가 땅에 쏟으매 뇌성과 음성과 번개와 지진이 나더라"

그러므로 너희들이 나라와 민족을 위해서 기도하고 또한 남북통일을 위해서 끊임없이 내게 기도하며 간구하고 부르짖는 것은 결국은 나의 역사를 이룰 공의의 씨앗을 심는 것이고, 더 나아가 역설적으로 나의 일을 돕는 것이다.

계8:3-5 "또 다른 천사가 와서 제단 곁에 서서 금 향로를 가지고 많은 향을 받았으니 이는 모든 성도의 기도들과 합하여 보좌 앞 금단에 드리고자 함이라 향연이 성도의 기도와 함께 천사의 손으로부터 하나님 앞으로 올라가는지라 천사가 향로를 가지고 단 위의 불을 담아다가 땅에 쏟으매 뇌성과 음성과 번개와 지진이 나더라"

그러나 만일 그렇지 않다면 사무엘 선지자가 말한

것처럼 기도의 쉬는 죄를 범하는 것이다.

그러므로 하늘의 문이 열릴 때가지 기도하라.
기도의 대장 조지뮬러처럼 기도하고 또한 불의한 재판관에게 와서 간청했던 과부와 같이 쉬지 말고 끊임없이 기도하라. 기도는 만사를 변화시킨다.
기도할 때 마귀가 물러가고, 기도할 때 천군 천사가 동원되며, 기도할 때에 하나님도 일하신다.
그 분을 잠시도 쉬지 못하게 하고 일하시게 하는 방법도 기도를 통해서 이루어지는 것이다.
기도할 때에 하나님은 매우 기뻐하신다.

특히 너희 민족은 남북통일을 위하여 하나님의 종들과 백성들이 많이 기도한 것을 내가 안다.
그 기도 덕분에 너희 민족이 종말에 쓰임 받고, 너희 민족이 하나님께 가납되는 제물이 된 것이다.
조금만 더 참고 견디면서 더욱 힘써 기도하라. 실망하지 말라. 너희 민족의 일할 때가 가깝다.
특히 너희 민족은 이러한 아픔과 고통으로 인하여 더욱 영적으로 신령해지고 건강해졌으며 또한 신앙 성숙이 이루어짐으로 말미암아 너희가 세계 열국 가운데에서 선민이 되었을 뿐만 아니라 제사장 국가가 되었으며 그의 나라가 되었느니라.

사66:7-14 "시온은 구로하기 전에 생산하며 고통을 당하기 전에 남자를 낳았으니 이러한 일을 들은 자가 누구이며 이러한 일을 본 자가 누구이뇨 나라가 어찌 하루에 생기겠으며 민족이 어찌 순식간에 나겠느냐 그러나 시온은 구로하는 즉시에 그 자민을 순산하였도다 여호와께서 가라사대 내가 임산케 하였은즉 해산케 아니하겠느냐 네 하나님이 가라사대 나는 해산케 하는 자인즉 어찌 태를 닫겠느냐 하시니라 예루살렘을 사랑하는 자여 다 그와 함께 기뻐하라 다 그와 함께 즐거워하라 그를 위하여 슬퍼하는 자여 다 그의 기쁨을 인하여 그와 함께 기뻐하라 너희가 젖을 빠는 것 같이 그 위로하는 품에서 만족하겠고 젖을 넉넉히 빤 것 같이 그 영광의 풍성함을 인하여 즐거워하리라 여호와께서 이같이 말씀하시되 보라 내가 그에게 평강을 강 같이, 그에게 열방의 영광을 넘치는 시내 같이 주리니 너희가 그 젖을 빨 것이며 너희가 옆에 안기며 그 무릎에서 놀 것이라 어미가 자식을 위로함 같이 내가 너희를 위로할 것인즉 너희가 예루살렘에서 위로를 받으리니 너희가 이를 보고 마음이 기뻐서 너희 뼈가 연한 풀의 무성함 같으리라 여호와의 손은 그 종들에게 나타나겠고 그의 진노는 그 원수에게 더하리라”

계12:1-6 “하늘에 큰 이적이 보이니 해를 입은 한 여자가 있는데 그 발 아래는 달이 있고 그 머리에는 열 두 별의 면류관을 썼더라 이 여자가 아이를 배어 해산하게 되매 아파서 애써 부르짖더라 하늘에 또 다른 이적이 보이니 보라 한 큰 붉은 용이 있어 머리가 일곱이요 뿔이 열이라 그 여러 머리에 일곱 면류관이 있는데 그 꼬리가 하늘 별 삼분의 일을 끌어다가 땅에 던지더라 용이 해산하려는 여자 앞에서 그가 해산하면 그 아이를 삼키고자 하더니 여자가 아들을 낳으니 이는 장차 철장으로 만국을 다스릴 남자라 그 아이를 하나님 앞과 그 보좌 앞으로 올려가더라 그 여자가 광야로 도망하매 거기서 일천 이백 육십일 동안 저를 양육하기 위하여 하나님의 예비하신 곳이 있더라”

이처럼 시련과 고난은 유익하다. 자고하지 않고 겸손해지며 불순물이 제거되어 순전해지며 단련하여 강해지고 기타 등등, 그래서 욥도 고백하기를 "나를 단련하신 후에는 내가 정금같이 나온다"고 하였다.

자 어쨌든 북한의 현실은 이스라엘 민족의 바벨론 포로생활보다 더 혹독한 환난과 시련을 받고 있는 것이다. 특히 이 민족이 그 시련과 환난에서 벗어나는 방법은 인간의 힘과 능력으로는 속수무책이다.
오직 나 여호와 하나님만이 이 문제를 해결할 수 있는 것이다.

그러므로 너희 대한민국은 들으라. 통일 문제는 인간의 지혜와 방법으로 해결할 수 없는 난제이다.
오직 하나님만이 이 민족의 고통과 환난을 해결하실 수 있는데, 그것은 너희가 하나님을 기쁘시게 해 드릴 때에만이 가능하다.
그러면 어떻게 해야 하나님을 기쁘시게 해드릴 수 있겠는가? 그것은 어렵고 힘든 일이 아니라 바로 너희가 하나님을 잘 경외하고 신뢰하며 그분 말씀대로만 순종하면 된다.
그리고 또한 이 민족이 오직 하나님께만 매달리며 간절히 의뢰하는 절대적인 신앙 속에서만 이민족의 통일이 가능하다는 사실이다.

그래서 내가 너희들을 신앙적으로 살게 하기 위해서 너희 민족을 시련과 환난 속으로 인도하였다.(점점 더 남북통일의 문제는 시간이 갈수록 그 골이 깊어지고 상처가 매우 깊어져서 이제는 하나님께서 강권적인 힘과 역사로 도우시지 않으면 이 세상에 어떠한 지혜와 방법으로도 해결할 수 없는 난제가 되었다.)

또한 사실 그래야만이 너희가 나 여호와만을 의뢰하게 될 것이다.

그렇지 않고 만일 무엇이든 너희의 힘과 지혜로 해결할 수 있는 일들이 많았다면 나 여호와를 의뢰할 일이 무엇이 있었겠는가?

너희가 작금에 이 시대를 보면서도 깨달을 수 있지 않겠는가? 인간의 과학기술, 경제적 풍요, 의학기술의 발달 등, 특히 창11장에 기록된 사건과 같이 너희가 인간 바벨탑을 높이 쌓아올려 너희의 교만이 하늘에까지 닿았다.

그러므로 이 시대는 내가 성경에서 말한 대로 "마지막 때에 믿음이 있는 자를 보겠는가"라고 한 말이 응하게 된다.

그러므로 이 민족의 통일은 하나님의 섭리 속에서 오직 하나님만을 경외하는 신앙으로써만이 가능하고 또한 나 전능자 여호와 하나님만이 해결할 수 있다는 사실을 너희는 알아야 할 것이다.

내가 이제 북방의 강력한 뿔 곧 북한을 돕고 있는 강대국들을 벌할 것이다.

그리고 너희 정치가들은 명심하라.

너희 민족의 통일문제를 혹시 너희 주변에서 맴돌며 너희 민족에게 직간접적으로 영향을 주고 있는 4대 강국인 미, 러, 중, 일에 의해서 되어 질 것이라고 착각하지 말아라.

이 4대 강국은 자기들 나라의 정치적, 경제적 이해득실로 움직이고 있어 너희 민족을 이용하며 제물로 삼고 있다.

그러므로 그들의 속셈을 깊이 살펴보아라.

사실 그들은 내막 적으로는 너희 민족의 통일을 원하지 않고 있을 뿐만 아니라, 이 남북 분단의 비극을 교묘히 이용하고 있느니라.

너희 민족은 약소국으로서 수 천년 동안 아니 지금까지도 강대국들의 눈치를 보며 살아가고 있다.

그것은 마치 서커스단의 곡예사처럼 외줄타기를 하고 있느니라. 얼마나 작은 나라, 힘이 없는 민족의 비극이라 아니할 수 없는 것이다.

그러나 나 전능자, 곧 여호와를 경외하는 나라, 곧 믿는 자는 번영하였을 뿐만 아니라 반드시 축복을 받았느니라.

이제 잠시 잠깐 후면 대한민국의 통일이 이루어진다. 그러면 너희는 그때서야 크게 깨닫게 될 것이다.

너희 민족의 통일은 인간의 방법과 지혜, 그리고 또한 4대 강국의 힘과 능력으로 되어지는 것이 아닌, 오직 하나님만이 이 모든 것을 가능케 하셨다는 신앙의 고백과 탄성이 너희 입에서 저절로 나오게 될 것이다.

그리고 또한 너희는 그때서야 하나님의 사랑과 은총에 너무나 감격 할 뿐만 아니라 나 여호와 하나님만을 신뢰하며 찬양하며 경배하게 될 것이다.

그리고 사실 또 그렇게 되어야 만이 너희 민족이 하나님께 대하여 진정으로 은혜라고 생각하고 감사하며 고맙게 생각할 것이고, 또한 사도바울과 같이 "나의 나 된 것은 하나님의 은혜"라고 고백한 것처럼 겸손하게 될 뿐만 아니라 나에게 진실로 헌신하며 충성하게 될 것이다.

그러면 그때서야 너희가 진정으로 나의 선민이 되고 제사장 국가가 되어서 마지막 때에 세계 민족을 구원하는데 앞장설 뿐만 아니라 자원하는 심령으로 일하게 될 것이다.(이스라엘 민족이 바벨론에서 70년 만에 해방될 때에 이스라엘 민족이 힘쓰고 애쓰고 한일이 무엇이 있었는가?

독립전쟁을 하였는가? 아니면 외교적 성과로 자유와 해방을 얻었는가?

또한 이스라엘 민족이 애굽에서 탈출할 때 이스라엘 민족은 무슨 힘과 노력, 공력을 쏟으며 수고하였는가 생각해 보아라. 그들은 아무것도 한 일이 없느니라.

나 여호와 하나님만이 그 일을 홀로 행한 전지 전능자이고 주권자이다.

　그래서 너희 민족도 내가 하였다는 것을 확실히 믿게 하기 위해서 남북통일이 오랫동안 지체되게 하였고, 또한 너희가 내게 통일이 이루어지기를 염원하며 간구하고 기도하게 만들었던 것이다.

　그것은 오직 하나님만이 하실 수 있다는 믿음을 가지게 함이었다.

　다시 말해서 하나님의 강권하신 역사와 섭리로써 통일이 이루어져야 만이 너희가 진정 나를 믿을 것이고 경외할 것이기 때문이다.)

※ 자 그러면 이스라엘 민족이 바벨론에서 해방되어 나오듯이 북한의 주민들이 지옥 같은 땅에서 해방될 시기는 언제쯤인가? 그때는 아마 70년이 채워지는 2018년 어간이 될 것이다.

왜냐하면 대한민국이 일제 36년 동안 식민 통치를 받다가 연합국의 승전으로 1945.8.15일에 해방은 되었지만, 대한민국이 힘이 없어 강제로 강대국에 의해서 3·8선을 중심으로 남쪽은 미군이 북쪽은 소련군에 의해서 분할 점령되었다.

그러나 그때에도 남북의 왕래가 서로 있었을 뿐만 아니라 국론도 하나 될 때가 많았다.

하지만 1948년도를 기점으로 남쪽에는 대한민국

정부가 들어서고 북쪽에는 조선인민 민주주의 공화국인 공산당에 의해서 각각 나라가 세워진 뒤로부터는 서로 으르렁거리며 원수가 되었고,

이제는 한민족이면서도 서로 사상과 가치관이 완전히 다른 이질적인 나라가 되어 지금까지 이르게 되었는데, 그때부터 북한은 본격적으로 붉은 용의 사상인 공산주의 체제 하에서 고통 받으며 지옥 같은 삶을 살게 되었던 것이다.(성경의 역사를 아는 대부분의 주의 종들도 대한민국의 통일이 70년 만에 이루어질 것이다 라고 다 짐작은 하고 있다.

※ 하나님은 연대와 날짜를 계시하시거나 공개하시기를 원하시지 않는데 그 이유는 다음과 같다.
   첫째로 하나님께서는 당신이 하시고자 하는 일에 대해서 만일 연대와 날짜를 이세상과 인생들에게 공개하신다면 하나님께서는 스스로가 공개하신 일로 인하여 꼼짝하실 수밖에 없는 상황에 이르게 되고 올무에 걸리시게 된다.

   왜냐하면 하나님께서는 거짓말하시거나 번복하실 수 없는 성품을 가지신 분으로써, 당신이 말씀하신 부분에 대해서는 반드시 이행하셔야 하는데, 혹시라도 인생들을 구원하시기 위해 섭리하시는 중에 불가피한 일들이 발생하여 그 기한을 조정하거나 늦

추셔야 할 필요가 있다면 당신이 앞서 계시하시거나 공개하신 시간과 때로는 상충할 수 있는 일이 생길 수가 있기 때문에 문제가 발생하게 되는 것이다. 자 그러면 여러분들이 이해하기 쉽게 하기 위해서 예를 들어 본다면,

요한계시록의 말씀 속에서 장차 올 마지막 때의 대환난의 기간이 나오는데, 특별히 하나님께서는 그 기간을 한 때, 두 때, 반 때라고 말씀하셨고, 또한 1260일이라고 달리 말씀하셨다. 그러면 왜 하나님께서는 똑같은 기간인 3년 반을 무엇 때문에 이렇게 달리 표현하셨는가? 여기에는 하나님의 깊은 모략이 숨어있는 것이다.

먼저 3년 반의 기간을 날수로 표현하면 1260일이 된다. 그러면 그 날수는 무엇을 의미 하는가? 그것은 한마디로 3년 반의 기간이 되기 위해서는 1260일을 한 날이라도 더하거나 빼지 말고 그 날수를 다 채워야 한다는 뜻이다.

그러나 한 때 두 때 반 때는 한 때는 1년, 두 때는 2년, 반 때는 반년으로서, 무조건 3년이 지나 2개월이 되었든지, 9개월이 되었든지 간에 그 기간만 지나가면 3년 반이 될 수 있다는 뜻이다.

그러면 하나님께서는 한 때 두 때 반 때의 기간을 언제 사용하시려고 이렇게 정하셨는가?

그것은 다름 아닌 마지막 때에 있을 대 환난 기간

동안에 혹시라도 적그리스도의 핍박과 잔해가 너무 극심하고 악랄하여 때로는 하나님의 백성들이 그 환난을 감당하지 못하게 될 때에 하나님께서는 그 날들을 감하시기 위해서 성도들에게는 1260일 동안 보호하신다고 말씀하셨고, 적그리스도에게는 그의 권세가 한 때 두 때 반 때라고 말씀하신 것이다. 그러므로 대 환난 기간 동안에 성도들은 1260일 동안 그 날짜를 허용해도 아무런 탈이 없지만 적그리스도에게 허락한 한 때 두 때 반 때의 시간인 3년 반은 그 때에 가서 상황을 판단하여 성도들이 그 핍박과 환난을 감당치 못할 때에는 그 날수를 감하시겠다는 뜻이다.

자 그러면 구체적으로 예를 들어보자, 한때 두때 기간은 3년이고 또한 반때의 기간은 1개월만 지나도 반때가 되는 것이다. 그러나 1260일은 1259일이지나서 1시간이든지, 10시간이 지나야 그 날짜가 채워지게 되는 것이다. 하지만 하나님이 그 예언을 통하여 약속하신 환난의 날들은 절대로 감할 수가 없게 된 다는 사실이다. 그래서 혹시라도 만일 감하게 된다면 몇 시간 밖에만 감할 수밖에 없기 때문에 대 환난 기간 동안에는 사용할 수가 없게 된다. 그래서 한때 두때 반때 라고 말씀하신 것이다.

마24:21-22 "이는 그 때에 큰 환난이 있겠음
　　　　　이라 창세로부터 지금까지 이런 환난이 없
　　　　　었고 후에도 없으리라 그 날들을 감하지 아

니할 것이면 모든 육체가 구원을 얻지 못할
것이나 그러나 택하신 자들을 위하여 그 날
들을 감하시리라”

그러므로 하나님께서는 이처럼 그 기한과 날수를
발표하시는 일에는 신중에 신중을 기하여 말씀하시
기 때문에 될 수 있으면 확정적인 날짜를 절대로
선포하시지 않는 것이다.
그래서 우리 주님께서도 그 날과 그 시를 알지 못
한다고 말씀하신 것이다. 그러나 옛날에 종말론 주
의자들인 다미 선교회는 그 날과 그 시를 발표하였
다가 개망신을 당한 것이다.

둘째로는 하나님께서 만일 확정적인 날짜와 연대를
발표하신다면 이 세상에 사악한 인간들은 그 날짜
와 연대를 악용할 수 있다는 사실이다.
자 그러면 한 가지 예를 들어보자.
만일 이세상의 끝 날이 있고 심판이 정해져 있어서
하나님을 믿지 않거나 영접치 않는 자들에 대해서
는 반드시 무서운 심판을 받는다고 한다면, 아마 모
르긴 몰라도 대부분의 불량하고 약삭빠른 사람들은
그 심판의 날까지 자기 마음 내키는 대로 허랑 방
탕하며 지내고 살다가 참으로 그 임박한 날짜에 가
까이 이르러서야 얌생이 처럼 하나님을 영접하거나
믿을 수가 있게 된 다는 사실이다.

그러므로 하나님께서는 이 모양 저 모양으로도 날
짜와 연대를 못 박아서 공개하시기를 꺼리시는 것
이다. 뿐만 아니라 하나님의 백성들도 세상 끝 날에
대해서 그 날과 그 시를 알지 못하고 또한 그날이
언제 올 것인가? 다시 말해서 이 세상의 심판의 날
이 언제 올지 몰라야 항상 긴장 된 마음과 근신 속
에서 신앙생활도 잘 하게 될 뿐만 아니라 성실한
삶을 살아갈 수가 있는 것이다. (주님의 재림은 도
적 같이 오심)

그리고 또한 만일 인생들이 미래를 예측하거나 알
수 있는 일이 있다고 한다면, 인간들은 매우 교만해
져서 하나님의 고유한 영역인 전능성과 절대 주권
까지 넘보게 될 뿐만 아니라 침범하기까지 하여 굳
이 알파와 오메가 되시는 하나님을 의지하거나 믿
을 필요가 다 없어져서 나중에는 신앙생활도 하지
않게 된다.
뿐만 아니라 도리어 미래에 일어날 사건과 정황들
을 자기에게 유리하도록 조작할 수도 있게 된다는
사실이다.(타임머신)

그러므로 하나님께서는 인생들에게 미래에 대한 일
들에 대해서 정확히 날짜를 못 박아서 그 날과 그
시를 계시하시거나 공개하시지도 않을뿐더러 장래
에 일어날 일에 대해서는 사람들이 알기도 원하시
지 않는 것이다.

그러나 그렇다고 해서 인생들이 장래에 대한 일들에 대해서 전혀 무지하게만 놔두시는 하나님은 아니시다.

그래서 하나님은 당신의 종들에게 대략 장래의 일들에 대해서 예측할 수 있도록 여러 가지 상황이나 환경, 사건, 징조나 계시 등등을 통해서 짐작할 수 있도록은 허용하셨다는 사실이다.

이처럼 하나님께서는 이 모양 저 모양으로도 당신의 일들을 전개하며 역사해 가실 때에 그 날짜와 연대와 시간을 발표하시지 않으신다.

그러나 본 필자는 세계 열방의 역사와 종말 그리고 남북통일의 문제에 대해서 거론하고 있기 때문에 반드시 역사적인 시간 카이로스를 다루어야 한다.

그러므로 하나님의 계시는 없었지만 작금에 벌어지는 세계적인 상황이나 환경과 흐름을 성경 말씀과 또한 하나님께서 허락하신 많은 부분의 계시들을 바탕으로 취합하고 정리하여 세상 끝 날과 남북통일의 연대기를 대략적으로 예시한 것이니 이 글을 읽는 독자들은 그 부분에 대해서 십분 이해하고 참조하시기 바란다.

그리고 또한 염려스러워 재차 말하지만 하나님께서는 당신의 역사를 진행하고 성취해 가실 때에 절대로 인간들에게 정확한 날짜와 시간, 연대를 계시하시지 않기 때문에 혹시라도 기도 중에 세계적인 일들이나 장래에 대해서 날짜나 연대를 계시 받았다고 한다면 미혹 받은 일이 되는 것이니 매우 조심해야 할 것이다.(하나님께서 이 세상 나라에서 당신의 역사를 이루어가 실 때에는 언제나 연대나 날짜를 발표하셔서 일하시기 보다는 인물들을 중심한 그 계대와 족보를 통해서 카이로스의 섭리를 이루어 가실 때가 많은 것이다. 그래서 지금까지도 인류는 이 지구의 창조 된 연대가 얼마이고 또한 인류의 시작이 언제인가를 아직도 밝히지 못하고 있을 뿐만 아니라 그 연대기에 대해서는 심지어 성경조차도 침묵하고 있는 것이다. 그러나 하나님께서는 그 연대기를 대략적으로 예측할 수 있도록 세계적인 상황이나 사건, 환경등..뿐만 아니라 신앙의 예표적인 인물들이나 그 계대와 족보들을 통해서 알 수 있도록 창세기나 역대기, 마태복음, 누가복음 등에다가 기록해 놓으셨다는 사실이다.)

또한 만일 당신이 기도 중에 그 연대나 날짜를 여쭙게 된다면 절대로 하나님의 응답은 오지 않는다는 사실이다. 뿐만 아니라 만일 당신이 욕심으로 그 연대나 날짜 등을 응답 받으려고 간절하게 기도하고 간구하며 또한 힘쓰고 애쓴다고 할지라도 하나님의 응답은 절대로 없을 뿐만 아니라 도리어 당신에게 반드시 사단마귀가 광명의 천사로 나타나 찾아오게 된다는 사실을 명심하기 바란다.)

그러므로 북한은 마치 바벨론에서 고통 받고 신음
하던 이스라엘 백성들이 70년 만에 해방되어 자
유를 누리듯이, 1948년부터 70년이 되는 2018년
도쯤이면 북한의 해방이 이루어져 남북통일이 되
는 것이다.

그리고 특히 누차 이야기한 것처럼 대한민국은 저
중동지방에 있는 육적 이스라엘 민족과 함께 종말
기에 이르러 선택받은 영적 이스라엘 민족이 되었
기 때문에, 앞으로 마지막 때의 모든 역사는 이
두 민족이 반드시 예표가 되고 징조가 되어 온 세
계에 하나님의 뜻을 분명히 나타낼 것이다.

그러므로 종말의 모든 역사를 알고 싶은 사람들은
요한계시록 말씀과 함께 두 민족의 앞으로 일어날
상황에 대해서 깊이 궁구해 본다면 모든 것을 깨
닫게 될 것이다.(이스라엘 민족이 1948.5.16.일날 독
립되었다. 대한민국도 1948년도에서부터 하나님의 시
간인 카이로스에 들어갔다. 그러므로 두 민족은 시간
적으로도 함께 묶여 있다는 사실을 명심하라.)

※ 매우 중요한 계시를 하나 밝히려고 한다. 특별히
대한민국은 종말 기에 크게 하나님 앞에 쓰임 받
을 나라로서 시련과 고난도 크게 받은 민족이지

만, 이제 하나님께서는 종말의 복음을 대한민국에게 맡겨서 재림의 나팔을 불게 할 것이다. 그때에 종말 기의 대선지자이며 하나님의 사자인 두 감람나무 중에 한사람을 대한민국에서 일으킬 것이다. 그 사람은 초림 때에 예수님의 오시는 길을 예비한 세례요한같이 재림의 길을 준비하고 또한 재림의 소식을 온 세계에 전할 자이다.

그의 권세와 능력은 계11장에 나와 있듯이 모세와 엘리야의 능력을 가지고 사역할 것이다.(계시록 해석하는 종말론주의자들 중에는 두 감람나무에 대해서도 영적, 상징적으로 푸는 자가 많이 있다.
그러나 **요한계시록은 반드시 역사적으로 성취될 예언이기 때문에 두 감람나무도 반드시 나타나게 되어 있는데, 두 사람이라고 말씀하셨으면 반드시 두 사람인 것을 믿어야 하겠다.)**

이 두 감람나무는 창세 이후로 나타난 하나님의 종들 중에 최고의 권능으로 역사할 자들이다.
그리고 이들의 사역은 적그리스도와 거짓 선지자로부터 하나님의 백성들을 보호하고 구원하기 위한 하나님의 특별 섭리로써 특히 성도들의 원수인 사단마귀와의 극명한 차별화를 보여주시는 하나님의 역사인 것이다.

자 그러면 감람나무에 대한 더 자세한 말씀은 러시아 편에서 공개하겠다.(이처럼 대한민국은 종말 기에 크게 쓰임 받을 나라가 되기 때문에 탈도 많고 일도 많고 사건도 많은 나라가 된 것이다. 특별히 그 중에서도 사단마귀는 너무나 배가 아프고 시기가 나 대한민국에서 자기 수하들인 이단사이비를 많이 일으켰을 뿐만 아니라 주의 종말의 사역을 훼방하고 대적하기 위해서 초를 치고 있는 것이다.

그래서 감람나무니, 재림주니, 보혜사니 하면서 심지어 자칭 하나님이라고 참칭하는 자들도 수도 없이 나왔는데, 이것이 모두 다 대한민국이 종말에 크게 쓰임 받을 것에 대한 사단마귀의 시기와 훼방으로써 성도들과 심지어 하나님의 종들조차도 그 사명을 잃어버리게 하기 위한 사단마귀의 전략이다.

그리고 더욱더 대한민국에 사단마귀가 재를 뿌린 일이 있는데, 그것은 과거에 다미선교회라고 하는 잘못된 종말론 주의자들로 인하여 주의 재림이 언제 된다 하며 주장한 일이다.

그러나 그 재림 날짜가 불발탄 됨으로 인하여 심지어 이 세상에서나 교회에서 조차도 이제는 주의 재림과 종말에 대해서 입만 벙긋해도 비웃음과 조롱거리가 되어버렸다. 그래서 주의 재림과 종말에 대한 말씀을 증거 할 수 없는 세상이 되어버렸을 뿐만 아니라, 심지어 이제는 거꾸로 이단시하고 멸시하는 지경에 이르게 되었던 것이다.

이처럼 사단마귀의 쾌계와 역사는 사람들의 마음에서 주의 재림이니, 종말이니 하는 것들 조차도 아예 지워 버리려고 온갖 쾌계와 못된 짓거리들을 계속해서 행하고 있는 것이다. 그러나 우리는 바로 이러한 역사들이 나타 날 때 마다 정신을 차리고 근신하고 깨어 있어야 할 뿐만 아니라 사실 이 모든 일들은 도리어 하나님의 역사가 대한민국에서 크게 나타나려고 할 때에 이단사이비가 흥왕하게 되는 것이로구나 하고 역설적으로 생각한다면 큰 은혜를 받게 될 것이다.

※ 대한민국에는 감람나무도 참 많이 나타났다. 그러나 그 감람나무들은 전부 가짜들이다.
　이제 마지막 때가 되면 진짜 감람나무가 나타날 것이다. 그러나 안타깝게도 많은 사람들이 믿지 않을 것이다.
　왜냐하면 그동안 가짜들이 너무 많이 설쳐댔기 때문이다. 그렇지만 이 모든 일들과 사건들이 일어나게 된 것은 항상 그 배후에는 사단마귀의 쾌계와 역사가 있었기 때문이라는 사실을 성도들은 절대로 잊어서는 안 될 것이다.)

※ 대한민국에 대해서 25년 전에 받은 계시를 또하나 밝히려고 한다.

주님께서 말씀하시기를 대한민국도 지진의 안전지

대가 아니다.

특히 영남 지역은 지진이 자주 발생하게 될 것이다.
그 이유는 물론 일본의 지진 여파도 있지만, 사실은 영남 지역의 백성들이 강팍하여 복음을 받아들이지 않고 있기 때문이다.
특히 그들은 많은 귀신과 우상을 섬기고 있는데, 참으로 그러한 일들은 하나님께서 미워하시고 싫어하시는 일들이다.
그래서 하나님께서는 그들을 회개시키기 위해서 재앙을 사단마귀에게 허락하고 있다.

그러나 영남 백성들이 회개하고 나 여호와 하나님을 믿으면 그 재앙들이 멈추게 될 것이다. 특별히 이세상의 모든 저주와 재앙은 인간의 죄악 때문에 발생하는 것이다.(영남지역은 남한의 타 지역보다도 복음화 율이 가장 낮다.
  그리고 부산지역은 국제적인 항구도시가 되기 때문에 세계 각처에서 들어오는 사람들과 함께 음행의 더러움과 가증한 풍속과 문화가 물밀듯 몰려와 타 지역의 도시보다 더욱 타락되었다는 사실이다.
그리고 또한 일본이 가까워서 일본의 음란문화가 매스미디어를 통해서나 왕래를 통해서 빨리 전염되었을 것이다. 그러나 이제는 매스콤의 발달로 부산 이외의 도시도 마찬가지로 타락되었다.)

그리고 남한 전체의 해변 가에 사는 자들에게도 말

한다. 이제 너희들도 조심하라.

앞으로 자연재해로 인하여 바다에서 해일들이 많이 나타날 수가 있기 때문이다.

특히 태풍이나 해저 지진의 여파로 바닷물이 쓰나미처럼 밀려오게 될 뿐만 아니라 장차 하늘의 별들도 수없이 바다에 떨어지게 될 것이다.

그러면 임팩트하게 되어 바닷물이 밀려올 것이다.

그러므로 이제부터라도 해변 가에 집을 짓거나 영구히 거주하는 일에 대해서는 자제해야 할 것이다.

(바닷가 근처 해변에 사는 자들은 대한민국에만 해당되는 것이 아니다.

이제는 전 세계 해변에 사는 자들도 모두 다 조심하여 개죽음을 당하지 말아야 하겠다.)

※ 자 이제 결론을 내면서, 노벨상을 받았던 인도의 시성 타고르가 대한민국의 장래에 대하여 예언하고 축복한 시를 한번 읊어보자.

제목 : 동방의 등불

일찍이 아시아의 황금시기에 빛나던 등불의 하나인 코리아.

그 등불 다시 한번 켜지는 날에 너는 동방의 밝은 빛이 되리라.

마음에 두려움이 없고 머리는 높이 쳐들린 곳.

지식은 자유롭고 좁다란 담벽으로 세계가 조각조각
갈라지지 않은 곳.
진실의 깊은 속에서 말씀이 솟아나는 곳.
끊임없는 노력이 완성을 향해 팔을 벌리는 곳.
지성의 맑은 흐름이 굳어진 습관의 모래벌판에 길
잃지 않은 곳.
무한히 퍼져나가는 생각과 행동으로 우리들의 마음
이 인도되는 곳.
그러한 자유의 천당(천국)으로 나의 마음의 조국 코
리아여 깨어나소서!

질문 2 - 중국 편 -

중국에 대해서 말씀해 주세요. 그리고 중국의 장래
일과 또한 종말에 어떻게 쓰임 받을 나라가 될 것인지
매우 궁금합니다.

대답

중국은 땅덩어리도 넓고 인구도 많으며 또한 경제
대국이 되므로 이제는 미국과 함께 어깨를 나란히 견
줄 수 있는 G2의 나라가 되었다.
그러나 수십 년 전만 해도 국제적으로는 고립되었으
며 경제적으로도 빈곤 국가였다.

하지만 이제는 아세아권의 패자가 되어 그 주변의 나라가 두려워하며 압박당하는 상황이 되었다.

그래서 아세아권의 어느 나라이든지간에 중국을 무시하면 큰 곤란을 겪을 수밖에 없는 상황이 되었으며, 또한 불이익을 감수해야 한다.

이처럼 시간이 흐를수록 중국은 대국이 될 뿐만 아니라 강국이 돼가고 있는데, 이것은 다 하나님께서 섭리하시며 역사하시고 있기 때문이다.(만일 중국의 지도자들이 본 필자가 쓴 책을 읽어본다면 비웃음과 조롱을 할런지 모르겠다.

왜냐하면 그들은 자기들의 존경하는 모택동이나 등소평 같은 지도자들이 정치를 잘해서 중국의 발전과 급성장이 이루어졌다고 생각할 수가 있기 때문이다.

그러나 **이 세상만사, 인류역사, 국가의 흥망성쇠는 지존하신 하나님만이 절대 주권자이시고 창조자이시라는 사실을 절대로 잊어서는 안 된다.)**

특별히 하나님께서는 이미 당신의 책인 예언서에다가 종말에 이르러 전 세계가 어떻게 되어 질 것인가를 말씀하고 있는데, 그 중에 구약성경 다니엘, 스가랴와 신약성경 요한계시록을 종합해서 정리해보면,

팔레스타인과 중동지방을 중심으로 아프리카, 유럽, 아세아, 중앙아시아와 러시아 등 4개의 정치적, 경제적 영역 권으로 묶여서 종말 기에 이르러 세계 패권을 다투게 되어 있는 것이 하나님의 시나리오이다.(작금의 세

계 각국의 현실은 글로벌화 돼가고 있는 이 시점에서 스스로 고립되어 혼자 살아간다고 하는 것은 매우 힘든 상황이 되므로, 이제는 나라들끼리도 서로 경제적으로나 정치적으로 빅딜해갈 뿐만 아니라 함께 국제적 기구들을 만들어 연합해 나가는 실정이다.

그래서 그러한 국제기구들이 지금 현재 ASEAN, APEC, NAFTA, EU 등 세계 도처에서 계속해서 만들어지고 있다.)

※ 단 7장에 바다에서 나온 네 짐승의 역사는 지중해 권과 중동지방을 중심으로 일어날 4대 강국을 말씀하고 있는데,

이 네 짐승은 특히 순차적으로 장차 나타날 4대 짐승의 제국을 상징하기도 하지만 또한 종말 기에 이르러 동서사방에서 동시다발로 나타나 세계 패권을 다툴 4대 강국을 말씀하고 있다.

단7:2-8 "다니엘이 진술하여 가로되 내가 밤에 이상을 보았는데 하늘의 네 바람이 큰 바다로 몰려 불더니 큰 짐승 넷이 바다에서 나왔는데 그 모양이 각각 다르니

첫째는 사자와 같은데 독수리의 날개가 있더니 내가 볼 사이에 그 날개가 뽑혔고 또 땅에서 들려서 사람처럼 두 발로 서게 함을 입었으며 또 사람의 마음을 받았으며

다른 짐승 곧 둘째는 곰과 같은데 그것이 몸 한편을 들었고 그 입의 잇사이에는 세 갈빗대가 물렸는데 그에게 말하는 자가 있어 이르기를 일어나서 많은 고기를 먹으라 하였으며

그 후에 내가 또 본즉 다른 짐승 곧 표범과 같은 것이 있는

데 그 등에는 새의 날개 넷이 있고 그 짐승에게 또 머리
넷이 있으며 또 권세를 받았으며
내가 밤 이상 가운데 그 다음에 본 네째 짐승은 무섭고 놀라
우며 또 극히 강하며 또 큰 철 이가 있어서 먹고 부숴뜨
리고 그 나머지를 발로 밟았으며 이 짐승은 전의 모든
짐승과 다르고 또 열 뿔이 있으므로 내가 그 뿔을 유심
히 보는 중 다른 작은 뿔이 그 사이에서 나더니 먼저 뿔
중에 셋이 그 앞에 뿌리까지 뽑혔으며 이 작은 뿔에는
사람의 눈 같은 눈이 있고 또 입이 있어 큰 말을 하였느
니라"

※ 단 8장에 나온 수양의 제국과 수 염소의 제국도
1차적으로는 고대의 메데 파사와 헬라제국을 상징
하고 있어 이미 성취되었지만,
또한 종말 기에 이르러 이와 유사한 형태로 다시
나타나게 되어있는데, 그 이유는 다음과 같다.

단8:1-14 "나 다니엘에게 처음에 나타난 이상 후 벨사살왕
삼년에 다시 이상이 나타나니라 내가 이상을 보았는데
내가 그것을 볼 때에 내 몸은 엘람도 수산 성에 있었고
내가 이상을 보기는 을래 강변에서니라
내가 눈을 들어 본즉 강 가에 두 뿔 가진 수양이 섰는데
그 두 뿔이 다 길어도 한 뿔은 다른 뿔보다도 길었고 그
긴 것은 나중에 난 것이더라 내가 본즉 그 수양이 서와
북과 남을 향하여 받으나 그것을 당할 짐승이 하나도 없
고 그 손에서 능히 구할이가 절대로 없으므로 그것이 임
의로 행하고 스스로 강대하더라
내가 생각할 때에 한 수염소가 서편에서부터 와서 온 지
면에 두루 다니되 땅에 닿지 아니하며 그 염소 두 눈 사
이에는 현저한 뿔이 있더라 그것이 두 뿔 가진 수양 곧

내가 본바 강 가에 섰던 양에게로 나아가되 분노한 힘으
로 그것에게로 달려가더니 내가 본즉 그것이 수양에게로
가까이 나아가서는 더욱 성내어 그 수양을 쳐서 그 두
뿔을 꺾으나 수양에게는 그것을 대적할 힘이 없으므로
그것이 수양을 땅에 엎드러뜨리고 짓밟았으나 능히 수양
을 그 손에서 벗어나게 할 이가 없었더라
수염소가 스스로 심히 강대하여 가더니 강성할 때에 그
큰 뿔이 꺾이고 그 대신에 현저한 뿔 넷이 하늘 사방을
향하여 났더라 그 중 한 뿔에서 또 작은 뿔 하나가 나서
남편과 동편과 또 영화로운 땅을 향하여 심히 커지더니
그것이 하늘 군대에 미칠만큼 커져서 그 군대와 별 중에
몇을 땅에 떨어뜨리고 그것을 짓밟고 또 스스로 높아져
서 군대의 주재를 대적하며 그에게 매일 드리는 제사를
제하여 버렸고 그의 성소를 헐었으며 범죄함을 인하여
백성과 매일 드리는 제사가 그것에게 붙인바 되었고 그
것이 또 진리를 땅에 던지며 자의로 행하여 형통하였더
라
내가 들은즉 거룩한 자가 말하더니 다른 거룩한 자가 그
말하는 자에게 묻되 이상에 나타난바 매일 드리는 제사
와 망하게 하는 죄악에 대한 일과 성소와 백성이 내어준
바 되며 짓밟힐 일이 어느 때까지 이를꼬 하매 그가 내
게 이르되 이천 삼백 주야까지니 그 때에 성소가 정결하
게 함을 입으리라 하였느니라"

특히 단8:3-14절의 내용은 단8:20-25절에서 해
석하는바 적그리스도를 상징하는 작은 뿔에 대한
말씀이고
또한 단8:15-19절의 말씀에 "이 이상은 정한 때
끝" 곧 마지막 때에 다시 일어날 수 염소와 수양
의 제국을 상징하고 있다.

　그러므로 본 말씀에 대한 내용도 중동지방을 중심으로 동서사방으로 4뿔 시대 곧 4대 강국이 일어난다는 말씀이다.

단8:15-27 "나 다니엘이 이 이상을 보고 그 뜻을 알고자 할 때에 사람 모양 같은 것이 내 앞에 섰고 내가 들은즉 을래강 두 언덕 사이에서 사람의 목소리가 있어 외쳐 이르되 가브리엘아 이 이상을 이 사람에게 깨닫게 하라 하더니

그가 나의 선 곳으로 나아왔는데 그 나아올 때에 내가 두려워서 얼굴을 땅에 대고 엎드리매 그가 내게 이르되 인자야 깨달아 알라 이 이상은 정한 때 끝에 관한 것이니라

그가 내게 말할 때에 내가 얼굴을 땅에 대고 엎드리어 깊이 잠들매 그가 나를 어루만져서 일으켜 세우며 가로되 진노하시는 때가 마친 후에 될 일을 내가 네게 알게 하리니 이 이상은 정한 때 끝에 관한 일임이니라 네가 본바 두 뿔 가진 수양은 곧 메대와 바사 왕들이요 털이 많은 수염소는 곧 헬라 왕이요 두 눈 사이에 있는 큰 뿔은 곧 그 첫째 왕이요 이 뿔이 꺾이고 그 대신에 네 뿔이 났은즉 그 나라 가운데서 네 나라가 일어나되 그 권세만 못하리라

이 네 나라 마지막 때에 패역자들이 가득할 즈음에 한 왕이 일어나리니 그 얼굴은 엄장하며 궤휼에 능하며 그 권세가 강할 것이나 자기의 힘으로 말미암은 것이 아니며 그가 장차 비상하게 파괴를 행하고 자의로 행하여 형통하며 강한 자들과 거룩한 백성을 멸하리라 그가 꾀를 베풀어 제 손으로 궤휼을 이루고 마음에 스스로 큰체하며 또 평화한 때에 많은 무리를 멸하며 또 스스로 서서 만왕의 왕을 대적할 것이나 그가 사람의 손을 말미암지

않고 깨어지리라

이미 말한바 주야에 대한 이상이 확실하니 너는 그 이상
을 간수하라 이는 여러 날 후의 일임이니라 이에 나 다
니엘이 혼절하여 수일을 앓다가 일어나서 왕의 일을 보
았느니라 내가 그 이상을 인하여 놀랐고 그 뜻을 깨닫는
사람도 없었느니라"

※ 계6장 4색 말의 역사가 나오는데 이 4색 말을 네
생물이 불러내고 있다. 특히 4색 말을 불러내는
네 생물의 역사를 우리가 먼저 알아야 4색 말의
감추어진 비밀을 깨닫게 된다.

계6:1-8 "내가 보매 어린 양이 일곱 인 중에 하나를 떼시는
그 때에 내가 들으니 네 생물 중에 하나가 우뢰소리 같
이 말하되 오라 하기로
내가 이에 보니 흰 말이 있는데 그 탄 자가 활을 가졌고
면류관을 받고 나가서 이기고 또 이기려고 하더라
둘째 인을 떼실 때에 내가 들으니 둘째 생물이 말하되
오라 하더니 이에 붉은 다른 말이 나오더라 그 탄 자가
허락을 받아 땅에서 화평을 제하여 버리며 서로 죽이게
하고 또 큰 칼을 받았더라
세째 인을 떼실 때에 내가 들으니 세째 생물이 말하되
오라 하기로 내가 보니 검은 말이 나오는데 그 탄 자가
손에 저울을 가졌더라 내가 네 생물 사이로서 나는듯하
는 음성을 들으니 가로되 한 데나리온에 밀 한되요 한
데나리온에 보리 석되로다 또 감람유와 포도주는 해치
말라 하더라
네째 인을 떼실 때에 내가 네째 생물의 음성을 들으니
가로되 오라 하기로 내가 보매 청황색 말이 나오는데 그
탄 자의 이름은 사망이니 음부가 그 뒤를 따르더라 저희

가 땅 사분 일의 권세를 얻어 검과 흉년과 사망과 땅의
짐승으로써 죽이더라”

그러면 네 생물은 어떤 존재인가? 네 생물은 때로
는 하나님이 좌정하시는 보좌가 될 뿐만 아니라,
동시에 자가용이고 또한 하나님의 친위부대로써
천상의 영적 존재들 중 가장 힘이 세고 지혜가 충
만한 자들이며 그리고 또한 그 숫자가 헤아릴 수
없이 많다.

그리고 천상에서 네 생물은 각각 천국의 동서사방
을 가리키는 방위의 표시가 되기도 한다.
그러면 그 이유가 무엇 때문인가? 그것은 다음과
같다. 천국은 하나님이 친히 태양이 되시고 빛이
되시기 때문에 지상 세계에서처럼 동쪽에서 태양
이 떠오르는 일은 천국에서는 전혀 일어나지 않는
다는 사실이다.
그래서 네 생물은 각기 사자같이 생긴 생물의 군
단은 동편 쪽을, 소같이 생긴 생물 군단은 서편
쪽을, 독수리같이 생긴 군단은 북편 쪽을, 인자같
이 생긴 군단은 남쪽 편을 가리키고 있으면서 영
원히 하나님을 수호하고 있는 것이다.

겔1:4-21 “내가 보니 북방에서부터 폭풍과 큰 구름이 오는
      데 그 속에서 불이 번쩍번쩍하여 빛이 그 사면에 비취며

그 불 가운데 단쇠 같은 것이 나타나 보이고 그 속에서
네 생물의 형상이 나타나는데 그 모양이 이러하니 사람
의 형상이라 각각 네 얼굴과 네 날개가 있고 그 다리는
곧고 그 발바닥은 송아지 발바닥 같고 마광한 구리 같이
빛나며 그 사면 날개 밑에는 각각 사람의 손이 있더라
그 네 생물의 얼굴과 날개가 이러하니 날개는 다 서로
연하였으며 행할 때에는 돌이키지 아니하고 일제히 앞으
로 곧게 행하며 그 얼굴들의 모양은 넷의 앞은 사람의
얼굴이요 넷의 우편은 사자의 얼굴이요 넷의 좌편은 소
의 얼굴이요 넷의 뒤는 독수리의 얼굴이니 그 얼굴은 이
러하며 그 날개는 들어 펴서 각기 둘씩 서로 연하였고
또 둘은 몸을 가리웠으며 신이 어느 편으로 가려면 그
생물들이 그대로 가되 돌이키지 아니하고 일제히 앞으로
곧게 행하며 또 생물의 모양은 숯불과 횃불 모양 같은데
그 불이 그 생물 사이에서 오르락 내리락 하며 그 불은
광채가 있고 그 가운데서는 번개가 나며 그 생물의 왕래
가 번개 같이 빠르더라
내가 그 생물을 본즉 그 생물 곁 땅 위에 바퀴가 있는데
그 네 얼굴을 따라 하나씩 있고 그 바퀴의 형상과 그 구
조는 넷이 한결 같은데 황옥 같고 그 형상과 구조는 바
퀴 안에 바퀴가 있는 것 같으며 행할 때에는 사방으로
향한 대로 돌이키지 않고 행하며 그 둘레는 높고 무서우
며 그 네 둘레로 돌아가면서 눈이 가득하며 생물이 행할
때에 바퀴도 그 곁에서 행하고 생물이 땅에서 들릴 때에
바퀴도 들려서 어디든지 신이 가려하면 생물도 신의 가
려하는 곳으로 가고 바퀴도 그 곁에서 들리니 이는 생물
의 신이 그 바퀴 가운데 있음이라 저들이 행하면 이들도
행하고 저들이 그치면 이들도 그치고 저들이 땅에서 들
릴 때에는 이들도 그 곁에서 들리니 이는 생물의 신이
그 바퀴 가운데 있음이더라”
계4:6-9 “보좌 앞에 수정과 같은 유리 바다가 있고 보좌 가

운데와 보좌 주위에 네 생물이 있는데 앞뒤에 눈이 가득
하더라
그 첫째 생물은 사자 같고 그 둘째 생물은 송아지 같고
그 세째 생물은 얼굴이 사람 같고 그 네째 생물은 날아
가는 독수리 같은데 네 생물이 각각 여섯 날개가 있고
그 안과 주위에 눈이 가득하더라 그들이 밤낮 쉬지 않고
이르기를 거룩하다 거룩하다 거룩하다 주 하나님 곧 전
능하신 이여 전에도 계셨고 이제도 계시고 장차 오실 자
라 하고 그 생물들이 영광과 존귀와 감사를 보좌에 앉으
사 세세토록 사시는 이에게 돌릴 때에"

그리고 특별히 천상에서는 무엇이든지 한번 정해
지면 영원히 변동됨이 없다.

뿐만 아니라 네 생물의 역사는 지상에 춘하추동의
4계절이 있는 것처럼 천상에도 4가지 형태의 계
절이 있는데 네 생물은 이것을 주관하는 네 가지
권세를 가지고 있다.(천상에도 지상과 같이 12달이
있고 4계절이 있다.

그러나 천상이 지상과 다른 점은 시간적 개념이 다를
것이다.

그래서 베드로 사도가 벧후3:8절에서 "사랑하는 자들
아 주께서 하루가 천년 같고 천년이 하루 같은 이 한
가지를 잊지 말라" 하신 것과 같이 하루가 천년이 되
고 또한 천년이 하루가 된다는 사실이다.

그리고 또 다른 점을 말하라고 한다면 베드로 사도가
벧전1:3-4절에 "찬송하리로다 우리 주 예수 그리스도

의 아버지 하나님이 그 많으신 긍휼대로 예수 그리스
도의 죽은 자 가운데서 부활하심으로 말미암아 우리를
거듭나게 하사 산 소망이 있게 하시며 썩지 않고 더럽
지 않고 쇠하지 아니하는 기업을 잇게 하시나니 곧 너
희를 위하여 하늘에 간직하신 것이라” 말씀하신 것처
럼, 하늘나라는 썩지 않고, 더럽지 않고, 쇠하지 않는
곳 이라는 사실이다.
그러므로 천국의 모든 것들은 영원하다.

※ 특별히 천국의 자연환경이나 식물들은 항시 푸르고
아름다우며 영롱하다.
그리고 또한 천국의 모든 것들은 마치 비단의 수를 놓
은 것처럼 휘황찬란한 물결을 이루고 있을 뿐만 아니
라 그것은 꼭 한 폭의 그림과도 같다.
그리고 지상에서의 4계절과 같이 천국의 자연환경도
달마다 철마다 형형색색으로 바뀌어지는데, 그것은 마
치 사람이 계절마다 옷을 갈아입는 것과 같다고 할 수
있겠다. 또한 천국에는 나무들이 시들거나 그 잎사귀
들이 낙엽이 되어 떨어지는 일은 전혀 없다.

그리고 열매들도 색깔을 달리하여 계속해서 풍성하게
맺히되, 그 열매들이 떨어져 썩는 일은 절대로 생기지
않는다.
이처럼 천국의 모든 것들은 생명이 왕성할 뿐만 아니
라, 서로 유기적인 관계 속에서 하모니를 이루고 상생
한다. 그러므로 천국은 고후12:4절 말씀에서 “~ 사람

이 가히 이르지 못할 말이로다” 라고 사도바울이 고백
한 것처럼 인간의 필설로는 다 설명할 수 없는 영광스
러운 곳이다.)

창2:9 “여호와 하나님이 그 땅에서 보기에 아름답고 먹기에
　　　 좋은 나무가 나게 하시니 동산 가운데에는 생명나무와
　　　 선악을 알게 하는 나무도 있더라”
계22:1-2 “또 저가 수정 같이 맑은 생명수의 강을 내게 보
　　　 이니 하나님과 및 어린 양의 보좌로부터 나서 길 가운데
　　　 로 흐르더라 강 좌우에 생명나무가 있어 열두 가지 실과
　　　 를 맺히되 달마다 그 실과를 맺히고 그 나무 잎사귀들은
　　　 만국을 소성하기 위하여 있더라”
겔47:12 “강 좌우 가에는 각종 먹을 실과나무가 자라서 그
　　　 잎이 시들지 아니하며 실과가 끊치지 아니하고 달마다
　　　 새 실과를 맺으리니 그 물이 성소로 말미암아 나옴이라
　　　 그 실과는 먹을 만하고 그 잎사귀는 약 재료가 되리라”

**특별히 하나님께서는 종말의 모든 역사를 이루실
때에 슥6장에서 말씀하셨듯이, 하나님을 모시고
있던 4바람 곧 네 생물들에게 모든 권세를 주셔서
이 세상을 주관하게 하신다.**(네 생물의 또 다른 상
징적 의미는 4복음서, 4종류의 하나님의 종들과 성도
들을 상징한다.)

슥6:1-8 “내가 또 눈을 들어본즉 네 병거가 두 산 사이에서
　　　 나왔는데 그 산은 놋산이더라
　　　 첫째 병거는 홍마들이, 둘째 병거는 흑마들이, 세째 병
　　　 거는 백마들이, 네째 병거는 어룽지고 건장한 말들이 메
　　　 었는지라

또한 요한계시록 5-6장에서도 성부 하나님께서는
마지막 때의 일인 종말에 대해서 시나리오를 쓰신
것을 어린 양이신 예수님께 주심으로 인하여 우리
주님께서는 이 시나리오 대본을 연출하시게 되는
데, 그때에 **네 생물을 감독으로 임명하여 4색 말
의 배우들을 명령하여 불러내는 장면을 우리가 볼
수 있다.**

이처럼 네 생물은 종말 기에 이르러 하나님의 모
든 권능을 위임받아 세계 역사를 주관할 영물들이
며, 또한 하나님께서는 심판 날에 이 네 생물의
군단을 온 우주와 이 세상에 내려 보내서 모든 사
단마귀와 귀신의 세력들을 전부 사로잡아 지옥에
가두게 할 것이다.(사단마귀의 세력도 만만치 않다.
그러나 하나님의 친위부대인 네 생물의 군단의 권능은

피조 세계에서는 능히 어떤 존재이든지 당적 할 존재
가 없는 것이다.

그러므로 **하나님께서는 네 생물들을 종말 기에 사용하
시려고 창조 시 부터 그 존재들을 은밀히 감추어두셨
다가 종말에 나타내신 하나님의 비밀 병기들이다.**)

자 그러면 결론을 내보자.
계6장에 4색 말들도 슥6장, 단7장, 단8장과 연계
하여 해석해보면 다음과 같다.

지중해와 중동지방을 중심으로 종말 기에 나타날
동서사방의 4뿔은 4대 강국으로 나타날 짐승의
왕국들인데, 이 4대 강국은 하나님의 카이로스의
섭리를 이룰 나라들이다.
이들은 곧 순차적으로 나타날 나라들인데, 그것은
마치 봄, 여름, 가을, 겨울과 같이 일어날 4시대와
4대 짐승의 제국들을 상징한다고 할 수가 있겠다.

그리고 연이어 4뿔의 역사는 계9장 말씀에서 또
나오는데, 그 내용을 살펴보면 다음과 같다.
 여섯째 천사가 나팔을 불 때에 중동지방에 있는
유브라데 강을 중심으로 전 세계가 4뿔의 역사,
곧 4대 강국으로 나누어져 있다가 서로 패권을 다
투게 된다.

그러나 그 때에 전쟁이 점점 더 확전되어 나중에
는 세계 3차 대전으로 발전하게 된다.
이때에 하나님께서는 특별히 이 일을 위해서 유브
라데 강에 결박되었던 4천사들을 풀어주게 되니,
이들은 전쟁을 주관하는 천사들로서 동서사방으로
나아가 모든 짐승의 군대들을 미혹시켜서 전쟁을
일으키게 한다.

**특별히 이 전쟁은 장차 세계대왕 곧 적그리스도를
탄생시키는 전쟁이 된다. 그리고 또한 전쟁의 양
상은 동서사방에서 4뿔인 4대 강국의 군대들이
유브라데 강으로 몰려오게 되는데, 그것은 마치
크로스인 십자가의 형태를 띠게 될 것이다.**

이제 아세아 권은 중국을 중심으로 똘똘 뭉치게 된
다. 지금 중국의 경제력은 세계 경제의 블랙홀과 같이
빨아들이고 있을 뿐만 아니라 정치적, 군사적 강국으로
발 돋음하고 있어 세계 최강대국인 미국도 쩔쩔매고 있
는 실정이다.
그러므로 18세기 불란서의 영웅 나폴레옹도 중국을
가리켜 잠자는 사자와 같다고 하면서, 지금은 그 사자
가 잠을 자고 있지만 사자가 깨어 일어난다면 큰 포효
소리와 함께 모든 들짐승이 벌벌 떨게 되니 절대로 잠
자는 사자를 건드리지 말라고 하였다.

이처럼 중국은 백수의 왕 사자와 같이 모든 나라의 수장이 되기를 원한다.(중국의 풍물놀이 중 사자 탈춤이 가장 유명하다.)

그리고 고래로부터 중국은 유구한 문명과 역사를 가진 인류문명의 4대 발상지이다.

그러므로 동방의 아세아 권속에서는 옛날부터 중국의 문명과 사상의 지배 속에 살아왔다고 하여도 과언이 아니다.

그러나 종말 기에 이르러서는 더욱더 그러한 힘과 무력이 강해져서 아세아권의 패자가 될 뿐만 아니라 세계도 지배해보고 싶은 중화 적 자존심으로 가득 차 있는 것이다.(중국은 고래로부터 지금까지도 대국으로 남아있어 타국의 지배를 받아본 적이 별로 없다.

그러므로 그들은 자존심이 강할 뿐만 아니라 자기들의 나라를 세계 중심의 나라라 해서 스스로 중화라고 생각한다.)

이러한 중국이 종말에 이르러 중동지방을 중심으로 4대 뿔, 4대 강국의 하나로서, 동방 쪽 아세아권의 패자로서 나타나게 되는데 감히 어느 나라가 중국과 대적할 수가 있겠는가?

그러나 북방의 뿔과 남방의 뿔을 꺽은 서방의 뿔 EU제국이 동방제국 아세아 권을 지배하려고 할 때 중국을 중심으로 한 아세아 권이 반발하여 서방에 대항하게 되는데, 그 전쟁의 격전지가 제9장에 나오는 유브라데 강에서 치러지게 되는 세계 3차 대전이며, 또한 최후의 동서양 전쟁이 될 것이다.

특별히 이때에 전쟁에 동원된 군인의 숫자가 많은데 약 2억 명이 된다고 하였으며, 또한 이 전쟁으로 죽은 군인의 수가 1/3이나 된다고 하였다.(2억 명의 군대가 동원되려면 EU, 북방, 남방의 세력의 군인을 다 합해도 그 숫자가 채워지지 않는다.
그러나 아세아의 인구 대국인 중국과 인도의 군대가 다 동원된다면 가능할 것이다.
특히 동서양 전쟁 중 최초의 전쟁은 그리스와 페르시아 전쟁이었는데, 그 전쟁에서 동양이 패하였다.
또한 이어서 동서양이 수차례 전쟁하다가 나중에는 동방의 대제국 페르시아가 서방의 헬라의 알렉산더 대제와 또 전쟁을 벌이다가 결국은 멸망당한다.

이처럼 동서 전쟁은 동방 아세아권이 서방 세력에게 항시 무릎을 꿇었는데, 종말에 이르러 최후의 동서양 전쟁도 역시 마찬가지로 아세아권이 서방 세력에게 무릎 꿇게 되고 만다. 특히 **이 전쟁의 후유증으로 인하여 중국은 10여개 이상의 나라로 분열하게 된다.**
지금도 중국은 수십 개 종족이 뭉쳐서 한 나라를 이루고 있지만 종종 민족적 분규로 크게 몸살을 앓고 있다.
그러니 그 때 가서는 중국이 큰 혼란 속에서 무법천지가 될 것이고, 또한 서로 끊일 새 없이 죽이고 대적하게 되는데, 그 때에는 **중국이 마치 고대의 춘추전국 시대와 같은 세**

상이 될 것이다.)

　특히 중국은 아직도 공산주의의 체재를 버리지 못하고 있다.
　이것은 하나님의 미움과 진노의 대상이 된다. 왜냐하면 공산주의는 지옥에서 나온 붉은 용의 사상이기 때문이다.
　그래서 천사가 와서 말하기를 중국은 큰 용이 중국 대륙을 에워싸고 있으며 또아리를 틀고 있다고 하였다. 그것은 한마디로 사단마귀가 이 민족을 지배하고 있다는 이야기이다.(나라마다 하나님의 주권 하에 천사가 돕는 국가도 있지만 사단마귀가 지배하는 나라가 있다.

　특별히 마지막 때에 세계 패권을 다툴 4대 강국은 단7장의 말씀과 같이 4 짐승의 나라인데, 그 나라들은 사단마귀가 지배하는 나라가 될 것이다.
　그러나 이 4 나라만이 사단마귀가 지배하는 것이 아니고 이 세상에 수많은 나라와 민족들은 거의가 다 사단마귀가 지배하는 나라라고 할 수가 있겠다.
　그러나 세상 끝 날에 우리 주님이 재림할 때에는 모든 나라와 모든 민족들이 그 분 앞에 서서 모두가 심판을 받게 될 것인데, 그때에 모든 나라와 민족들이 전부 판결 받아 양과 염소로 나뉘게 될 것이다.)

　　마25:31-33 "인자가 자기 영광으로 모든 천사와 함께 올 때
　　　　에 자기 영광의 보좌에 앉으리니 모든 민족을 그 앞에 모
　　　　으고 각각 분별하기를 목자가 양과 염소를 분별하는 것

같이 하여 양은 그 오른편에, 염소는 왼편에 두리라"

중국은 단7장에 나오는 첫 번째 짐승의 사자 제국이다. 그래서 하나님께서는 종말 기에 이르러 그 말씀을 성취하게 하시려고 중국을 아세아의 패권국가가 되게 하신다.

그래서 **하나님께서는** 먼저 중국을 경제력을 통해서 부요하게 하신 후 큰 강국으로 만드셔서 세계 전쟁의 패권을 다투게 하심으로써 수많은 죽음을 보게 한다. 이것이야말로 하나님이 세계를 경륜하시는 섭리이고 모략이다.

어쨋든 중국은 종말 기의 역사를 위해서 선택받은 나라로써 아세아의 패자가 되는데, 모든 나라들은 중국에 복속하게 될 것이고 또한 한 마음 한 뜻으로 돕게 될 것이다.

이 일에 대한민국도 예외가 될 수 없다.

특히 중국은 동북공정이라는 사관까지 만들어 역사까지 왜곡하며 모든 나라들을 하나로 묶으려고 시도하고 있다.(중국은 요한계시록 6장에 나오는 붉은 말의 역사를 이룰 나라로써, 세계 3차 대전이 끝난 후 중국이 10여개 이상의 나라로 분열하게 된다.

그러나 이 분열을 하나로 묶으려고 발버둥치는 가운데 서로 죽이고 살육하게 되어 수많은 피 흘림이 중국 땅에 발생하게 되는데, 이것을 가리켜 계6장에서 붉은말 탄자가 큰 칼을 받았다고 한 것이다.

또한 설상가상으로 붉은 공산당의 뿌리가 중국과 북한 땅에 남아 있어서 서로 죽이는 역사를 더하게 된다.

사실 공산주의는 그 이데올로기 때문에 수많은 사람들을 피도 눈물도 없이 죽였던 악랄한 지옥의 사상이며, 또한 한 마디로 표현한다면 인정사정도 없는 무서운 붉은 용의 사상이다.)

※ 단7장에 나오는 4대 짐승의 제국은 그 그루터기가 단2장에 나오는 큰 신상의 금은동철의 4나라와도 또 연결하여 해석할 수 있는데,

이 네 나라의 역사적 출현은 첫째는 정금머리의 나라로 바벨론을 상징하고,

둘째는 가슴과 팔이 은으로 되었는데 이 나라는 메데 파사, 셋째는 배와 넓적다리가 동으로 만들어져 있는데 이 나라는 헬라제국,

넷째 나라는 종아리와 열 발가락으로써 로마제국을 상징한다.

이처럼 단7장의 4대 짐승의 제국도 1차적 모형으로 해석하게 되면, 사자는 바벨론, 곰은 메데 파사, 표범은 헬라, 공룡 괴물은 로마를 가리키는데,

종말 기에 이르러서는 이러한 나라들의 특성을 가진 나라들이 4계절인 봄, 여름, 가을, 겨울과 같이 자기 때가 오면 계절이 찾아 오듯 순차적으로 일

어나게 된다.

또한 2차적 모형으로는, 첫째 사자 제국은 이슬람 제국, 둘째 곰의 제국은 영국, 셋째 표범 제국은 미국, 넷째 괴물은 EU를 가리킨다.

그리고 종말에 이르러서도 동서 사방에서 또 동시 다발로 나타나게 되어 있는데,

그때에는 첫째 사자 제국은 동방의 중국이 되고, 둘째 곰의 제국은 북방 세력인 러시아가 되며, 셋째 표범 제국은 남방의 이집트를 중심한 아프리카가 되고,

넷째 괴물 제국은 EU를 가리킨다. 이 해석에 대해서는 독자 제위 여러분들이 매우 궁금해 할 것이나 그 자세한 사항에 대해서는 다음에 다니엘서를 해석할 때에 자세히 하기로 하겠다.

※ 계6장에 나오는 4색 말의 역사는 또 무엇을 상징하는가?

먼저 4가지 색깔의 의미를 해석해보면 우선 색깔은 동서사방의 방위를 표시하며, 또한 색깔은 그 사물과 대상의 성질과 특징을 표현하고 있다.

예를 들면 흰색은 순결, 거룩을, 또한 미혹을 상징한다. 이처럼 종말 기에 이르러 네 가지 유형의

모습들이 나타날 것을 예표하고 있다. 자 그러면 여기서 4가지 색깔의 내적 의미를 성경적으로 해석해보면 다음과 같다. 첫째 흰말과 그 탄자를 분석해 보면, 종교적 색깔, 둘째 붉은 말과 그 탄자는 정치적, 사상적 색깔, 셋째 검은 말과 그 탄자는 경제적, 환경적 색깔, 넷째 청황색 말은 위 세 가지가 복합적으로 합성된 상태를 가리킨다.

그리고 또한 4색 말을 동서사방으로 방향을 정해서 살펴보면,

옛 말에도 홍동백서란 말이 있듯이 붉은 말은 동쪽을 가리키고, 백말은 서쪽을 가리키며, 검은 말은 북쪽을 가리키고, 청황색 말은 남쪽을 가리킨다.

이처럼 4색 말은 종말 기에 이르러 지중해와 중동 지방을 중심으로 4뿔의 역사가 나타날 때 동서사방으로 나타날 일들을 예표하고 있는데, 특히 슥6장에서도 4색 말이 동서사방으로 나가는 장면이 나온다.

그리고 더 나아가 4색 말에 대해서 올바른 해석이 이루어지려면 마24장에서 말씀하신,

첫째 흰 말은 거짓 선지자와 거짓 그리스도의 발흥, 둘째 붉은 말은 나라와 나라, 민족이 민족을

서로 대적하는 수많은 전쟁들,
셋째 검은 말은 환경의 재앙과 기근, 역병의 창궐,
넷째 청황색 말은 적그리스도의 출현으로 수많은
사람들을 죽이고 또한 배도하게 만드는 일들을 상
징한다고 볼 수 있다.
이처럼 마24장에 나타난 이 4가지 유형을 4색 말
과도 연결하여 해석해본다면 이보다 더 좋은 금상
첨화는 없을 것이다.
자 어쨌든 더 자세한 해석은 다음에 하기로 하겠
다.

그리고 마지막으로 하나님께서 중국에 대해서 주신
말씀은 이미 본 필자가 17년 전에서부터 계시 받아 기
록하고 있는데, 그 내용인즉 중국 정부가 경제 발전을
최우선시 함으로써, 대기의 오염과 환경의 재앙들을 극
심하게 만들어서 장차 그 부작용으로 인한 피해가 아세
아 권에 심각하게 나타나게 될 것이라는 계시를 받았
다.

그런데 하나님께서 계시해 주신대로 이 환경의 재
앙이 그대로 아세아 권에 크게 나타나고 있다. 특히 중
국과 이웃하는 나라들까지도 그 피해가 매우 심각한데,
사실 이 모든 일들은 인간의 욕심으로 빚어진 것으로
서, 다 자업자득의 결과라 할 수가 있겠다.(장차 종말 기
에 올 첫째 나팔이 울리면 피 섞인 우박이 떨어질 때에 중

230

국대륙 전역을 덮치게 되므로 중국은 유사 이래로 전무후무
한 재앙과 피해가 올 것이다. 그 자세한 사항에 대해서는 대
한민국 편에서 상세히 설명하였다.)

질문 3 — 일본 편 —

　일본은 섬나라로서 지진도 자주 일어나고 재난도 많
이 생기고 있습니다. 그 원인은 무엇이며 또한 일본의
미래에 대해서 말씀해 주세요?

대답

　네가 쓴 창세기 난해구절 해설 "모든 창조의 비밀이
밝혀지다"에서도 공개하였듯이, 하나님께서는 너희가
사는 별 지구 유성을 창조할 때에 그저 손쉽게 얼렁뚱
땅, 대충대충 만든 것이 아니고 매우 세밀하고 정교하
게 너희 지구 유성을 창조하였다.
　그리고 먼저 너희 지구를 만들기 전에 하나님께서는
은하계를 창조하셨는데, 그때에 그 은하계 속에서 가장
최상급인 양질의 별들만을 모아다가 하나님의 권능으로
합체를 시킨 것이 너희 지구 유성이다.

　그러면 앞서 말한 것 중에 최상급의 양질의 별이라
고 하였는데 이 부분에 대해서는 너희가 의아하게 생각

할 수 있겠다. 그래서 이해를 돕고자 그 부분에 대해서 조금 설명을 첨가하겠다.

그러나 앞부분에 대해서 설명하기 전에 먼저 하나님의 창조 역사의 순서를 알아보면, 하나님은 영원무궁세계에서 나오셔서 제일 먼저 천국을 창조하셨고 동시에 영적인 존재들을 창조하셨다. 그 후 우주 공간을 만드신 후 수많은 별들을 창조하셨을 뿐만 아니라 그 별들을 무리지어 운행하게 하셨다.

특별히 하나님께서는 그 별무리 중에서 은하계라고 하는 별무리 속에다 장차 지구를 창조하실 계획을 가지시고, 그 은하계 속에 있는 별들 중에 최상급의 별 곧 양질의 재료가 될 별들을 모아서 태양계라고 하는 공간 속에서 합체하여 지구를 탄생시킨 것이다.(지구는 수많은 별들 중 하나님의 걸 작품이고 최상급이며 백미이다.

그것은 마치 인간이 모든 만물의 영장이 된 것과 같은 이치인데, 특히 지구는 수많은 생명체가 창조되어서 살아가야 하기 때문에 다른 어떤 별들보다 수많은 원소들이 지구의 재료가 되어야 한다. 그리고 사실 수많은 별들 중에 어떤 별들은 많은 원소를 포함하지 않고 있을 뿐만 아니라 그저 단일 원소만으로 구성되어 있는 별도 있다. 그래서 하나님께서는 할 수만 있다면 우주 안에 있는 모든 원소들이 지구의 구성성분이 되어야 했으므로 하나님께서는 수많은 별들 중에 많은 원소를 가지고 있는 별들을 선별하여 지구를 창조하는데 사용하였다. 그리고 지구를 창조하다가 남은 별 조각들인 운석들은 화성과 목성사이에 수없이 떠돌아 다니고 있는데 장차 하나님께서는 이 운석들을 마지막 때에 이 세상을 심판하는데 사용하실 것이다.

그래서 지구는 수많은 다른 별들과 같지 않고 많은 원소들을 포함하게 된 것이다.

계6:12-14 "내가 보니 여섯째 인을 떼실 때에 큰 지진이 나며 해가 총담 같이 검어지고 온 달이 피 같이 되며 하늘의 별들이 무화과나무가 대풍에 흔들려 선 과실이 떨어지는것 같이 땅에 떨어지며 하늘은 종이 축이 말리는것 같이 떠나가고 각 산과 섬이 제 자리에서 옮기우매"

※ 그러므로 우리는 **특별히 하나님께서 지구를 창조하시는 과정을 통해서도 큰 은혜를 받을 수 있는데, 그것은 마치 하나님께서 수많은 사람 중에서 구원받을 사람을 선택하여 은혜를 베푸시는 것과 같다.**)

지구를 탄생시키는 과정 속에서 여러 별들을 합체시킬 때에 큰 충돌과 부셔짐 등 엄청난 충격이 그 별들에게 가해지는 과정 속에서 엄청난 화염, 분진과 먼지, 가스 등이 발생하였다. 또한 불과 가스 등과 용암이 지글지글 끓으면서 지구 내부에 갇히게 되었고, 부셔진 별 조각들은 지각 판이 되어 지구 표면이 되었다.

그러므로 지진이 일어나고 화산폭발이 발생하는 것은 다 이와 같이 지구를 창조하는 과정 속에서 발생한 부작용의 결과이다.

그러나 더욱 중요한 것은 그러한 불안정한 곳에 인생들이 터전을 마련하여 살고 있다는 사실이다.(인생의 삶 자체도 영원하지 않고 항시 나그네처럼 살다가 언젠가는 죽는다.) 그러므로 우리 인생들은 겸허한 마음을 가지고 이 세상에서 살되 이세상과 보이는 물질과 육적 삶에 목숨 걸지 말고 우리 인생들을 창조하신 하나님만을 경외하며 사는 것이 인생의 본분인 것이다.

특별히 일본열도는 이 세상에 다른 어떤 나라들보다도 매우 불안정한 지진대에 놓여 있다. 그러므로 많은 지진이 일어나게 되는데, 특별히 일본 사람들은 지진에 대해서 누구보다도 잘 알고 있을 뿐만 아니라 그 지진을 위해서도 많은 대비를 하고 있다.

그러나 예고도 없이 터지는 지진을 어떻게 인간의 힘으로 다 막을 수가 있겠는가? 그렇다 바로 여기에 하나님의 뜻과 섭리가 있는 것인데, 하나님께서는 그 지진을 통하여 일본 백성들의 교만한 마음을 버리게 하고 각각 회개하여 살아계신 하나님을 믿게 하시는 섭리가 있는 것이다.

하지만 너희 일본 백성들은 어떤가? 죽은 사람들을 신으로 숭배하고 심지어 2차 세계 대전 때 전쟁을 일으켜 아세아의 수많은 사람들을 살상한 자들까지 야스쿠니 신사에 합사해놓고 숭배를 하고 있으니 참으로 얼빠진 사람들이 아닌가?
그러므로 하나님은 말씀하신다. 나 여호와는 나 이외

에 다른 신을 섬기거나 우상숭배를 하는 자들을 가장 미워한다.

그런데 너희는 어떤가? 조상숭배, 정령숭배, 우상숭배 등 온갖 귀신과 함께 하며 사는 나라가 너희 나라인데, 이제는 그것도 모자라 아세아 사람들을 무수히 죽였던 A급 전범까지 신으로 숭배하고 있으니 참으로 한심한 나라, 그의 백성들이 아닌가?

또한 너희들은 왜 그렇게 음란한가? 한마디로 음란왕국이라고 해도 과언이 아니다.

소돔과 고모라 백성들이 너희보다 나으니라. 그리고 너희의 강포와 불의와 양심불량과 탐욕은 이루 말 할 수 없느니라.

그러나 나는 전능자 하나님이다. 그러기 때문에 너희 일본나라와 그 백성들을 사랑한다.

그러므로 나는 나의 종들을 그곳에 보내 나 여호와 하나님과 나의 아들 예수 그리스도를 믿게 하려고 힘썼느니라.

그러나 너희는 나의 사랑과 긍휼인 은혜의 복음을 받아들이지 않고 믿지 않고 있느니라.

내가 너희를 어떻게 해야 하겠는가? 너희 땅은 지질학적으로도 끓는 냄비 위에 올려진 냄비 뚜껑과 같다. 언제 그 땅이 갈라져 용암구덩이 속으로 떨어질지 너희는 아는가?

　너희들이 살고 있는 그 땅이 바로 지옥의 입구와 같구나. 언제나 너희들이 나의 백성이 되겠는가? 그러므로 너희는 회개하라. 그리하면 너희가 살게 되리라.
　그렇지 않으면 과거 어느 때보다 너희 땅에 지진이 점점 더 많이 일어나게 될 것이다.

　그래서 그 지진이 이번에는 서쪽에서 또한 남쪽에서, 그리고 북쪽에서 지진이 일어나게 되니, 이제 너희 백성들은 정신을 차릴 수가 없겠구나?
　또한 계속해서 지진이 오는 횟수도 점점 많아져 10년 만에 오던 것이 5년으로, 아니 2년으로, 아니 1년으로 점점 더 단축될 것이며, 또한 점점 그 빈도수는 잦아지고 그 지진의 강도는 더욱 세질 것이다.
　그러니 이제는 너희 일본 백성들이 혼비백산하여 정신이상과 미치는 사람들이 많아질 것이고 또한 약삭빠른 자들은 자기 나라와 땅을 버리고 외국으로 도피할 것이다.

　다 이것은 너희들의 죄악 때문이다. 그러므로 너희는 너희 나라가 환경적으로 지진대에만 놓여서 이런 재난이 온다고 생각하지 말아라.
　나 여호와의 분노가 또한 용암을 끓게 하고 지진이 일어나게 하느니라.
　그러나 나 여호와는 지진도 잠잠케 하느니라. 이 세상 나라와 모든 만유는 나의 주권 하에 있느니라.

너희가 귀신과 우상 섬기던 것을 하루속히 버리고 내게로 돌아오라. 그러면 너희가 살리라.

나는 언제든지 너희들을 받아들일 준비가 되어 있다. 그것은 마치 탕자가 아버지의 품을 떠나 허랑방탕하게 살다가 돌아온 것처럼, 나도 너희들이 하루속히 돌아오기만을 기다리는 아버지와 같이 두 팔을 벌리고 있느니라. 나의 가슴은 너무나 크고 넓다.

그리고 너희 위정자들에게 부탁한다. 너희들은 너무나 양심이 불량하여 화인 맞은 자와 같다.
공의와 정의를 가지고 정치하라. 바로 이것이 정치하는 자의 본분이다.
또한 모든 정사와 권세와 능력은 위로부터 내려 주시고 허락하신 하나님의 권세이니라. 그 권세를 가지고 세상에 정의를 펴야 하느니라.

너희 나라 사람들은 아세아 사람들에게 많은 피해와 고통을 주었고 빚을 지었느니라.
보통 사람도 남에게 해를 끼치거나 고통을 주면 찾아가서 보상해주거나 백배 사죄하는 것이 도리이거늘, 너희는 어찌하여 그렇게 도리도 모르고 양심도 없는 부도덕한 자들이 되었는가?
너희는 지난 과거에 아세아 사람들에게 잘못한 일들이 너무 많지 않은가?

진정 너희들은 너무나 포악하고 잔인하였음에도 불구하고 사과 한마디도 없이 도리어 과거에 한 일들을 미화하고 자화자찬하며 선전하고 있으니, 이것이야말로 양심 불량에다가 후안무치의 극치를 이룬 불법한 자들이 아닌가?

특히 너희들이 아세아에서 대동아전쟁을 일으켜 각 나라에서 수많은 사람들을 징용, 징집 등 심지어 꽃다운 처녀들을 속여서 위안부로 짓밟은 일들을 너희는 잊어서는 안 된다.
또한 그때 당시에 고통과 피해를 당하고 지금까지 살아남은 자들이 얼마 남지 않았다.
너희는 그들에게 용서를 구하고 그 피해를 금전적으로라도 보상해 주어라.

그러나 그들이 받은 고통과 피해와 억울함은 억만금을 준다고 해도 갚을 수 없을 뿐만 아니라 그 저지른 죄악은 용서받을 수 없는 일이다.
그럼에도 너희들은 억지를 부리며 온갖 술수와 엉뚱한 소리 곧 망언을 하는구나.
그러니 누가 어느 민족이 너희 일본을 좋아하겠는가? 너희도 역지사지 심정으로 피해를 당한 사람들과 나라들을 생각해보아라.
그들은 너희 나라 때문에 엄청난 피해와 고통을 받은 나라와 사람들이다. 그러니 그들을 외면하지 말아

라. 성경말씀 속에서도 너희가 무엇이든지 땅에서 매이면 하늘에서도 매일 것이라고 했고, 또한 너희가 하나님께 나아갈 때에 형제와 다투고 원수진 일이 있으면 너희는 먼저 형제와 사화하고 예물을 드리라고 하였다.

억울함을 당한 사람들의 울부짖음과 또한 사람을 죽여서 땅에 흘린 피는 나 여호와를 분노케 하는 것이다.(하나님께서는 이 세상이나 인간계나 자연계 속에다 심은 대로 거두는 법칙을 정해놓았다.
그러므로 개인이든 국가이든, 자연계이든 심은 대로 거두게 된다. 특별히 일본은 아세아의 수많은 사람들에게 많은 아픔과 고통을 주었기 때문에 되갚음을 당하게 된다.
그것이 바로 하나님의 정해놓으신 뿌린 대로 거두는 공의의 법칙이다. 그러므로 일본 국민들은 많은 고통과 재난이 온다고 하여도 원망하거나 불평해서는 안 된다.
모든 것은 다 자업자득이기 때문이다.)

특별히 너희가 나를 믿지 않는 것도 진노의 대상이 되는데, 너희 포학과 강포의 죄악이 가득 차서 하늘에까지 닿고 있으므로 내가 어찌 너희들을 그냥 내버려둘 수가 있겠는가?
만일 내가 분노하지 않는다면 이 세상을 공의로 다스리는 주권자가 아니니라.(일본인들은 누구보다도 간교하고 약삭빠르다. 자기에게 이익이 되고 유리하게 도움이 되는 나라는 친밀하게 지내면서도, 자기 때문에 억울함을 당한 나라와 백성들에게는 진정으로 사과하고 그 피해를 보상해주어야 함에도 불구하고, 도리어 적반하장 격으로 온갖 억측과 망언을 일삼으며 피해를 당한 사람들에게조차도 사과 하기는 커녕 이제는 거꾸로 가슴에 대못 박는 망언만 일삼으니 그들의 분노와 울부짖음과 탄식소리는 하나님의 보복과 분노를 부르고 사게 되는 일이다.)

그러므로 또 다시 반복하여 말한다. 너희는 제발 너희 때문에 죽고 피해당한 자들의 고통스러운 마음을 위로하라.

그리고 너희가 성적 노리개로 삼았던 위안부와 같이 비참하게 살았던 사람들의 억울함을 풀어주고 보상해주어라. 그러나 너희는 지금 그들에게 어떻게 대하고 있는가? 너희가 진정 양심이 있다면 그렇게 해서는 안 되는 것이다.

그리고 특별히 너희 나라가 가난한 나라인가?

너희는 부자이면서도 보상해줄 것이 아까워서 온갖 꼼수를 부리니 참으로 인색하고 악랄하구나. 그러니 전 세계 사람들에게 공분을 사게 되는 것이다.

그리고 또한 너희 정치가들이 이렇게 못되게 구니 이 세상에서 설 자리가 없이 점점 더 좁아지고 있는 것이다. 참으로 너희 일본 백성들아 이제부터라도 때가 늦지 않았으니 정의와 공의를 가지고 살아라. 만일 그렇게 하지 않는다면 너희는 2년 전에 발생했던 동일본 지진과 같은 것이 또 발생하리라.

그 때에 너희의 피해가 얼마나 컸던가.

특별히 아세아 사람들이 억울하다고 피해보상을 요구하며 청구했던 그 금액과 비교해볼 때 어떠한가?

아직도 정신 차리지 못하고 있는 일본 정치가들아! 너희가 계속해서 간교한 술책을 부리며 언제까지나 피해를 당한 사람들의 억울함을 풀어주지 않으려는가?

너희들이 그렇게 피해를 당한 자들의 억울함을 외면하고 조롱하며 핍박하니 내가 이제는 더 이상 참을 수가 없구나.

너희의 삐뚤어지고 비열한 마음을 가지고 억지를 부리며 망언만 일삼으니, 너희 주변 나라와 세계 사람들에게 분노만 일으키고 원망만 사니 너희 민족이 앞으로 잘되겠는가? **한번 큰 지진이 일어나 보아라. 너희의 모든 것들은 하루아침에 무용지물이 될 것이다.**

질문 4   - 러시아 편 -

러시아에 대해서 말씀해 주세요. 러시아는 이 지구상에서 가장 큰 나라입니다. 특별히 러시아는 어떻게 이렇게 큰 나라가 되었습니까? 또한 마지막 때에 이 나라는 어떻게 쓰임 받겠습니까?

대답

하나님께서는 종말 기에 쓰임 받을 나라 중에 단 7

장에 나오는 4 짐승의 나라 중 두 번째 곰의 제국을 말씀하고 있는데, 그 곰의 제국을 예언한 말씀대로 성취하시려고 북방에다가 러시아 제국을 허락하신 것이다.

그러므로 러시아는 마치 들짐승 중 가장 우악스럽고 탐욕스러운 곰을 닮아서 쉴 새 없이 땅을 정복하여 지금처럼 지구상에서 땅덩어리가 가장 넓은 나라가 된 것이다.(만일 러시아가 사람이 많이 살고 있는 지구 중반부의 온대지방이나 남방 쪽으로 영토를 확장했다면 지금처럼 이렇게 큰 나라가 되지는 못하였을 것이다.
왜냐하면 그 지역에는 이미 발전된 문명을 가진 수많은 나라와 민족들이 거주하여, 흥망성쇠를 거듭하며 자리 잡고 있었기 때문이다.

그래서 만일 러시아가 이 지역으로 영토를 확장했다면 아마 엄청난 저항과 피 흘리는 전쟁이 있어야 했고, 또한 이처럼 신속하게 무인지경을 달리듯이 땅을 넓히지는 못하였을 것이다.
그리고 혹시 정복하였다고 할지라도 오랫동안 한 국가로 존재하지 못하였을 뿐만 아니라, 수없는 분리 독립과 내전으로 시달리다가 전부 땅덩어리가 여러 나라로 나누어졌을 것이다.

우리는 세계 역사를 통해서 그 교훈들을 배울 수가 있는데, 특히 앗수르, 바벨론, 헬라, 로마, 몽골제국 등 지금까지 살아남은 큰 나라가 어디에 있는가?

이처럼 러시아가 큰 나라를 형성하여 오랫동안 지금까지도 유지할 수 있었던 것은 환경적으로 날씨가 춥고 살벌하여 사람이 살지 않는 곳인 북방을 택했기 때문이다.

그리고 또한 하나님의 섭리로써 종말에 쓰임 받을 덩치가 아주 큰 탐욕스러운 곰의 제국이 되어야 했기 때문이다.

※ 특별히 러시아의 영토 대부분은 시베리아와 북극 지역으로서, 그 지역은 매우 추운 곳이다.

그러므로 그 곳에서는 무슨 동물이든지간에 살아가기가 매우 힘들다.

그러나 그 지역을 대표하는 맹수인 북극곰은 사막에서 오아시스의 물을 만난 것처럼 활발하게 뛰노는 서식처이다.

그러므로 북방을 대표하는 상징적인 동물을 만일 선정하라고 한다면 아마 북극곰이 마스코트가 될 것이다.

이처럼 단7장에 나오는 4짐승의 제국 중 두 번째로 나타난 곰의 제국은 그 짐승의 특성과 예언의 형태상 러시아가 가장 적합한 나라가 될 것이다.)

특별히 큰 나라가 된다는 것은 많은 정복 전쟁과 수많은 죽음과 피 흘림이 있어야 하는 것인데, 이처럼 러시아는 영토를 확장해 가는데 있어서 얼마나 많은 죽음과 피의 희생의 대가를 치르었겠는가?

그러므로 수많은 나라들과 백성들에게 억울하고 원통한 일들을 많이 행하였을 뿐만 아니라 악랄하고 잔인한 짓들을 수없이 저질렀을 것이다.

그래서 그 원망과 피맺힘의 절규가 하늘에까지 닿았

으며, 또한 그로 인하여 러시아는 하나님의 진노와 심판만을 쌓아놓고 있는 것이다.

그러므로 러시아는 선하고 의로운 나라로써 쓰임 받지 못하고, 짐승의 나라 곧 악의 한 축으로 쓰임 받을 수밖에 없는 곰의 제국이라 할 수가 있겠다.(러시아의 모든 도시와 성읍들은 살인과 피로 세워졌다고 해도 과언이 아니다.)

그리고 대제국을 건설하기 위하여 수많은 범죄를 저질러 놓은 상태에서 또한 설상가상으로 지옥의 사상, 붉은 용의 사상인 공산주의까지 제일 먼저 받아들여 전 세계의 1/3의 나라들을 적화하려고 혈안이 되어 미치고 날뛰었으니, 그 죄가 또한 어디로 가겠는가?

그것은 마치 배고픈 곰이 먹이를 찾으려고 울부짖으며 날뛰는 탐욕스러운 모습들을 또다시 보여주었는데, 그들의 악한 행동으로 인하여 붉게 물들었던 나라들이 얼마나 많은 죽음과 피의 희생의 대가를 치르었겠는가? 너희는 생각해보아라.

참으로 이들이 저지른 만행과 죄악들은 하나님의 분노와 심판만을 남겨놓고 있다.

그러나 특별히 우리가 분명히 알아야 할 것은, 이 세상에서는 이 러시아와 같이 큰 나라를 징벌하거나 심판할 나라가 없다는 사실이다.

하지만 하나님께서는 종말의 카운트다운인 첫째나팔

을 천사들을 통하여 이 세상을 향하여 불게 하실 때에 피 섞인 우박을 지상에 쏟아 붓는다.

그 때에 지구상 북방 쪽으로 큰 재앙이 임하게 되는데, 그 때에 이 재앙으로 인하여 특히 러시아의 동방권인 곧 우랄산맥을 기점으로 하여 아세아 지역의 땅 대부분이 폐허가 되고 쑥대밭이 되므로, 이 일로 인하여 러시아는 대기근에 시달리게 된다.

그러므로 러시아 서쪽 모스크바 당국자들은 이 땅을 복구하는 것이 쉽지 않아 포기하다시피 손 놓게 됨으로써 피해를 많이 본 아세아 지역의 러시아 자치국 지도자들이 본래의 러시아의 근본인 백 러시아인들을 비난하며 결별하게 되는 일이 벌어진다.

이제 우랄산맥을 기점으로 러시아가 행정상으로 분리되고 서쪽의 모스크바를 중심으로 한 원래의 러시아는 힘이 약화되어 EU에 도움을 요청하게 되고 장차 적그리스도의 나라에 수하가 되고 그 일원이 된다.(러시아가 분리되는 부분에 대해서는 뒤에 나오는 이란국가 편에서 더 상세히 설명하였다 참조하기 바란다)

참으로 두렵고 떨리는 하나님의 공의의 심판이다.

이처럼 이세상의 인간의 삶이나 국가나 민족도 범죄 하거나 악행을 저지르게 되면 거기에 상응한 심판과 보응을 받게 되고 징벌을 받게 된다는 사실이다.

그러므로 우리는 이제부터라도 늦지 않았으니 항시

근신하는 마음과 겸허한 마음으로 진실과 정의를 가지고 이 땅에서 살아가야 하겠다.

누가 이처럼 큰 나라인 러시아를 혼내줄 수가 있겠는가? 그것은 오직 천지만물을 창조하신 하나님만이 하실 수가 있는 것이다.
진정 그 분만이 인간의 생사화복과 인류 역사의 흥망성쇠를 쥐고 있을 뿐만 아니라 그 분 마음대로 주장할 수가 있다고 하는 사실이다.

이 세상이 한 때는 정의가 실종되고 강포하고 악한 자가 끝까지 승리하는 것 같지만 결국은 정의와 선이 승리한다는 사실이다.
그러므로 너희는 깊이 생각해보아라. 지금까지 수많은 나라들을 정복하고 피 흘렸던 큰 강대국들이 아직까지도 살아남아 존재하는 나라가 어디에 있는가?
그들은 전부 심판을 받아 다 바람에 나는 겨와 같이 사라져버렸다. 종말에 이르러 지구상에서 가장 큰 나라를 이루었던 러시아도 예외일 수가 없는 것이다.

그리고 또한 동시에 러시아가 하나님의 심판을 받았다는 것은 많은 고통과 억울함을 당한 민족과 나라들에게 원통함과 한 맺힘을 풀어주는 쾌거이다.
하지만 우리는 여기에서 또한 더욱 두렵고 떨리는 마음을 가져야 하는데, 그것은 다름 아닌 하나님의 심판의 칼과 다림줄이 이 세상에 즉각적으로 가동하게 되었다는 사실이다. 이제 어떠한 나라나 개인이든지간에 그 악한 행동과 죄악을 용서치 않는 심판의 날이 다 되었다고 하는 사실이다.

　　생각해보라. 초자연적인 역사가 아니고는 어찌 이 큰 나라를 단번에 쪼개버리는 일이 있을 수가 있겠는가? 사실 이러한 일은 이 세상 역사 가운데에서 나타난 일이 거의 없는 것이다. 그러나 러시아가 심판을 받았다는 것은 이제는 이 세상의 끝이 이르렀고 하나님의 카이로스의 역사가 시작됐다는 의미이다.

　　이제 이세상의 때가 다 되었고 지구상에 사는 모든 인류와 민족과 나라들은 이 큰 역사를 바라보고 먼 산 불구경하듯이 남의 일처럼 쳐다볼 일이 아니다.

　　특히 내 발등에 불 떨어졌다는 사실을 알고 정신 차리고 회개하며 하루속히 하나님께로 돌아가자.(러시아의 재앙의 심판은 요한계시록에 나오는 종말의 때를 알리는 7나팔 중 첫째나팔의 피 섞인 우박의 재앙을 받은 것이다.

　　그러므로 러시아 재앙의 심판은 이 세상 종말의 시작을 알리는 경고의 나팔이기도 한 것이다.

　　그러나 하나님은 사랑이시다. 회개하고 돌이키는 자들은 개인이나, 민족, 어떤 국가이든지간에 다 용서하시고 하나님의 자비와 긍휼을 덧입게 된다.)

　　특별히 러시아가 하나님의 진노의 몽둥이로 매 맞았다는 것은 하나님의 사랑의 채찍의 매인 것이다.

그러므로 러시아는 하나님의 진노의 심판을 받았으나, 그것으로 하나님과의 관계가 아주 끊어진 것이 아니라 도리어 하나님의 은총을 얻을 기회가 되는 것이고, 비록 나라가 쪼개졌으나 그 나라의 죄악을 분리시키는 하나님의 은혜의 채찍인 것이다.

그리고 종말에 이르러 심판의 재앙을 제일 먼저 받았으니, 누구보다도 러시아 국민들은 빨리 회개할 일만 남아있어 하나님의 긍휼을 입게 되는 것이다.

특별히 한국 속담에도 "매 맞을 일이 있으면 먼저 매 맞는 것이 낫다"는 말이 있는데, 이처럼 러시아도 이 세상 나라 가운데에 제일 먼저 심판을 받았기 때문에 이 세상 어느 나라 어느 민족보다도 제일 먼저 회개하고 돌아온다.

그리고 또한 **이 세상 어느 민족보다도 러시아 민족이 징계를 제일 먼저 받게 되므로 이 세상 어떤 나라보다도 앞서서 하나님 앞에 신앙적으로 빨리 철이 들게 되므로 인하여 누구보다도 빨리 종말의 복음과 역사에 대해서 영안이 열리고 불같은 믿음이 생겨, 저 동방의 대한민국과 함께 영원한 복음을 온 세계에 전하는 나라가 될 것이다.**(종말 기에 이르러 육적선민은 저 중동지방에 있는 이스라엘민족이고 또한 영적선민으로는 대한민국이 선택을 받았다. 그러나 러시아는 선민으로는 뽑히지 않았다는 사실이다.)

　　또한 하나님께서도 러시아를 이 세상 어느 나라보다
도 호되게 질책하시고 징계하셨으므로 크게 책임을 통
감하셔서 그 민족에게 큰 선물을 안겨 주시는데, 그것
은 다름 아닌 **하나님의 말세의 대선지자인 감람나무를,
곧 하나님의 종을 러시아에 일으키시므로, 러시아 민족
에게 큰 은혜를 베푸시는 것이다.**

> 욥5:17-19 "볼찌어다 하나님께 징계받는 자에게는 복이 있나니
> 그런즉 너는 전능자의 경책을 업신여기지 말찌니라 하나님
> 은 아프게 하시다가 싸매시며 상하게 하시다가 그 손으로
> 고치시나니 여섯가지 환난에서 너를 구원하시며 일곱가지
> 환난이라도 그 재앙이 네게 미치지 않게 하시며..."
> 호6:1-3 "오라 우리가 여호와께로 돌아가자 여호와께서 우리를
> 찢으셨으나 도로 낫게 하실 것이요 우리를 치셨으나 싸매
> 어 주실 것임이라 여호와께서 이틀 후에 우리를 살리시며
> 제 삼일에 우리를 일으키시리니 우리가 그 앞에서 살리라
> 그러므로 우리가 여호와를 알자 힘써 여호와를 알자 그의
> 나오심은 새벽 빛 같이 일정하니 비와 같이, 땅을 적시는
> 늦은 비와 같이 우리에게 임하시리라 하리라"

　　특히 러시아에 감람나무 선지자를 주시는 큰 이유
중의 또 하나는, 러시아는 사단마귀가 지배했던 나라로
서 이제 큰 재앙을 받아 큰 곤란을 그 백성들이 겪게
되니, 그 틈을 노리고 혹세무민하는 거짓 선지자들이
많이 일어나 러시아의 백성들이 큰 혼란에 빠지게 되기
때문이다. 이에 하나님께서는 그 백성들을 미혹 받지
않게 하실 뿐만 아니라 당신의 백성으로 삼으시기 위한

하나님의 섭리와 역사로서 감람나무를 러시아에 보내신 것이고 또한 러시아의 백성들을 감람나무를 통하여 잘 인도하고 회개시켜서 신앙생활을 잘하게 하기 위함인 것이다.

그리고 또한 러시아는 감람나무를 통해서 어느 나라 민족보다도 먼저 영원한 복음을 받아들여 종말의 역사를 이루게 하실 뿐만 아니라 또다시 온 세계에 종말의 복음을 전하게 하시는 비밀이 있는 것이다.

그러므로 러시아에 감람나무가 나타났다는 것은 종말 기에 이르러 큰일을 감당케 하시는 하나님의 축복인 것이다.(영국에 웨슬레가 나타나므로 신앙의 부흥이 크게 일어났고, 또한 중세 카톨릭에서 루터와 칼빈을 세워서 캄캄한 흑암 속에 있던 백성들을 구원하신 것처럼, 하나님의 일을 위해서 위대한 신앙인들이 나타났다는 것은 그 나라와 그 민족의 홍복인 것이다.)

※ 자 그러면 감람나무에 대해서 우리가 상세히 알아 보자.

감람나무에 대해서는 계11장에서 증거하고 있는데, 종말 기에 이르러 나타날 대선지자로서 창세 이후로 전무후무한 권능과 이적을 가지고 역사를 하되, 주의 오심과 이 세상 끝 날에 대한 소식을 하나님께 받아서 전하는 자들이다.

이들은 두 명으로서 마치 출애굽시대에 이스라엘 백성을 구원하기 위해서 파송을 받았던 모세와 아론 같은 자들로써, 종말 기에 이르러 하나님의 백성들을 죄악 된 세상에서 구출하기 위한 하나님의 증인들이요 선지자들이다.

그리고 또한 북쪽 이스라엘의 패역한 아합 왕 시대에 역사했던 엘리야와 같이 바알과 아스다롯, 밀곰 등 우상숭배에 빠져있던 이스라엘 백성들에게 참 하나님 여호와가 누구이신가를 깨닫게 하기 위해서 갈멜 산에서 거짓 선지자들과 대결했던 것처럼, 종말 기에 이르러 적그리스도와 거짓선지자가 나타나 온 세상을 미혹하고 지배할 때에 그들을 대적하며 온 세계에 참되신 하나님과 진짜 그리스도가 누구인가를 온 세계 사람들에게 깨닫게 하기 위해서 이 세상에 왔을 뿐만 아니라, "적그리스도는 거짓된 자이고 또한 하나님이 아니다."라고 경고하기 위해서서 나타난 선지자들이다.

그리고 적그리스도를 숭배하기 위하여 만든 우상과 666표를 절대로 숭배하거나 받아서는 안 된다는 것을 전 세계 사람들에게 폭로하여 경각심을 가지게 해줄 뿐만 아니라, 죄악에 빠져 있는 수많은 사람들을 회개시키기 위하여 보낸 하나님의 선지자들이다.

그리고 또한 예수님이 이 세상에 나타나기 전의 세례요한처럼 다시 오실 재림 주를 준비하며 그 길을 평탄케 하기 위해서 보낸 하나님의 사자이다.

또한 바벨론에서 70년 만에 해방되어 나올 때 이스라엘 백성 5만 여명을 불러내어 귀환시켰던 스룹바벨과 예수아 같은 종이며, 또한 모세와 아론과 같이 이스라엘 장정 60여만 명을 불러내듯, 종말 기에 이르러 그 이마에 인 맞은 자 144,000명을 불러내 1차 휴거를 준비시킬 지도자들이다.
그 외에 이들을 통하여 마지막 날에 올 대 환난을 승리케 하기 위해서 주의 백성들을 위로하며 격려할 뿐만 아니라 하나님의 백성들에게 소망을 주며 그들을 피난처로 인도할 하나님의 종들이다.

이처럼 이들의 사역은 종말 기에 이르러 너무나 막중하고 귀한데, 하나님은 이들을 통하여 종말의 역사를 마무리하시게 된다.(예수님이 초림 때 오셔서 인류의 죄를 대속하시고 구원의 은혜를 인류에게 베푸셨다.

그리고 또한 이 구원의 복된 소식을 온 세계에 전하게
하셨다. 그리고 또한 주님께서는 특별히 이 일을 위해
서 12사도를 부르셔서 세계 복음화를 명하셔서 하나님
의 나라가 이 땅에서 시작되었다.
그러나 종말에 이르러서는 12사도의 계통을 통해서 하
나님의 역사가 이루어지는 것이 아니고,
두 명의 감람나무 곧 하나님의 성전 앞에 세워져 있던
보아스와 야긴 같은 하나님의 큰 일꾼인 기둥 같은 자
들에 의해서 하나님의 나라가 완성된다.)

그러면 감람나무는 왜 대한민국과 러시아에서 나오
게 되는가? 그 이유는 다음과 같다.

먼저 대한민국은 종말에 많은 민족 가운데에서 영적
장자인 이스라엘로 선택받았고 또한 예표요 모델이 되
었다고 하였다. 그리고 그 외에 상세한 내용들에 대해
서는 대한민국 편에서 다 밝혔다.

특별히 여기에서 밝히고자 하는 것은 그 외의 내용
들인데, 그 중에서 가장 큰 이유는 씨 뿌리는 복음인
천국복음이 예루살렘에서 시작하여 유럽과 아세아 또는
아메리카를 한 바퀴 돌아서 세상 땅 끝인 대한민국에
전파되어 그 사명을 다 한 것이다.

그러므로 이제는 받은바 은혜의 복음을 되갚아 줄

사명인데, 그 내용은 씨 뿌리는 복음이 아닌 결실기의 추수의 복음으로써 진리의 복음 곧 영원한 복음을 온 세계에 또 다시 예언하고 전할 사명이다.

이 사명을 해 돋는 동방 땅 끝인 대한민국이 받은 것이다.(성막과 성전의 문은 동쪽으로 열려있어 재림 주는 동문으로 들어오신다.

성막을 중심으로 동쪽에 진 쳤던 유다지파는 형제들의 으뜸이 되고, 주가 되고, 왕이 되며, 그리스도가 탄생하는 지파이다.

동방에 에덴낙원이 있었다. 특별히 에덴의 역사는 장차 올 재림의 역사로써, 새 일의 역사를 이루게 되는데,

이것은 한마디로 에덴의 낙원을 회복할 천년 통치의 시대라 하는 것이다.

동방의 욥은 인생이 받아야 할 환난과 고통을 다 받은 자로써 장차 올 종말 기에 대 환난의 시련을 이기고 승리할 성도들을 예표 하는데, 하나님께서는 특별히 마지막 때에 사명을 감당케 하시려고 말세에 동방 땅 끝 사람들을 택하여 욥처럼 환난과 고통 속에서 연단하여 정금같이 나오게 하신다.

그리하여 그 변화 받은 인격과 말씀으로 온 세계에 빛이 되게 할 것인데, 그것은 한마디로 알곡 성도가 되게 하여 영원한 복음을 온 세계에 다 전하게 하신다는 사실이다.

동방 사람 아브라함을 불러서 가나안 땅으로 와 언약을 성취하게 하신다.

초림 때 동방박사들을 불러서 예수 탄생의 기쁜 소식을 전하게 하신다.

동방 사람 고레스를 불러서 열방을 무릎 꿇게 하셔서 이스라엘 민족을 바벨론에서 해방시키신다.

이처럼 시작도 동방의 역사이고 종말의 역사도 동방의 역사이다. 또 동방의 역사는 해 돋는 곳에서 나오는 광선의 역사, 빛의 역사이다.

특별히 감람나무의 열매는 기름을 짜서 등잔의 불 밝히는 원료가 된다.

특히 슥4장에 보면 일곱 등대 좌우에 감람나무가 있어 등잔에 기름을 공급해주고 있다.

그러므로 하나님께서는 종말의 역사를 두 감람나무와 어둠을 밝히는 7등대의 역사로 마무리하시기 때문에 아세아의 7교회에 편지하셨고 또한 슬기로운 5처녀로 기름등불 준비케 하셨다.)

사45:1-7 "나 여호와는 나의 기름 받은 고레스의 오른손을 잡고 열국으로 그 앞에 항복하게 하며 열왕의 허리를 풀며 성 문을 그 앞에 열어서 닫지 못하게 하리라
내가 고레스에게 이르기를 내가 네 앞서 가서 험한 곳을 평탄케 하며 놋문을 쳐서 부수며 쇠빗장을 꺾고 네게 흑암 중의 보화와 은밀한 곳에 숨은 재물을 주어서 너로 너를 지명하여 부른 자가 나 여호와 이스라엘의 하나님인줄 알게 하리라
내가 나의 종 야곱, 나의 택한 이스라엘을 위하여 너를 지명하여 불렀나니 너는 나를 알지 못하였을찌라도 나는 네게 칭호를 주었노라 나는 여호와라 나 외에 다른 이가 없나니 나 밖에 신이 없느니라
너는 나를 알지 못하였을찌라도 나는 네 띠를 동일 것이요 해 뜨는 곳에서든지 지는 곳에서든지 나 밖에 다른 이가 없는 줄을 무리로 알게 하리라 나는 여호와라 다른 이가

없느니라 나는 빛도 짓고 어두움도 창조하며 나는 평안도
짓고 환난도 창조하나니 나는 여호와라 이 모든 일을 행하
는 자니라 하였노라"

슥4:2-7 "그가 내게 묻되 네가 무엇을 보느냐 내가 대답하되
내가 보니 순금 등대가 있는데 그 꼭대기에 주발 같은 것
이 있고 또 그 등대에 일곱 등잔이 있으며 그 등대 꼭대기
등잔에는 일곱 관이 있고 그 등대 곁에 두 감람나무가 있
는데 하나는 그 주발 우편에 있고 하나는 그 좌편에 있나
이다 하고
내게 말하는 천사에게 물어 가로되 내 주여 이것들이 무엇
이니이까 내게 말하는 천사가 대답하여 가로되 네가 이것
들이 무엇인지 알지 못하느냐 내가 대답하되 내 주여 내가
알지 못하나이다 그가 내게 일러 가로되 여호와께서 스룹
바벨에게 하신 말씀이 이러하니라
만군의 여호와께서 말씀하시되 이는 힘으로 되지 아니하며
능으로 되지아니하고 오직 나의 신으로 되느니라 큰 산아
네가 무엇이냐 네가 스룹바벨 앞에서 평지가 되리라 그가
머릿돌을 내어 놓을 때에 무리가 외치기를 은총, 은총이 그
에게 있을찌어다 하리라 하셨고"

슥4:11-14 "내가 그에게 물어 가로되 등대 좌우의 두 감람나무
는 무슨 뜻이니이까 하고 다시 그에게 물어 가로되 금 기
름을 흘려내는 두 금관 옆에 있는 이 감람나무 두 가지는
무슨 뜻이니이까 그가 내게 대답하여 가로되 네가 이것이
무엇인지 알지 못하느냐 대답하되 내 주여 알지 못하나이
다 가로되 이는 기름 발리운 자 둘이니 온 세상의 주 앞에
모셔 섰는 자니라 하더라"

특별히 이사야서의 말씀 가운데에서도 종말 기에 대
한 예언들을 감추어 놓으셨는데, 그 중에서도 **동방 땅
끝에서부터 여호와의 이름을 영화롭게 할 뿐만 아니라
그분께 영광을 돌릴 것을 말씀하셨다.**

그리고 또한 하나님의 종들이 큰 대권을 가지고 심

판의 역사와 공의를 행할 뿐만 아니라 하나님의 모든 섭리를 이룰 것을 말씀하고 있다.

사24:15-23 "그러므로 너희가 동방에서 여호와를 영화롭게 하며 바다 모든 섬에서 이스라엘 하나님 여호와의 이름을 영화롭게 할 것이라

땅 끝에서부터 노래하는 소리가 우리에게 들리기를 의로우신 자에게 영광을 돌리세 하도다 그러나 나는 이르기를 나는 쇠잔하였고 나는 쇠잔하였으니 내게 화가 있도다 궤휼자가 궤휼을 행하도다 궤휼자가 심히 궤휼을 행하도다 하였도다

땅의 거민아 두려움과 함정과 올무가 네게 임하였나니 두려운 소리를 인하여 도망하는 자는 함정에 빠지겠고 함정 속에서 올라오는 자는 올무에 걸리리니 이는 위에 있는 문이 열리고 땅의 기초가 진동함이라 땅이 깨어지고 깨어지며 땅이 갈라지고 땅이 흔들리고 흔들리며 땅이 취한 자 같이 비틀비틀하며 침망 같이 흔들리며 그 위의 죄악이 중하므로 떨어지고 다시 일지 못하리라

그 날에 여호와께서 높은데서 높은 군대를 벌하시며 땅에서 땅의 왕들을 벌하시리니 그들이 죄수가 깊은 옥에 모임 같이 모음을 입고 옥에 갇혔다가 여러 날 후에 형벌을 받을 것이라 그 때에 달이 무색하고 해가 부끄러워하리니 이는 만군의 여호와께서 시온산과 예루살렘에서 왕이 되시고 그 장로들 앞에서 영광을 나타내실 것임이니라"

사46:8-13 "너희 패역한 자들아 이 일을 기억하고 장부가 되라 이 일을 다시 생각하라 너희는 옛적 일을 기억하라 나는 하나님이라 나 외에 다른 이가 없느니라 나는 하나님이라 나 같은 이가 없느니라

내가 종말을 처음부터 고하며 아직 이루지 아니한 일을 옛적부터 보이고 이르기를 나의 모략이 설 것이니 내가 나의 모든 기뻐하는 것을 이루리라 하였노라 내가 동방에서 독수리를 부르며 먼 나라에서 나의 모략을 이룰 사람을 부를 것이라 내가 말하였은즉 정녕 이룰 것이요 경영하였은즉

정녕 행하리라

마음이 완악하여 의에서 멀리 떠난 너희여 나를 들으라 내
가 나의 의를 가깝게 할 것인즉 상거가 멀지 아니하니 나
의 구원이 지체치 아니할 것이라 내가 나의 영광인 이스라
엘을 위하여 구원을 시온에 베풀리라"

사42:13 "여호와께서 용사 같이 나가시며 전사 같이 분발하여
외쳐 크게 부르시며 그 대적을 크게 치시리로다"

사41:1-7 "섬들아 내 앞에 잠잠하라 민족들아 힘을 새롭게 하
라 가까이 나아오라 그리하고 말하라 우리가 가까이 하여
서로 변론하자

누가 동방에서 사람을 일으키며 의로 불러서 자기 발 앞에
이르게 하였느뇨 열국으로 그 앞에 굴복케 하며 그로 왕들
을 치리하게 하되 그들로 그의 칼에 티끌 같게, 그의 활에
불리는 초개 같게 하매 그가 그들을 쫓아서 그 발로 가 보
지 못한 길을 안전히 지났나니

이 일을 누가 행하였느냐 누가 이루었느냐 누가 태초부터
만대를 명정하였느냐 나 여호와라 태초에도 나요 나중 있
을 자에게도 내가 곧 그니라

섬들이 보고 두려워하며 땅 끝이 무서워 떨며 함께 모여
와서 각기 이웃을 도우며 그 형제에게 이르기를 너는 담대
하라 하고 목공은 금장색을 장려하며 마치로 고르게 하는
자는 메질군을 장려하며 가로되 땜이 잘 된다 하며 못을
단단히 박아 우상으로 흔들리지 않게 하는도다"

그리고 스가랴서에서도 종말 기에 이르러 기드온의
300명의 용사와 같이 싸우고 일할 용맹한 자들이 나올
것을 말씀하고 있다.

슥10:4-7 "모퉁이 돌이 그에게로서, 말뚝이 그에게로서, 싸우는
활이 그에게로서, 권세 잡은 자가 다 일제히 그에게로서
나와서 싸울 때에 용사 같이 거리의 진흙 중에 대적을 밟
을 것이라 여호와가 그들과 함께한즉 그들이 싸와 말 탄

자들로 부끄러워하게 하리라

내가 유다 족속을 견고하게 하며 요셉 족속을 구원할지라 내가 그들을 긍휼히 여김으로 그들로 돌아오게 하리니 그들이 내게 내어 버리움이 없었음같이 되리라 나는 그들의 하나님 여호와라 내가 그들을 들으리라 에브라임이 용사 같아서 포도주를 마심 같이 마음이 즐거울 것이요 그 자손은 보고 기뻐하며 여호와를 인하여 마음에 즐거워하리라"

또한 북방과 동방에서 나온 자들이 열방의 왕 들을 진토같이 짓밟을 것을 예언하고 있다.

사41:25-29 "내가 한 사람을 일으켜 북방에서 오게 하며 내 이름을 부르는 자를 해 돋는 곳에서 오게 하였나니 그가 이르러 방백들을 회삼물 같이, 토기장이의 진흙을 밟음 같이 밟을 것이니

누가 처음부터 이 일을 우리에게 고하여 알게 하였느뇨 누가 이전부터 우리에게 고하여 이가 옳다고 말하게 하였느뇨 능히 고하는 자도 없고 보이는 자도 없고 너희 말을 듣는 자도 내가 비로소 시온에 이르기를 너희는 보라 그들을 보라 하였노라 내가 기쁜 소식 전할 자를 예루살렘에 주리라

내가 본즉 한 사람도 없으며 내가 물어도 그들 가운데 한 말도 능히 대답할 모사가 없도다 과연 그들의 모든 행사는 공허하며 허무하며 그들의 부어만든 우상은 바람이요 허탄한 것 뿐이니라"

이처럼 하나님께서는 마지막 때의 역사를 완전 성취할 증거자로써 두 명의 감람나무를 선택하실 때에 동방 땅 끝과 북방에서 일으키신다.

그러나 특별히 이러한 대선지자가 나오려면 거기에

상응한 희생과 대가와 씨를 심는 원리의 법칙이 적용되면서 하나님의 은총을 입어야 한다. (종말의 복음은 은혜와 자비의 복음이 아니고 일한대로, 행한대로, 심은대로 갚음을 받는 공의의 복음이요 심판의 복음이다. 특별히 이공의의 복음에 대해서는 다음에 상세히 살펴보도록 하자.)

> 계22:10-13 "또 내게 말하되 이 책의 예언의 말씀을 인봉하지 말라 때가 가까우니라 불의를 하는 자는 그대로 불의를 하고 더러운 자는 그대로 더럽고 의로운 자는 그대로 의를 행하고 거룩한 자는 그대로 거룩되게 하라 보라 내가 속히 오리니 내가 줄 상이 내게 있어 각 사람에게 그의 일한대로 갚아 주리라 나는 알파와 오메가요 처음과 나중이요 시작과 끝이라"

그 중에서도 대한민국은 종말의 구원의 역사를 이룰 예표이고, 또한 러시아는 종말의 심판의 본보기로써 예표가 된다. 그래서 두 나라는 종말 기에 이르러 제일 먼저 고난당하고 희생당하게 된다.

그리고 두 나라는 각각 서로 상대적인 것을 통하여 서로 비교해봄으로써 종말에 수많은 나라와 백성들에게 많은 것을 깨닫게 하고 교훈을 주게 된다.

특히 예를 들어보면, 꺼꾸리와 장다리와 같이 러시아는 지구상 가장 큰 나라이면서 수많은 민족과 나라들을 합병한 나라이다.

동시에 이 세상에서 작은 나라이면서도 같은 민족끼리 통합되지 않고 분열된 나라는 대한민국이다.

강대국과 큰 나라가 되어 수많은 약소국을 짓밟은

나라는 러시아인데, 동시에 대한민국은 반만년의 역사를 가지고 있으면서도 수없는 침략으로 고난을 당한 나라이다. 등등

그리고 또한 두 명의 감람나무가 두 나라에서 나온다는 것은 하나님께서 창9:26-27절의 말씀을 세상 가운데에서 이루시기 위함인데, 그것은 한마디로 셈족과 야벳족을 통해서 당신의 종말의 역사를 완전히 성취하신다는 사실이다.

자 그러면 종말 기에 이르러 셈과 야벳 자손들은 어떻게 대한민국과 러시아를 대표한다고 할 수가 있겠는가?

그것은 먼저 셈의 자손들이 바벨탑 사건 이후 전 세계로 흩어질 때에 중동에서 아세아로 들어와 동방 땅 끝인 대한민국에서 셈의 마지막 자손으로 정착하게 되었다. 또한 야벳 자손도 중동에서 서구 구라파로 들어가서 점점 북방으로 올라가 세상 끝인 러시아에서 마지막 자손으로 남게 된 것이다.

그러므로 홍수가 끝나고 노아를 통해 세계 민족에게 예언된 말씀이 셈족과 야벳 족을 통해서 완전히 성취가 되어야 하기 때문에 종말 기에 이르러 세상 땅 끝에 정착하게 된 두 종족에게 사명이 주어지게 된 것이다.

특별히 두 명의 선지자들은 각각 탁월한 지혜와 말씀을 가지고 있는 자들이다.

또한 그들은 마치 애굽 땅의 요셉과 같이, 또한 바벨론의 다니엘과 같이 신적인 지혜와 감동을 받아서 사역할 때, 이 세상 모든 사람들을 인도할 수 있는 명철과 총명을 가진 자들이다. 특히 예언의 말씀에도 아주 능통하여 감히 변론할 수 없는 모략을 가졌다.

> 사46:10-11 "내가 종말을 처음부터 고하며 아직 이루지 아니한 일을 옛적부터 보이고 이르기를 나의 모략이 설 것이니 내가 나의 모든 기뻐하는 것을 이루리라 하였노라 내가 동방에서 독수리를 부르며 먼 나라에서 나의 모략을 이룰 사람을 부를 것이라 내가 말하였은즉 정녕 이룰 것이요 경영하였은즉 정녕 행하리라"

그리고 종말에 하나님의 백성들을 충분히 살리고 양육할 수 있는 하나님 말씀의 양식을 준비한 자들이다.

또한 이들은 그 심령이 거룩하고 순결할 뿐만 아니라 자비와 긍휼과 사랑의 심정을 가진 자들로, 한사람은 학개와 같이 늙은 자요,

또 한사람은 스가랴처럼 젊은 사람으로써, 각각 자기 나라에서 주 예수님께 특명을 받아 그 사명을 감당케 된 자들이다.

하나님께서 이들을 선택할 때에 마치 수많은 사람

들 중에서 그 마음에 합한 자를 다윗 같이 찾으신 것처럼, 한 사람은 손양원 목사와 같이 나환자촌이나 빈민굴에서 목회하는 사랑이 충만한 자이고,

또 한사람은 광야의 세례요한과 같이 이세상의 죄악 된 생활을 전부 거부하고 산이나 섬에서 홀로 지낼 뿐만 아니라 심지어 독신의 은사를 받아 결혼하지 않은 자인데, 그는 참으로 심령이 거룩하고 성결하여 직접 하늘나라를 볼 수 있는 자이다.

그리고 두 사람 다 무소유, 청빈, 청결과 인애를 가진 자로서, 어떻게 하면 하나님의 뜻을 이루고 말씀대로 살 것인가? 날마다 몸부림치며 기도하는 자들이다. (사람은 본래부터 죄 성을 가지고 태어났기 때문에 많은 재물을 가지거나 명성, 지식, 권력, 미모 등을 가지면 반드시 교만해지거나 타락하게 된다.

그런데 만일 그러한 자들이 전무후무한 권능을 받아 초자연적인 역사를 일으키게 된다면, 아마 그 권능을 행하는 자가 어떤 심령이 되겠는가? 모르긴 몰라도 반드시 교만해질 것이다.

우리는 한국 교회사를 통해서도 확인해볼 수가 있는데, 박태선이나 문선명 같은 자들이다.

그들은 얼마 되지 않는 능력을 가지고도 교만해져서 타락을 해버렸는데 그 외의 사람들은 어떠하겠는가?

우리는 심지어 성경에 나온 인물 중 사도바울 같은 이도 큰 능력으로 인하여 자고해질 수밖에 없어서 질병을 통해서 제어했는데, 하물며 변화 받지 못한 사람들이야 더 무엇을

말할 필요가 있겠는가?

그래서 하나님은 그 심령이 완전히 변화된 자로 감람나무 선지자를 세우는 것이다.

또 사실 그래야만 큰 권능을 사사로이 사용하지 않게 된다. 만일 그렇지 않고 자기 성질과 기분과 사리사욕에 따라 하나님의 권능을 받아서 사용하게 된다면 아마 이세상은 모르긴 몰라도 큰 혼란에 빠지게 될 것이다.

자 그러면 예를 들어보자. 내가 싫고 미운 사람이 있다고 가상해 볼 때에, 만일 변화 받지 않은 사람이 하나님의 큰 권능을 받게 된다면 아마 그 주신 권능을 가지고 그 미운사람을 벼락으로 쳐 죽일 수도 있기 때문이다.)

그리고 이들은 이 세상을 바라보고 너무나 죄악 된 모습에 그 마음이 상하고 괴로워 울면서 세계 민족들을 하루속히 구원해줄 것을 하나님 앞에 중보 기도하며 또한 주 예수의 강림을 간절히 사모하는 자들이다.

※ 특별히 성경 말씀 속에서도 수없이 거짓된 선지자들에 대하여 경고하고 있는 바, 우리는 말세에 참 선지자와 거짓선지자를 잘 분별하여 쫓아가야 할 것이다. 자 그러면 말씀을 통하여 거짓 선지자가 어떤 자인지를 살펴보자.

첫째는 사8:19-22 "혹이 너희에게 고하기를 지절거리며 속살거리는 신접한 자와 마술사에게 물으라 하거든 백성이 자기 하나님께 구할 것이 아니냐 산 자를 위하여 죽은 자에게 구하겠느냐 하라 마땅히 율법과 증거의 말씀을 좇을지니 그들의 말하는 바가 이 말씀에 맞지 아니하면 그들이 정녕히 아침빛을 보지 못하고 이 땅으로 헤매며 곤고하며 주릴 것이라 그 주릴 때에 번조하여 자기의 왕 자기의 하나님을 저주할 것이며 위를 쳐다보거나 땅을 굽어보아도 환난과 흑암과 고통의 흑암뿐이리니 그들이 심한 흑암 중으로 쫓겨 들어가리라"

위 말씀은 반드시 참선지자는 하나님의 말씀만을 전해야 하고 또한 전하는 말씀이 성경과 진리에 맞아야 한다는 것이다.

둘째는 신18:20-22 "내가 고하라고 명하지 아니한 말을 어떤 선지자가 만일 방자히 내 이름으로 고하든지 다른 신들의 이름으로 말하면 그 선지자는 죽임을 당하리라 하셨느니라 네가 혹시 심중에 이르기를 그 말이 여호와의 이르신 말씀인지 우리가 어떻게 알리요 하리라 만일 선지자가 있어서 여호와의 이름으로 말한 일에 증험도 없고 성취함도 없으면 이는 여호와의 말씀하신 것이 아니요 그 선지자가 방자히 한 말이니 너는 그를 두려워

말찌니라”

위 말씀은 선지자들은 하나님의 보내심을 입었기 때문에 참선지자가 증거 하는 말씀은 하나도 땅에 떨어지지 않고 역사로 다 이루어질 뿐만 아니라 반드시 성취함이 있어야 한다는 말씀이다.

특별히 말세에 두 감람나무는 계11장에서 말씀하고 있듯이 그들의 엄청난 권능과 역사를 가지고 증거 하게 되어 있는데, 그들은 마치 모세와 엘리야가 다시 살아나온 것과 같은 역사를 행할 것이다. 그런데 남의 고뿔 감기하나 못 고치는 주제에 무슨 감람나무라고 주장하는가?

셋째는 마7:15-23 “거짓 선지자들을 삼가라 양의 옷을 입고 너희에게 나아오나 속에는 노략질하는 이리라 그의 열매로 그들을 알찌니 가시나무에서 포도를, 또는 엉경퀴에서 무화과를 따겠느냐
이와 같이 좋은 나무마다 아름다운 열매를 맺고 못된 나무가 나쁜 열매를 맺나니 좋은 나무가 나쁜 열매를 맺을 수 없고 못된 나무가 아름다운 열매를 맺을 수 없느니라 아름다운 열매를 맺지 아니하는 나무마다 찍혀 불에 던지우느니라 이러므로 그의 열매로 그들을 알리라

나더러 주여 주여 하는 자마다 천국에 다 들어갈 것이 아니요 다만 하늘에 계신 내 아버지의 뜻대로 행하는 자라야 들어가리라

그 날에 많은 사람이 나더러 이르되 주여 주여 우리가 주의 이름으로 선지자 노릇하며 주의 이름으로 귀신을 쫓아 내며 주의 이름으로 많은 권능을 행치 아니하였나이까 하리니 그때에 내가 저희에게 밝히 말하되 내가 너희를 도무지 알지 못하니 불법을 행하는 자들아 내게서 떠나가라 하리라"

위 말씀은 거짓 선지자인지 참 선지자인지 그들의 인격과 삶을 통해서 나타난 열매로 안다고 했다. 그래서 혹시 그들에게 권능을 행하는 일들이 나타난다고 해도 그들의 행위와 결과로 보면 알 수 있다고 했다.

특별히 성경에서는 열매에 대해서 여러 가지로 교훈하고 있는바, 빛의 열매, 성령의 열매, 의의 열매, 선한 열매 등등 많이 나온다. 특별히 그 열매들에 대해서는 성경 말씀을 통해서 참조하라.

약3:13-14 "너희 중에 지혜와 총명이 있는 자가 누구뇨 그는 선행으로 말미암아 지혜의 온유함으로 그 행함을 보일찌

니라 그러나 너희 마음 속에 독한 시기와 다툼이 있으면
자랑하지 말라 진리를 거스려 거짓하지 말라"

그 외에도 성경 말씀 속에서는 참선지자와 거짓
선지자를 분별하는 말씀들이 많이 나와 있다.
참으로 창세 때부터 종말에 이르기까지 비 진리와
거짓 선지자가 수많은 영혼들을 멸망시키고 있다.

특별히 종말에 대선지자인 감람나무들은 진정 거룩
하고 청빈하며 가난하고 인자와 자비가 크고 자기의 정
욕과 사욕을 쫓아 살지 않고 오직 하나님과 예수 그리
스도의 이름에 합당한 삶을 살며 또한 자기라는 존재는
죽어 사도바울과 같이 죄인의 괴수라 자칭하고 그리고
또한 세례요한같이 "당신이 선지자요?" 라고 사람들이
물어봐도 "나는 아무것도 아닙니다.

그저 광야에 외치는 자의 소리"라고 말할 뿐만 아니
라 "나는 감히 주님의 신발 끈도 풀 자격이 없다"고 겸
손하게 말하며 모든 영광을 하나님과 예수님에게 돌리
는 자이다. (대한민국에는 이단사이비가 많이 일어난 가운
데 그 중에 어떤 이단 교주는 자기가 하나님이라 참칭하고,
그 외에도 재림예수, 보혜사 등 도저히 있을 수 없는 미친
소리와 참람 된 말들을 한다.

특별히 그 중에는 감람나무라 자칭하는 자들도 수두룩 벅
적한데, 그 거짓된 감람나무들 중에는 감히 미친 소리를 겉

으로 드러내며 교만 망발하고 혹세무민하는 자도 있지만,

　개중에는 은근히 자기가 감람나무라는 것을 숨기고 일하는 자들도 있다. 절대로 그런 헛된 자들의 소리에 귀 기울이지 말고 속지 말아야 한다.)

　그러나 이와는 반대로 그 속에는 탐심과 음욕이 가득해서 쉴 새 없이 성도들의 돈을 갈취하고 이익을 위해서는 거짓말도 서슴치 않고 또한 지어내기도 잘하고 그리고 성적, 도덕적으로 문란하여 음행을 밥 먹듯이 저질러 경건한 모습을 눈 씻고도 찾아보기가 어려운데 어찌 감람나무라 하겠는가?

　또한 감람나무는 세례요한과 같이 청빈하고 검소하여 자기의 소유라고는 찾아볼 수가 없는데, 거짓 감람나무들은 탐욕스러워 소유를 삼은 것이 너무나 많아 과연 이자들이 이웃을 위하고 가난한 자들을 위하여 사는 자인가? 라고 의문을 가질 수밖에 없다.

　그런데 거기에다가 고가의 자가용이나 사치한 생활, 그리고 여기에다가 설상가상으로 없는 것이 없이 다 소유한 자로써 남부러울 것이 없을 뿐만 아니라,

　늘 상 기름지고 값비싼 음식만 입에 담아 먹고 살아 얼굴이 살찌고 기름기가 흘러서 참으로 불신자가 보아도 저 사람이 과연 이웃을 위해서, 불쌍한 자를 위하여 사는 사람인가? 라고 믿지 않을 텐데 어찌 감람나무라 자칭할 수가 있겠는가?

참으로 그러한 자들은 목회자가 돼서는 안 된다. 그들은 최소한의 기본적인 자질도 갖추지 못한 자들인 것이다. 그리고 이 모든 것들보다도 더 중요한 것이 있는데, 그것은 다른 것이 아니고 하나님의 영광을 절대로 도적질해서는 안 된다는 사실이다.(진정 하나님의 참된 종이요, 선지자라고 말 한다면 절대로 자기 의를 높이거나 자랑해서는 안 되고 자기의 이름을 드러내서도 안 되는 것이다.)

그러므로 진정한 하나님의 종들은 오직 사나 죽으나 하나님의 영광만을 위해서 일할 뿐만 아니라,

그 분의 이름을 높이고 자랑하기 위해서 일하는 하나님의 머슴들인 것이다.

그런데 자기의 이름을 하나님의 이름보다 높이고 또한 하나님께 돌려드려야 할 영광을 가로채고 있으니 이 천인공노할 악한 것들이 또 어디 있겠는가? 참으로 멸망할 가소로운 자들인 것이다.

벧후2:1-3"그러나 민간에 또한 거짓 선지자들이 일어났었나니 이와 같이 너희 중에도 거짓 선생들이 있으리라
저희는 멸망케 할 이단을 가만히 끌어들여 자기들을 사신 주를 부인하고 임박한 멸망을 스스로 취하는 자들이라 여럿이 저희 호색하는 것을 좇으리니 이로 인하여 진리의 도가 훼방을 받을 것이요 저희가 탐심을 인하여 지은 말을 가지고 너희로 이를 삼으니 저희

심판은 옛적부터 지체하지 아니하며 저희 멸망은 자
지 아니하느니라"

벧후2;9-19 "주께서 경건한 자는 시험에서 건지시고 불
의한 자는 형벌 아래 두어 심판날까지 지키시며 육체
를 따라 더러운 정욕 가운데서 행하며 주관하는 이를
멸시하는 자들에게 특별히 형벌하실 줄을 아시느니라
이들은 담대하고 고집하여 떨지 않고 영광 있는 자를
훼방하거니와 더 큰 힘과 능력을 가진 천사들이라도
주 앞에서 저희를 거스려 훼방하는 송사를 하지 아니
하느니라

그러나 이 사람들은 본래 잡혀 죽기 위하여 난 이성
없는 짐승 같아서 그 알지 못한 것을 훼방하고 저희
멸망 가운데서 멸망을 당하며 불의의 값으로 불의를
당하며 낮에 연락을 기쁘게 여기는 자들이니 점과 흠
이라 너희와 함께 연회할 때에 저희 간사한 가운데
연락하며 음심이 가득한 눈을 가지고 범죄하기를 쉬
지 아니하고 굳세지 못한 영혼들을 유혹하며 탐욕에
연단된 마음을 가진 자들이니 저주의 자식이라 저희
가 바른 길을 떠나 미혹하여 브올의 아들 발람의 길
을 좇는도다 그는 불의의 삯을 사랑하다가 자기의 불
법을 인하여 책망을 받되 말 못하는 나귀가 사람의
소리로 말하여 이 선지자의 미친 것을 금지하였느니
라

이 사람들은 물 없는 샘이요 광풍에 밀려가는 안개니
저희를 위하여 캄캄한 어두움이 예비되어 있나니 저
희가 허탄한 자랑의 말을 토하여 미혹한데 행하는 사
람들에게서 겨우 피한 자들을 음란으로써 육체의 정
욕 중에서 유혹하여 저희에게 자유를 준다 하여도 자
기는 멸망의 종들이니 누구든지 진 자는 이긴 자의
종이 됨이니라"

하나님께서 마지막 때의 일을 성취하시기 위해서 이 세상을 향하여 불꽃같은 눈으로 감찰하시면서 그 일에 합당한 자를 찾으시는 중에 그 분의 마음에 합한 자를 드디어 대한민국과 러시아 땅에서 찾으신다.

그래서 이들에게 사명을 주시기 위해서 하나님의 보좌 우편에 계시던 예수님께서 친히 두 사람에게 찾아가시기 위해서 직접 지상으로 내려가신다.

특별히 감람나무가 될 두 사람은 갑작스러운 주님의 방문을 받고 너무나 깜짝 놀란다.

그리고 그 분의 위엄과 영광에 압도되어 두려워 벌벌 떨며 죽은 자 같이 된다.

그것은 마치 밧모 섬에 있는 사도요한을 찾아가셨을 때에 나타나신 주님의 모습과 같은데 그 때에 사도요한도 죽은 자같이 되었다,

그리고 또한 다메섹 도상에서 주님을 만난 사도바울과 같이 눈이 멀고 거꾸러지는 역사가 나타난 것과 같다.

이처럼 우리 인간의 죄악 된 심령과 몸을 가지고는 그 분을 뵐 수도 없고 만날 수도 없는 것이다.

그러나 대한민국에서 신비운동을 하는 사람들은 심심하면 예수님을 만났다고 하고 보았다고 하니 참으로 안타까운 일이다.

　우리가 이 세상에 살면서 이세상의 권력을 가진 대통령이나 장관들을 만나려고 해도 힘이 들고 만나기가 어려운데, 어찌 하나님의 보좌 우편에 계신 주님을 자주 뵐 수가 있겠는가? 우리는 항시 조심하고 겸손한 마음을 가지고 기도도 하며 신앙생활을 해야 하겠다.(세상의 임금이나 왕도 한번 행차하거나 순회를 하게 되면 많은 의전 적 준비와 절차가 있어 까다롭고 또한 많은 계획과 준비가 있어야 할 뿐만 아니라 많은 비용도 지출하게 된다.
　하물며 온 우주와 이 세상을 창조하시고 역사하시는 하나님께서 늘 상 가볍게 자기의 보좌를 비워두고 자주 출장 가시지는 않을 것이다.)

　이제 주님께 사명을 받은 두 선지자는 온 마음과 힘을 다해 하나님이 주신 특명을 감당하게 된다.
　특별히 그들에게 주어진 사역의 기간은 3년 반인 1260일로써, 적그리스도가 출현한 때로부터 전3년 반 동안 활동하다가 그 사명을 마치게 되는데, 이들의 큰 권세와 역사를 통해서 적그리스도의 퀘휼과 미혹을 물리치게 될 뿐만 아니라 적그리스도의 능력과 그 권세를 약화시키게 만드니, 적그리스도에게는 두 증인이 미운 털의 가시 같아 후삼년 반 시작할 때에 두 증인을 죽여버린다.

　특별히 적그리스도가 두 증인을 더욱 더 미워하는 이유 중에 하나는 잘 믿는 신앙인들까지 미혹하여 자기 수하로 만들려고 온갖 회유와 유혹 등 수단과 방법을 다 동원하여 공작하고 있는 중에 이제는 도리어 믿음이 연약하여 시험만 오면 금새 흔들려버리는 자들이나 또한 미적지근한 신앙생활이나 반신반의하며 신앙생활을 뒤로 미루고 있던 자들조차도 두 증인의 역사를 통해서 회심하게 될 뿐만 아니라 확고하게 돌아서게 만드니 이 얼마나 괘씸한 자들인가?.

그리고 적그리스도에 대해서 숭배하려던 마음까지도 바꾸어 버리니 적그리스도에게는 두 증인이 큰 방해꾼인 것이다.(두 감람나무의 사역의 시작과 그 출현은 종말의 한이레 중 전 삼년 반의 기간인 1260일인 3년 반 동안이다. 이때는 세계 3차 대전이 끝나 EU가 세계를 통합하고 적그리스도가 전 세계의 대통령으로 출현하는 때이다.
그리고 동시에 예루살렘 성전이 세워지는 때인데, 예루살렘 성전은 7개월 10일 만에 세워진다.
이 성전이 세워져야 적그리스도가 스스로 하나님으로 참칭할 수가 있고 또한 상대적으로 두 증인의 사역의 카운트다운의 시작이 되는 것이다.

그래서 제11장 1-2절 말씀에 "또 내게 지팡이 같은 갈대를 주며 말하기를 일어나서 하나님의 성전과 제단과 그 안에서 경배하는 자들을 측량하되 성전 바깥마당은 측량하지 말고 그냥 두라 이것은 이방인에게 주었은즉 그들이 거룩한 성을 마흔두 달 동안 짓밟으리라" 라는 말씀이 성취하게 된다. 그러므로 **예루살렘 성전이 세워지지 않았는데 스스로가 감람나무라 하는 자들은 다 거짓선지자이며 또한 돌 감람나무이다.**

두 감람나무의 출현은 반드시 예루살렘 성전이 세워지고 나서 부터인데, 특별히 그 문제에 대해서 더 상세한 해석은 다음에 하기로 하자. 그리고 또한 두 증인의 성전척량에 대해서도 오묘한 영적인 깊은 뜻이 있다. 여기에서는 더 이상 자세히 설명하지 않겠다.)

그러나 하나님께서는 죽은 지 사흘 반 만에 우리 예수님같이 두 증인을 살아나게 하심으로 전 세계가 깜짝 놀라서 두려워하며 하나님께 영광을 돌리게 된다.

이 두 사람은 많은 사람들이 보는 가운데에서 공중으로 들림 받아 엘리야처럼 승천하게 된다.

특별히 이 둘이 죽는 장소가 한사람은 예루살렘 성읍에서 죽고, 또 한사람은 적그리스도의 나라 EU의 수도인 로마에서 순교 당하게 된다.(현재 EU의 정식 수도는 아직 정해져 있지 않으나 장차 그 수도를 정하게 될 때에는 로마가 EU의 수도가 될 것이다.)

특별히 **성경말씀 속에서도 절대로 선지자가 성 밖에서 죽는 일이 없다고 하였다.**

눅13:33-35 "그러나 오늘과 내일과 모레는 내가 갈 길을 가야 하리니 선지자가 예루살렘 밖에서는 죽는 법이 없느니라 예루살렘아 예루살렘아 선지자들을 죽이고 네게 파송된 자들을 돌로 치는 자여 암탉이 제 새끼를 날개 아래 모음 같이 내가 너희의 자녀를 모으려 한 일이 몇 번이냐 그러나 너희가 원치 아니하였도다 보라 너희 집이 황폐하여 버린 바 되리라 내가 너희에게 이르노니 너희가 주의 이름으로 오시는 이를 찬송하리로다 할 때까지는 나를 보지 못하리라 하시니라"

하나님께서는 이 두 명의 감람나무를 통해서 전 세계에 당신의 종말의 역사를 다 알려야 하기 때문에,

이 둘은 3년 반 동안 나뉘어져 동서로 쉴 새 없이 다니게 된다. 그때에 하나님께서는 큰 권능과 함께 초자연적인 역사를 두 증인에게 많이 허락하시는데, 그 중에서도 사도행전에 나오는 기이한 일 중에 빌립집사가 순간이동을 통해서 에디오피아 내시에게 접근하는 역사도 주신다고 하였고, 또한 비행기나 선박을 이용할 때에는 여권이나 표가 없이도 표를 검표하는 자들이나 검색대를 통과하는 순간 전자기기나 사람들의 눈들을 가려서 무사통과하게 한다고도 하셨다.

또한 외국말을 몰라도 자유자재로 어떠한 나라의 언어와 방언이든지 다 할 수 있도록 하게 한다고 하셨다.

그리고 이 두 명의 선지자는 전 3년 반 동안 전 세계에 나라와 도시를 다 한 번씩은 방문해서 전해야 하기 때문에 눈코 뜰 새가 없이 바쁘게 움직여야 한다. 그래서 종말의 소식을 혹시라도 듣지 못하여 억울한 심판을 당하는 자가 있어서는 안 되기 때문에 하나님은 두 증인에게 강건한 힘과 능력과 초자연적인 지혜를 주신다.(노아 시대에도 노아가 방주 짓는 동안에 홍수 심판의 소식을 듣지 못한 자가 있어서, 이들의 억울함 때문에 우리 주님이 십자가에서 죽으셨을 때 주님의 영혼이 삼일동안 음부에 내려가 옥에 있는 영혼들에게 복음을 전하신 사건도 있는 것이다.)

 - 인도 편 -

인도에 대해서 묻습니다. 인도는 인구 대국이고 또한 땅덩어리도 넓습니다. 인도에 대한 종말의 역사를 말씀 해주세요?

대답

인도는 세계 인류의 4대 문명의 발생지로서, 또한 유구한 역사와 전통을 가진 민족으로서 많은 문화와 유적지를 가지고 있다. 특별히 인도에는 오랜 역사에 비해 사회적인 전통이나 제도는 바뀌지 않아서 불평등한 인권과 경제적인 빈익빈 부익부의 현상이 두드러지게 나타나 있는 나라이다.

여기에 설상가상으로 잘못된 종교관, 신앙관으로 토테미즘이나 애니미즘 등 심지어 소나 쥐 같은 동물까지도 신으로 섬기며 우상으로 만들어 숭배하니, 이 나라는 하나님께서 미워하시는 나라요, 궁극적으로는 사단 마귀가 지배하는 나라인 것이다.(인도는 인구대국으로서 12억이 넘는다고 한다.

그런데 인도 정부는 정책상으로 인구 억제정책을 쓰지 않아 조만간 인도의 인구 숫자는 빠르게 증가하여 중국을 추월하게 된다. 그러면 세계에서 인구가 가장 많은 나라가 될 것이다.

그리고 인도는 인구도 세계에서 제일 많은 나라이지만, 우상숭배나 신들을 섬기는 일에 있어서도 세계 제일이다.

그래서 인도에는 각종 동물이나 사람 등을 형상화하여 우상을 만들어 섬기는 일뿐만 아니라 신의 종류도 너무 많아 3억 개나 된다고 한다.

이 얼마나 어리석고 패역한 나라인가? 참으로 이 나라와 백성들은 귀신의 나라요 귀신과 함께 생활하는 나라.

곧 종교적인 열성과 종교적인 삶, 한마디로 말해서 종교와 생활이 그 자체라고 할 수 있는 나라이다.)

특별히 세계 종교도 4종류나 발생시킨 나라로서, 힌두교, 불교, 자이나교, 시크교 등 종교의 왕국이라 할 만큼 종교에 열성적인 나라이다.

그리고 이에 더해 인도 종교는 종교적 제의와 수련 등에 대해서도 많은 이론과 지식을 축적해놓고 있어서, 열성을 가지고 종교생활을 하게 되면 신비적이고 기이한 현상 등을 수없이 체험하게 되는데, 사실 그러한 일들은 현실세계에서는 경험할 수 없는 기적과 같은 특이한 일들이며 또한 그러한 현상들은 영계의 사단마귀나 귀신들하고 접촉하여 그 교통함으로 나타나는 현상이다.(인도에는 요가를 비롯하여 명상, 선 등 가지각색의 고행이나 정신 수련법을 통해서 인간을 초월적인 상태로 몰입하게 하여, 모든 번뇌와 고통 등 또한 인간의 연약함을 뛰어넘어서 마음과 정신의 행복과 평안, 기쁨을 찾아서 누리려고 한다.

그러나 이러한 일들은 임시변통의 감각적이고 쾌락적인

해소요, 정신적인 착각일 뿐이지 결국은 공허와 무상함으로 끝날 어리석은 짓이다.

　인간의 모든 고통과 난제는 인간이 범죄 한 후 하나님을 떠난 결과로써 인간 스스로가 해결할 수 없는 것이다.
　그러한 모든 난제를 해결할 수 있는 방법은 오직 인간이 하나님께로 돌아가는 길 뿐이고, 또한 하나님을 만나는 길 밖에 없다고 하는 사실이다.
　그러므로 인간의 종교적 열성과 몸부림은 한낱 불나방이 활활 타오르는 불 속에서 빠져 나오려고 날개 짓 하는 것 같고, 또한 그 종교적 열성과 몰입을 통해서 얻어지는 체험과 환희는 마치 아편 중독자가 뽕을 맞는 것과 같다.
　참으로 인간의 힘과 노력과 수고는 헛되다고 하는 사실을 인도 국민들은 하루속히 깨닫고 하나님 앞에 빨리 회개하고 돌아와야 할 것이다.)

　특별히 이러한 기적과 같은 현상들을 체험하고 맛보기 위해서 더욱 광신적으로 빠진 기인들이나 도사들을 인도에서는 흔히 볼 수 있는데, 이들도 결국은 사단과 마귀의 종인 것이다.

　그러므로 사단마귀는 이렇게 역사하기 좋은 종교적 토양과 바탕 위에서 인도 땅과 그 국민들을 자기 백성으로 삼아 종말 기에 이르러 큰일을 저지르게 되는데, 먼저는 인도 국민들이 적그리스도의 출현을 적극적으로 환영하고 그를 지지하게 만들 것이고, 또한 이보다 더욱 놀라운 것은 적그리스도와 함께 전 세계를 사단마귀의 나라로 완전히 장악하기 위해서 **계13장에 나오는 거짓 선지자가 인도에서 출현하게 된다는 사실이다.**

그러면 제13장의 말씀을 통해서 거짓 선지자의 정체를 알아보자.

> 계13:11-18 "내가 보매 또 다른 짐승이 땅에서 올라오니 새끼 양 같이 두 뿔이 있고 용처럼 말하더라 저가 먼저 나온 짐승의 모든 권세를 그 앞에서 행하고 땅과 땅에 거하는 자들로 처음 짐승에게 경배하게 하니 곧 죽게 되었던 상처가 나은 자니라
> 큰 이적을 행하되 심지어 사람들 앞에서 불이 하늘로부터 땅에 내려 오게 하고 짐승 앞에서 받은바 이적을 행함으로 땅에 거하는 자들을 미혹하며 땅에 거하는 자들에게 이르기를 칼에 상하였다가 살아난 짐승을 위하여 우상을 만들라 하더라 저가 권세를 받아 그 짐승의 우상에게 생기를 주어 그 짐승의 우상으로 말하게 하고 또 짐승의 우상에게 경배하지 아니하는 자는 몇이든지 다 죽이게 하더라
> 저가 모든 자 곧 작은 자나 큰 자나 부자나 빈궁한 자나 자유한 자나 종들로 그 오른손에나 이마에 표를 받게 하고 누구든지 이 표를 가진 자 외에는 매매를 못하게 하니 이 표는 곧 짐승의 이름이나 그 이름의 수라 지혜가 여기 있으니 총명 있는 자는 그 짐승의 수를 세어 보라 그 수는 사람의 수니 육백 육십 륙이니라"

위 말씀은 다음과 같다. 사도요한이 환상 중에 바다에서 나온 짐승 외에 또 다른 짐승을 보게 되는데, 땅에서 올라온다고 하였다.

그러면 그 땅은 무엇인가? 먼저 땅을 영적으로 해석

해보면 땅은 인간의 마음과 심령을 상징한다.

그러므로 거짓 선지자가 인간의 마음과 심령을 미혹시키고 사로잡아 지배하기 위해서 땅에서 올라온다고 한 것이다.

특히 인간의 마음을 지배하는 것들은 여러 가지가 있지만, 그 중에 제일인 것은 종교적인 신앙과 가치관이라 할 것이다.

그런 의미 속에서 거짓 선지자는 종교계에서 혜성과 같이 나타나 스타가 될 것이다.

그리고 땅에 대해서 또 다른 의미를 찾는다면, 땅은 그 말 그대로 실제적인 땅으로 해석해야 한다.

그러면 과연 지구상에서 땅을 땅이라 할 수 있는 곳이 어디 있을까? 그것은 다름 아닌 히말라야 산맥을 끼고 있는 인도 지역일 것이다.(본 필자의 저서 "창조의 모든 비밀이 밝혀지다"에서 공개한 내용 가운데 이런 글이 있다. 하나님께서는 옛 세상을 홍수로 쓸어버리시면서 동시에 계획하신 일이 있는데, 그것은 홍수가 끝나고 나면 온 세상의 넘쳐나는 물을 감하셔야 하는 문제이다.

그래서 하나님께서는 물을 가두어 놓을 바다를 깊고 넓게 만드시기 위해서 홍수 심판을 하시는 중에 바다 속의 땅에다가 지각변동을 일으키시면서 바다 밑을 더 확장하신 것이다. 또한 땅의 지표면을 밀어서 더 높게 하시기도 하였고, 또한 낮추기도 하셨다.

그래서 바다는 더 커졌고 지표면에는 많은 산맥들이 생겨났다. 그 중에서도 히말라야 산맥은 이 지구상에서 가장 높은 산맥으로 우뚝 솟아나게 되었는데, 그 연유가 다 여기에 있었던 것이다.

다시 말해서 하나님께서 지구상 어느 곳보다도 바다 속의 땅을 히말라야 쪽으로 많이 밀어서 올렸기 때문에 아주 큰 산맥이 된 것이다.

그러므로 인도 지역의 산맥은 지구상의 지표면 중에서 가장 밀도가 높고 흙이 많이 모여 단단하게 뭉쳐진 곳이 되었다.

※ 하나님께서는 홍수 중에 어마어마한 지각 변동을 일으키셔서 바다를 확장하셨다.

그러나 이세상의 넘쳐나는 물들을 다 감하지는 못하셨다. 그래서 감하지 못한 물 들은 강한 바람을 불어서 남극과 북극 쪽으로 밀어 올려서 얼려 놓으신 것이다.

그러나 인류가 자연환경을 훼손함으로 인하여 대기의 온도가 올라가 북극과 남극의 빙하가 녹고 있는데, 장차 이 빙하들이 다 녹으면 많은 땅들이 물에 잠기게 된다. 이 일에 대해서는 어떠한 사람이든지 다 위기감을 느끼고 있으며, 전 세계의 환경론자들과 전문가들도 노심초사하고 있다.)

그러므로 땅 중의 땅인 인도 지방에서 그 땅의 소산을 먹고 살며, 땅의 재료로 만들어진 인간들이 어느 지역보다도 더욱 번성하여 살고 있다는 것은 매우 마땅한 일이다.

그리고 또한 히말라야 지역의 산은 험하고 깊어 신

비스럽게도 보일 뿐만 아니라, 많은 사람들이 살다보니 종교도 번성할 수밖에 없었던 것이다.

그러나 인도 땅의 모든 종교들은 참되신 하나님을 믿는 종교가 아니고, 결국은 인간의 욕심과 교만으로 만들어진 종교이며 또한 사단마귀가 가세하여 합체된 종교로서, 종말에 이르러서는 결국 큰일을 벌이고 마는 땅이 된다.

참으로 안타까운 일이다. 이 세상에서 인도와 같이 종교적으로 사단마귀 화 된 나라가 없다.

그러므로 이러한 귀신과 사단의 나라가 된 곳에서 종말 기에 이르러 거짓 선지자가 나오게 되는 것은 당연하다. 그리고 이 거짓 선지자는 사단마귀와 일체화가 될 수 있는 모든 조건과 특성들을 다 가지고 있을 뿐만 아니라, 사단마귀의 마음에 합한 자가 되어 그의 도구가 된다.

그리고 이 거짓 선지자의 종교적 열성과 헌신은 지극하고, 또한 그 영혼이 영계에 진입하여 이 세상 인간의 육신을 가지고는 상상할 수가 없을 정도로 몰아지경에 도달하게 되는데, 특별히 세상 사람들은 그러한 상태에 있는 사람들을 가리켜 해탈하고 도통했다고 한다.(이와는 반대로 두 감람나무들은 하나님의 거룩함과 진실함의 특성을 물려받아서 그 분과 일체가 되므로 그 분의 뜻과 소원을 이루어 드리는 하나님의 도구가 된다.

　이처럼 사단마귀도 이 세상을 두루 순행하면서 자기의 도구로 쓸 자를 찾되 마지막 때의 적그리스도와 거짓 선지자가 되기에 합당한 자를 찾게 되는데, 창세 이후로 사단마귀의 소원과 뜻을 마음껏 펼치고 이루어줄 수 있는 최고의 적합한 인물 두 사람을 종말 기에 선택하게 된다. 그러므로 하나님이시거나, 사단마귀이거나 간에 이 세상 나라 가운데에서 일할 때에는 도구로 사용해야 할 인간이 반드시 필요하다.

　과연 우리는 누구의 편이 되고 또한 누구의 도구가 되어야 하겠는가? 하나님의 편인가? 아니면 사단마귀의 도구가 될 것인가? 우리는 종말 기에 이르러 결단하지 않으면 안 되는 것이다.)

　이처럼 사단마귀도 자기와 일체화가 돼서 마음껏 부릴 수 있는 인간이 필요한데, 자 그러면 그러한 자는 어떤 자인가? 아마 다음과 같을 것이다.

　항상 이세상의 어떠한 것들도 사단마귀보다는 더 사랑치 않을 뿐만 아니라, 오직 전심으로 사단마귀만을 위해 목숨 바쳐 일할 인간제물이 되는 자라야만 할 것이다. 그런 의미에서 적그리스도와 거짓 선지자는 사단마귀의 도구로서는 창세 이후로 가장 적합하여 선택받은 자들이 될 것이다.
　그래서 사단마귀도 그들을 가장 신임하고 아낀다.

　그리고 그들은 항상 사단마귀들과 하나가 되어 교통하고 있기 때문에 언제든지 사단마귀를 대신하고 대변한다.

　그리고 그들은 궁극적으로는 이 세상에서 사단마귀의 나라를 이루는데 있어서 가장 큰 공로자이며 일꾼이라 할 수 있다.(만일 어떤 인간이 사단마귀의 종이면서도 사단마귀의 뜻과 소원을 이루어 주지 않고 자기의 뜻과 소원을 이루기 위해서 사단마귀를 이용하든지, 아니면 사단마귀의 말을 듣지 않고 제 고집대로 한다면, 사단마귀도 그러한 자를 일꾼으로 쓰기에는 적합하지 않을 것이다.
　특별히 사단마귀의 일꾼만 그런 것이 아니고 하나님의 일꾼들도 역시 마찬가지이다.
　하나님의 일꾼들도 늘 상 성령 충만하여 하나님과 교통하며 또한 그 말씀대로 순종하여 하나님의 뜻과 소원을 이루어드리는 자가 되어야 하는데, 만일 일꾼이라는 자가 그렇지 않고 자기 마음과 뜻대로 할 뿐만 아니라 제 고집대로 행한다면 하나님도 그와 함께 일할 수 없다고 하는 사실이다.

　이처럼 종말 기에 이르러 하나님도 당신과 함께 일할 가장 합당한 일꾼을 찾고 계시지만, 또한 사단마귀도 자기들의 동료가 될 어둠의 일꾼을 찾을 때 모든 자격과 조건과 특성이 사단마귀와도 맞아야 하는 것이다.
　그러나 더 중요한 것은 사단마귀가 자기를 위해서 목숨 바쳐 일할 충성된 자를 만날 때 얼마나 기뻐하겠는가?
　그런 의미에서 적그리스도와 거짓 선지자는 그 일에 매우 적합한 자가 될 것이다.

그러므로 사단마귀도 그들이 너무나 흡족하고 만족하여 자기들이 가지고 있는 모든 능력과 힘과 권세를 다 쏟아부어주게 된다.

그리고 또한 사단마귀는 그들을 통하여 대리전쟁을 치르게 하는데, 누가 이 세상의 임금이고 누가 이 땅의 주인인가를 놓고 주도권을 위한 다툼일 뿐만 아니라 이 세상을 차지하기 위해서 하나님을 대적하고 싸우게 되는 전쟁인 것이다.)

자 그러면 계속해서 계13장에서 거짓 선지자에 대해서 말씀하시는 것을 살펴보자.

11절 "새끼 양같이 두 뿔이 있고 용처럼 말하더라"

위 말씀은 거짓 선지자가 위장하여 어린 양이신 예수님을 흉내 내지만, 그 입에서 나오는 말들은 하나같이 하나님의 말씀과 진리가 아닌 사단마귀의 거짓된 말들이요, 비진리라는 것이다.

요8:44-47 "너희는 너희 아비 마귀에게서 났으니 너희 아비의
　　　　욕심을 너희도 행하고자 하느니라 저는 처음부터 살인한
　　　　자요 진리가 그 속에 없으므로 진리에 서지 못하고 거짓을
　　　　말할 때마다 제 것으로 말하나니 이는 저가 거짓말장이요
　　　　거짓의 아비가 되었음이니라
　　　　내가 진리를 말하므로 너희가 나를 믿지 아니하는도다
　　　　너희 중에 누가 나를 죄로 책잡겠느냐 내가 진리를 말하매
　　　　어찌하여 나를 믿지 아니하느냐 하나님께 속한 자는 하나

님의 말씀을 듣나니 너희가 듣지 아니함은 하나님께 속하
지 아니하였음이로다"

고후11:13-15 "저런 사람들은 거짓 사도요 궤휼의 역군이니
자기를 그리스도의 사도로 가장하는 자들이니라
이것이 이상한 일이 아니라 사단도 자기를 광명의 천사로
가장하나니 그러므로 사단의 일군들도 자기를 의의 일군으
로 가장하는 것이 또한 큰 일이 아니라 저희의 결국은 그
행위대로 되리라"

요1서4:1-6 "사랑하는 자들아 영을 다 믿지 말고 오직 영들이
하나님께 속하였나 시험하라 많은 거짓 선지자가 세상에
나왔음이니라
하나님의 영은 이것으로 알찌니 곧 예수 그리스도께서 육
체로 오신 것을 시인하는 영마다 하나님께 속한 것이요 예
수를 시인하지 아니하는 영마다 하나님께 속한 것이 아니
니 이것이 곧 적그리스도의 영이니라 오리라 한 말을 너희
가 들었거니와 이제 벌써 세상에 있느니라
자녀들아 너희는 하나님께 속하였고 또 저희를 이기었나니
이는 너희 안에 계신 이가 세상에 있는 이보다 크심이라
저희는 세상에 속한고로 세상에 속한 말을 하매 세상이 저
회 말을 듣느니라 우리는 하나님께 속하였으니 하나님을
아는 자는 우리의 말을 듣고 하나님께 속하지 아니한 자는
우리의 말을 듣지 아니하나니 진리의 영과 미혹의 영을 이
로써 아느니라"

그리고 두 뿔이 있다고 한 것은 거짓 선지자가 가지
고 있는 큰 능력이 두 가지가 있다고 하는 뜻인데, 그
중에 큰 능력 하나가 13절 말씀이다.

"큰 이적을 행하되 심지어 사람들 앞에서 불이 하늘
로부터 땅에 내려오게 하고…"

거짓 선지자가 두 손을 들고 기도만 하면 하늘에서 불이 떨어지니 이 기적에 미혹 받지 않을 자가 이 세상에 또 어디 있겠는가?

모든 정치인, 경제인, 사상가 등 온 세계 사람들은 다 이 거짓 선지자를 추종하고 그의 펜이 될 것이다. 그리고 모든 종교계에서도 다 그의 말을 듣고 추종하게 될 것이다.(사단마귀도 자기를 높이고 자기를 위해서 모든 것을 바치고 사는 자에게 자기의 모든 권능을 내려준다.

그런 의미에서 거짓 선지자는 사단마귀의 기뻐하는 자이다. 만일 그렇지 않고 자기만을 위해서 사는 자들이라고 한다면 굳이 사단마귀가 큰 권세를 줄 리가 없다.

그러한 자들은 범죄나 저지르게 하든지 타락시켜서 망하게 할 것이다.

그러나 거짓 선지자는 물질문명의 극대화 속에서 도저히 영적이고 신비적인 생활을 할 수 없는 극히 어려운 상황과 환경 속에서도 사단마귀와 영교하며 일체가 됐다고 하는 것은 평범한 일이 아닌 것이다.

그러나 고대에는 종종 이방 종교의 교주들이나 기이한 삶을 살았던 도사들은 인간이 이해하기 어려운 경지에 이르기도 하였다.

물론 기독교계에도 똑같은 현실이지만 너무나 이 시대에는 육적이고 물질적인 생활로 인하여 하나님과 깊이 영교하거나 영적인 생활을 하기가 매우 어려워졌다.

또한 설상가상으로 크리스챤의 타락과 죄 성은 이미 정도가 지나쳐 경건의 능력을 상실한 지가 오래이다.

그러니 어찌 하나님의 권능과 역사가 나타날 리가 있겠는

288

가? 사실 크리스챤의 신앙생활도 계속해서 그나마 견지하고 지키기가 어렵게 된 상황 속에서 어찌 하나님께서 부패한 삶을 사는 크리스챤 들에게 하나님의 권능을 내려줄 리가 만무한 것이다.

그러나 만일 하나님께서 타락한 심성을 가진 크리스챤에게 혹시라도 하나님의 권능을 내려준다면 그 사람은 반드시 교만해지거나 타락하고 변질돼 버리고 말 것이다.

그러나 이와 반면에 모세나 엘리야, 초대 교회 당시의 12사도나 바울사도 같은 사람들은 하나님의 큰 권능을 받아 가지고 일하였는데, 사실 이들은 오직 살든지 죽든지,

먹든지 마시든지 하나님의 영광만을 위하여 살았기 때문에 하나님은 그들에게 아낌없이 당신이 가지고 있는 신령한 좋은 선물들을 내려주셨던 것이다.)

그리고 또한 거짓 선지자가 가지고 있는 나머지 큰 능력 하나는 15절 말씀인데,

"저가 권세를 받아 그 짐승의 우상에게 생기를 주어 그 짐승의 우상으로 말하게 하고..."

거짓 선지자가 암살당하여 다 죽게 되었던 적그리스도를 살릴 뿐만 아니라, 적그리스도를 위하여 만든 우상에게까지 생기를 불어넣어 말하게 한다고 한다.

참으로 얼마나 대단한 역사인가? 목석이나 쇠붙이로 만든 우상이 사람처럼 말하게 된다니? 창세 이후로 이러한 역사를 인류가 본 적이 없는 것이다.

이처럼 사단마귀가 모든 권능과 이적을 적그리스도와 거짓 선지자에게 내려주게 되는데, 그러나 사실은 자기들의 최후가 얼마 남지 않았기 때문에 총력을 기울여 올인 해보는 것이기도 하다. 한마디로 사단마귀가 최후의 발악을 해보는 것이라고 할 수가 있겠다.

이제 온 세계가 이 적그리스도와 거짓 선지자에게 다 미혹을 받아 속게 될 것이고 그를 숭배하게 될 것이다. 이때에 심지어 하나님의 종들과 성도들도 그 기적에 속아서 거짓 선지자를 쫓아 적그리스도를 재림주인 줄 알고 배도하게 된다.

그러나 하나님의 진리의 말씀으로 무장하고 성령에 사로잡혀 사는 자들은 절대로 속지 않게 될 것이다.

살후2:9-12 "악한 자의 임함은 사단의 역사를 따라 모든 능력과 표적과 거짓 기적과 불의의 모든 속임으로 멸망하는 자들에게 임하리니 이는 저희가 진리의 사랑을 받지 아니하여 구원함을 얻지 못함이니라
이러므로 하나님이 유혹을 저의 가운데 역사하게 하사 거짓 것을 믿게 하심은 진리를 믿지 않고 불의를 좋아하는 모든 자로 심판을 받게 하려 하심이니라"
요1서2:18-29 "아이들아 이것이 마지막 때라 적그리스도가 이르겠다 함을 너희가 들은 것과 같이 지금도 많은 적그리스도가 일어났으니 이러므로 우리가 마지막 때인줄 아노라
저희가 우리에게서 나갔으나 우리에게 속하지 아니하였나니 만일 우리에게 속하였더면 우리와 함께 거하였으려니와 저희가 나간 것은 다 우리에게 속하지 아니함을 나타내려 함이니라

너희는 거룩하신 자에게서 기름 부음을 받고 모든 것을 아
느니라 내가 너희에게 쓴 것은 너희가 진리를 알지 못함을
인함이 아니라 너희가 앎을 인함이요 또 모든 거짓은 진리
에서 나지 않음을 인함이니라
거짓말 하는 자가 누구뇨 예수께서 그리스도이심을 부인하
는 자가 아니뇨 아버지와 아들을 부인하는 그가 적그리스
도니 아들을 부인하는 자에게는 또한 아버지가 없으되 아
들을 시인하는 자에게는 아버지도 있느니라
너희는 처음부터 들은 것을 너희 안에 거하게 하라 처음부
터 들은 것이 너희 안에 거하면 너희가 아들의 안과 아버
지의 안에 거하리라 그가 우리에게 약속하신 약속이 이것
이니 곧 영원한 생명이니라 너희를 미혹케 하는 자들에 관
하여 내가 이것을 너희에게 썼노라 너희는 주께 받은바 기
름 부음이 너희 안에 거하나니 아무도 너희를 가르칠 필요
가 없고 오직 그의 기름 부음이 모든 것을 너희에게 가르
치며 또 참되고 거짓이 없으니 너희를 가르치신 그대로 주
안에 거하라
자녀들아 이제 그 안에 거하라 이는 주께서 나타내신바 되
면 그의 강림하실 때에 우리로 담대함을 얻어 그 앞에서
부끄럽지 않게 하려 함이라 너희가 그의 의로우신 줄을 알
면 의를 행하는 자마다 그에게서 난 줄을 알리라"

그러므로 이 거짓 선지자는 종말에 나타나 적그리스
도와 함께 온 세상을 지배하게 될 때에 온갖 기적과 역
사를 통해서 수많은 사람들을 미혹시키고 타락시킨다.

그리고 이 거짓 선지자는 사단마귀와 적그리스도를
숭배하고 열심히 믿게 하는데 있어서 온갖 술수와 지혜
를 짜낼 것이다.

그리고 심지어 하나님의 종들과 백성들까지도 어떻
게 하든지 미혹하여 적그리스도를 믿고 따를 수 있도록
만들 것이며 또한 이와 반면에 하나님의 종들과 성도들

을 예수 그리스도와 하나님을 믿지 못하도록 모든 수단과 방법들을 다 동원하게 될 것이고 또한 총력을 기울여 배도하게 만들 것이다.

특히 그는 이세상의 모든 종교계와 그 지도자들까지도 사로잡아 그의 수하에 둘 것이다.(적그리스도는 정치계에서 정권을 잡고 나타날 것이고, 거짓 선지자는 종교계에서 최고의 지도자가 될 것이다.)

그리고 하나님의 종들인 두 감람나무와 치열한 싸움을 벌일 것이다.

그것은 마치 갈멜 산에서 바알과 아스다롯 거짓선지자 850인이 엘리야 선지자와 대결한 것처럼 이루어질 것이다.(창세 때부터 사단마귀는 항시 하나님의 일을 대적하고 인류를 타락시키기 위해서 혈안이 되어 왔다.

그리고 그러한 일을 이루기 위해서 사단마귀가 직접 에덴동산에 내려와 아담, 하와를 타락시키기도 하였지만 대부분은 악한 인간들을 대신 기용하여 앞잡이로 이 세상에 보내서 인생들을 타락시키고 있는데, 바로 그러한 자들이 거짓그리스도와 거짓 선지자들이다.

특별히 성경 상에는 그러한 인물들이 믿음의 사람들과 함께 수두룩하게 나온다. 모세와 발람, 미가야와 시드기야, 엘리야와 이세벨, 예레미야와 하나냐, 바울과 바 예수, 두 증인과 거짓 선지자)

이제 결론을 내고자 한다.
인도는 대다수의 국민들이 하나님을 알지 못하고 수

없는 종교와 귀신과 우매한 미신 속에 빠져 있는 나라
로서, 하나님의 진노의 대상이 된다.

　지금까지 기독교 선교사들과 하나님의 종들이 열심
히 수고를 하고는 있으나 아직도 그 성과는 미미하다.
하루속히 인도 백성들은 회개하고 참되신 하나님과 그
아들 예수 그리스도를 믿어야 한다.

　그렇지 않으면 종말 기에 하나님의 심판을 받을 수
밖에 없다.(인도는 사상과 철학 등 많은 부분에 있어서도 세계
인류사에 큰 영향을 주고 있다.

　특히 종교적인 부분에 있어서도 세계에 미친 영향은 지대하다.
지금 이 시대에도 인도에서 흘러나온 사상과 가치관이 현대문명과
인간의 마음에 큰 영향을 미치고 있는데, 뉴에이지, 시크릿, 다원
주의 등과 같은 것들이다.

　이와 같은 것들은 긍정적인 측면에서 바람직한 결과도 가져왔
지만 부정적인 측면에서는 나쁜 영향을 주기도 하였다.

　일례로 기독교 신앙 안에 다원주의와 같은 사상이 들어와 유일
한 구원의 대상과 절대 진리의 가치관이 무너지게 하였던 것처럼,
마지막 때에 나타날 거짓 선지자도 온 세계에 큰 미혹과 혼란을
주게 될 것이다.)

질문 6　- 이란 편 -

　이란에 대해서 말씀해주세요. 이란은 종말에 이르러
어떻게 쓰임 받게 되는 나라인지 알려주세요?

대답

이란은 옛날 대제국을 이루었던 페르시아의 후예들이다. 특별히 그때에 나 여호와가 페르시아를 도와서 세계 최강국이 되게 하였다.

내가 그렇게 한 일에 대해서는 다니엘의 말씀과 이사야의 말씀에도 기록이 되어 있다.

> 단11:1 "내가 또 메대 사람 다리오 원년에 일어나 그를 돕고 강하게 한 일이 있었느니라"
>
> 단8:20 "네가 본바 두 뿔 가진 수양은 곧 메대와 바사 왕들이요"
>
> 사44:28 "고레스에 대하여는 이르기를 그는 나의 목자라 나의 모든 기쁨을 성취하리라 하며 예루살렘에 대하여는 이르기를 중건되리라 하며 성전에 대하여는 이르기를 네 기초가 세움이 되리라 하는 자니라"
>
> 사45:1-3 "나 여호와는 나의 기름 받은 고레스의 오른손을 잡고 열국으로 그 앞에 항복하게 하며 열왕의 허리를 풀며 성 문을 그 앞에 열어서 닫지 못하게 하리라
> 내가 고레스에게 이르기를 내가 네 앞서 가서 험한 곳을 평탄케 하며 놋문을 쳐서 부수며 쇠빗장을 꺾고 네게 흑암 중의 보화와 은밀한 곳에 숨은 재물을 주어서 너로 너를 지명하여 부른 자가 나 여호와 이스라엘의 하나님인줄 알게 하리라"

내가 그 때에 페르시아를 도와준 큰 이유 중의 하나는 물론 나의 백성들 때문이다.

그 유다 백성들은 나를 배반하고 온갖 패역한 짓을 저질렀느니라. 그래서 나는 참다못하여 바벨론을 일으켜서 유다 왕국을 멸망시켰느니라.

그러나 나는 그들을 사랑하였고 또한 그들의 조상과 언약을 하였기에 그들을 영원히 버릴 수 없었다.

그래서 나는 나의 종 예레미야를 통하여 유다 백성들에게 약속하였다.

너희는 70년 동안 바벨론을 섬길 것이다. 그러나 기한이 차면 너희들이 다시 자기 땅으로 돌아올 것이다. (하나님은 인애와 자비가 크시기 때문에 우리 인생들이 아무리 패역한 짓을 할지라도 불쌍히 여기신다.

그것은 마치 아비가 자식을 대하듯 하시는데, 하나님께서 유다 백성들에게 행하신 일도 마찬가지이다.

하나님께서는 그들의 패역함을 차마 보실 수가 없어서 징계하셨으나 본심이 아니신 것이다.

그들을 사랑하시기 때문에 도저히 그대로 버려두실 수가 없었던 것이다.)

사31:5 "새가 날개치며 그 새끼를 보호함 같이 나 만군의 여호와가 예루살렘을 보호할 것이라 그것을 호위하며 건지며 넘어와서 구원하리라 하셨나니"

그러므로 나는 내 종을 통하여 예언한 약속을 지키려고 내 백성을 포로로 잡아간 세계 최강대국인 바벨론을 무너뜨리기 위해서 변방의 소국이었던 메데와 바사를 일으켰느니라.

그때에 바사(페르시아)는 미약하였고 감히 바벨론과 대항할 수 없었던 나라였다.

그러나 내가 그 나라를 도와주었다. 그래서 그 나라

가 나중에는 세계 최강국이 되었느니라.

이처럼 나 여호와는 이 세상에 사는 모든 인생뿐만 아니라 이 세상 나라와 역사도 나의 주권 하에 있고 내 마음대로 하느니라. 누가 나의 뜻을 거스르며 내가 하고자 하는 것을 누가 막겠으며 또한 나를 대적할 수 있겠는가? 이 모든 우주와 삼라만상과 모든 존재하는 것들은 나 여호와가 창조하였고 생겨나게 하였느니라.

그러므로 **너희 인생들은 나를 두려워하고 공경해야 하느니라. 그리고 나는 알파와 오메가이며 전능자이다.**

그러나 이 세상에 수많은 인생들은 아직도 나를 알아 보지 못하고 헛된 신과 헛된 것에 빠져서 사는구나.

참으로 불쌍하고 안타깝구나. 이제 이세상의 끝 날은 다 되어가고 있고 또한 얼마 남지 않았느니라.

너희는 하루속히 회개하고 진심으로 나 여호와께 돌아오라. 그리하면 너희가 모두 살리라.

사45:5-7 "나는 여호와라 나 외에 다른이가 없나니 나 밖에 신이 없느니라 너는 나를 알지 못하였을찌라도 나는 네 띠를 동일 것이요 해 뜨는 곳에서든지 지는 곳에서든지 나 밖에 다른이가 없는줄을 무리로 알게 하리라 나는 여호와라 다른 이가 없느니라 나는 빛도 짓고 어두움도 창조하며 나는 평안도 짓고 환난도 창조하나니 나는 여호와라 이 모든 일을 행하는 자니라 하였노라"
사45:20-23 "열방 중에서 피난한 자들아 너희는 모여 오라 한 가지로 가까이 나아오라 나무 우상을 가지고 다니며 능히 구원치 못하는 신에게 기도하는 자들은 무지한 자니라

너희는 고하며 진술하고 또 피차 상의하여 보라 이 일을
이전부터 보인 자가 누구냐 예로부터 고한 자가 누구냐 나
여호와가 아니냐 나 외에 다른 신이 없나니 나는 공의를
행하며 구원을 베푸는 하나님이라 나 외에 다른 이가 없느
니라
땅 끝의 모든 백성아 나를 앙망하라 그리하면 구원을 얻으
리라 나는 하나님이라 다른 이가 없음이니라 내가 나를 두
고 맹세하기를 나의 입에서 의로운 말이 나갔은즉 돌아오
지 아니 하나니 내게 모든 무릎이 꿇겠고 모든 혀가 맹약
하리라 하였노라"

그러므로 바사(페르시아)는 하나님이 함께 하심으로
써 말미암아 바벨론을 무너뜨리고 유다 백성들을 자기
땅으로 돌아갈 수 있도록 물심양면으로 도와주었고,
또한 성전도 건축하도록 허락해주었는데, 이것은 다
하나님께서 바사를 도우셨기 때문이다.
그리고 또한 바벨론에서 귀환하지 못했던 유대 백성
들에게는 우리가 에스더의 말씀을 통해서 살펴볼 수 있
듯이 바사(페르시아)가 유대 백성들을 도와주었고 특별
우대하였던 것을 볼 수 있다.
이처럼 이 세상 속에서 사람이든 국가이든지간에 하
나님과 주의 백성들을 위해서 조금이라도 관심을 가지
거나 도와준 일이 있으면 하나님께서는 반드시 그 행한
일에 대해서는 그냥 내버려두지 아니하시고 이 세상에
서도 백배, 천배로 보상해 주시고 갚아주신다고 하는
사실이다.

그러므로 유대 백성을 도와주었던 바사(페르시아)가

하나님의 큰 은혜를 입었고 축복을 받았었는데, 우리는 실제로 바사의 부요와 영화가 얼마나 컸었는가를 세계 역사 속에서 교훈을 받을 수 있을 뿐만 아니라 배울 수 있게 된다.(이 세상 나라 가운데에도 하나님을 경외하고 또한 주의 교회와 성도들을 보호하고 적극적으로 선교할 수 있도록 도와주고 신앙생활을 자유롭게 보장했던 나라들은 하나님께서 축복받게 하셨고 부강하게 만들어 주셨다.

우리는 그러한 실례들을 구라파와 영국과 미국을 통해서도 충분히 교훈 받고 깨닫게 된다.

그러나 이와 반면에 하나님을 대적하고 교회를 핍박하고 그의 백성들을 죽였던 나라들은 모두가 비참하게 되었다는 사실을 우리는 또한 역사를 통해서 깨달을 수가 있다.

고대의 바벨론, 앗수르, 근세의 소련, 북한 등)

특별히 나라들과 민족들만이 그런 것이 아니고, 우리 한 사람 한 사람 개인들도 마찬가지이다.

주 하나님과 그의 나라를 위해서 충성을 다하거나 또한 주의 말씀대로 이웃과 연약한 자들을 위해서 긍휼을 베풀고 선대한 일들은 우리가 다 하나님께 보상을 받게 되거나 아니면 축복과 상급으로 갚음을 받게 된다는 사실이다.

자 어쨌든 이란 나라의 고대 제국 페르시아는 하나님의 백성들을 도와주었고 선대하여 축복을 받았지만, 작금에 페르시아의 후예인 이란 나라는 그 조상들과는 달리 유대 백성의 후예인 이스라엘 나라를 원수같이 여길 뿐만 아니라 잡아먹지 못하여 안달이 나 있다는 사실이다. 참으로 이해할 수 없는 아이러니칼한 일이다.

그러면 그들은 왜 이스라엘 나라를 원수같이 여기며 미워할까? 물론 거기에는 여러 가지 이유가 있겠지만 그 중에서도 가장 큰 이유는 종교적인 문제와 정치적인 문제 때문이다.

하지만 여기에는 더 중요한 비밀이 있다.

그것은 다름이 아니라 사단마귀가 그 나라를 지배하고 역사하고 있기 때문이다.

특별히 이란 나라는 하나님께서 종말 기에 중동지방을 중심으로 전 세계가 4뿔 4대 강국으로 연합하여 움직이게 될 때에, 북방의 큰 세력인 러시아와 함께 중앙아세아의 일원으로써 장차 북방세력의 맹주 역할을 자처하게 될 것인데, 그때에 이란은 남방 세력의 대표인 애굽과 더불어 중동지역의 패권을 놓고 주도권 싸움을 하게 될 것이다.

바로 그것이 단11장의 말씀에 나와 있는 남방 왕, 북방 왕의 전쟁 역사이다.(중동지방과 팔레스타인은 아세아, 아프리카, 유럽의 3개 대륙이 만나는 지점이고 길목으로서, 항시 이곳을 차지하려고 고대로부터 현재에 이르기까지 강대국들이 서로 혈안이 되어 패권을 놓고 전쟁을 벌이던 곳이다.

그러므로 누구든지 먼저 이곳을 선점하는 자가 세계를 지배했다는 사실이다. 그래서 이곳은 전쟁이 끊일 새 없이 일어났고 또한 항시 동양과 서양의 충돌이나 아니면 남방과 북방의 전쟁이 고대에서부터 있어왔다.

　　그러나 그때마다 동양과 서양 전쟁은 늘 상 서양이 승리하고 동양이 패배하였으며, 또한 남방과 북방이 전쟁을 하게 되면 늘 상 전쟁할 때마다 북방이 승리한 것을 본다.

　　그러나 종말에 가서는 남북 전쟁과 동서 전쟁이 모두 다 한꺼번에 일어나게 되는데 우리가 그 전쟁의 양상을 단11장의 말씀을 통해서 구체적으로 살펴보게 되면 다음과 같다.
　　먼저는 남방과 북방의 대결을 통해서 남방세력이 패하게 되므로 서방세력에게 도움을 요청하게 되고, 또한 서방세력이 그 전쟁에 개입하여 북방과 남방세력까지 다 통합하게 된다.

　　그리고 그 후에는 큰 세력을 얻은 서방 세력이 동방세력까지 통합하려고 할 때에 동방세력이 반발하여 또 큰 전쟁이 벌어지게 되는데, 이것이 바로 세계3차 대전이다.
　　이때의 전쟁으로 또 동방세력이 서방세력에게 패하게 되므로 세계는 하나로 통일되고 그 때에 세계대왕 적그리스도가 나타나게 되는 것이다. 참으로 중동지방의 전쟁 역사는 기이하고 아이러니칼하다.)

　　단11장에 나와 있는 남방 왕과 북방 왕의 전쟁 시나리오가 종말 기에 이르러 다시 재현되어 나타날 것이다. 이 일로 인하여 나중에는 서방세력, 동방세력까지 이 전쟁에 끌어들여서 세계3차 대전으로 이어지는 것이다. 이처럼 이란이 종말 기에 이르러 강해지고 사나워지려고 하는 이유는 물론 하나님의 섭리 속에서 사단 마귀가 그 배후에서 조종하고 있기 때문이지만, 본래부터 이란 민족들은 호전적이고 사나워 성경에서도 그들의 잔인한 모습들을 말씀하고 있다.

특별히 최근세에 이르러서 최강대국인 미국 같은 나라도 이란에 대해서는 매우 조심스러워하고 있다.
그러나 하나님은 이 호전적인 이란민족을 들어서 종말 기에 사용하시려고 계획하셨기 때문에 반드시 세계 전쟁의 시작을 이란민족을 통해서 일으키게 하신다.

그러므로 하나님께서는 특별히 사단마귀에게 권세를 주어서 이란민족을 움직이게 하실 때에 그들의 유구한 전통과 역사 속에서 쌓여진 자존심과 교만함이 그들 마음속에서 철철 넘쳐나게 하여 호전적으로 만들게 하실 뿐만 아니라 전쟁을 하는 것도 두렵지 않다고 생각 하게 할 것이고, 또한 세계를 좌지우지하려는 야심과 야욕 속에서 양보함이 없이 몽니를 부리다가 나중에는 철퇴를 맞는 불상사가 생기게 할 것이다.(이란은 북방의 맹주로서 장차 이라크와 시리아까지 동맹하고 연합시켜서 중동의 주도권을 놓고 남방 세력인 애굽과 다투게 되는데, 그 때에 다투게 되는 중요한 이슈는 이슬람의 종교적인 주도권 문제와 아울러 정치적, 경제적 이해득실의 상관관계로써 남방세력과 크게 다투게 된다.

※ 북방세력의 대표는 러시아이다. 그런데 왜 이란이 북방의 맹주라고 하나? 거기에는 다음과 같은 이유가 있다.
첫째나팔이 울리면 피 섞인 우박이 떨어져 제일 먼저 피해를 보고 절딴 나는 나라가 러시아이다.
특별히 우랄산맥을 중심으로, 모스크바를 중심한 서쪽 러시아와 동방 러시아가 나뉘게 되는데, 국가적으로 나뉘어지게 되는 것이 아니고 경제적으로 각기 서로 돌볼 수 없는 상황이 되기 때문에 행정상으로 나뉘어 각기 자치국 끼리들 서로서로 유유상종하게 된다.
그리고 모스크바를 중심한 서쪽 러시아는 장차 EU에 가입하게 된다.

그러므로 동방 쪽 러시아는 동떨어지게 되어 그들 나름대로의 생존을 모색해야 하기 때문에 중앙아세아 쪽 나라들과 연합하게 되고, 그 지역의 맹주격인 이란과 손잡고 북방 세력의 일원이 되는 것이다.)

그러므로 이란은 종말 기에 이르러 그들의 자존심과 교만과 야심 때문에 온 세계를 시끄럽게 하고, 또한 근심과 우려스럽게 하다가 결국은 사단마귀의 도구가 되어 세계를 전쟁의 소용돌이 속으로 몰고 들어가게 할 것이다.

그러므로 세계 열방들은 이란에 대해서 주의 깊게 살펴보고 절대로 그들을 믿지 말아라. 지금도 이란은 야욕을 버리지 못하고 핵무기도 은밀히 개발하고 있다.

그러나 지금은 그들이 힘이 미약하여 일시 양보하고 협상하는 것 같으나 그들의 속셈은 따로 있느니라.

만일 핵무기도 보유하고 군사력도 강해지면 어느 나라도 이란을 제어할 수 없느니라.

특별히 그들은 사나운 맹수처럼 발톱을 감추고 먹이를 삼키려고 은밀히 수풀에 엎드려 기회를 포착하기 위해서 때를 기다리고 있느니라. 그러므로 전 세계의 통치자들아! 너희는 이란을 조심스럽게 다루어라. 그러나 하나님께서는 이란나라에 전쟁을 일으키는 권세를 주었느니라. 특히 이란나라를 돕고 있는 사단마귀가 그 권세를 가지고 조종하느니라.

그러므로 종말에 하나님께서 세계 열방을 향하여 정해놓으신 계획을 누가 감히 변경할 수 있으랴! 오호라! 참으로 안타깝구나! 이제 때가 다 되어가고 있고, 이세상은 심판과 멸망만을 남겨놓고 있다.(이란은 3차 대전을 일으키는 원흉이 된다.

　그리고 중동지방의 주도권을 놓고 다투다보니까 항시 전쟁은 끊일 새 없이 일어나고 이란나라 국민들은 너무 지치고 피곤하게 되며 경제적으로 궁핍하고 피폐해질 뿐만 아니라 많은 사상자도 발생하게 되고 이란 나라 전 국토가 황폐화게 될 것이다.

　그런데 여기에다가 설상가상으로 만일 3차 세계대전까지 발발하게 되면 그 중심이 유브라데 강이기 때문에 그 피해는 상상불허가 된다.

　그때의 전쟁은 핵무기를 사용하기 때문에 유브라데 강을 중심한 나라들인 이라크, 시리아, 이란, 터어키까지 엄청난 재앙이 임하게 될 것이다.)

　이제 이란나라와 국민들에게 말한다.

　너희가 언제까지 사단마귀의 도구가 되어 온 세계를 괴롭히며 재앙을 가져오는 원흉이 될 것인가?

　너희 위정자들과 백성들아! 정신을 차리고 지혜와 총명을 가져라.

　지금 너희가 무슨 짓을 하고 있는가?

　너희 지도자들과 그 백성들은 스스로가 깨닫지도 못하고 또한 자기도 모르게 악한 전쟁의 도구로 쓰이고 있구나!

　그것은 마치 가룟유다가 사단에게 붙잡혀 자기의 스승인 예수님을 은 삼십에 팔아넘기듯이 너희도 그 악한 마음을 고치지 못하고 결국은 사단마귀가 들락날락하는 통로가 되는구나!

또한 그것은 마치 예수님의 제자인 가룟유다가 마귀의 도구로 쓰임 받다가 나중에는 제정신이 들어서 크게 후회하고 자살하듯이 너희 위정자들과 국민들이 제정신 차리지 못한다면 스스로 무덤을 파는 꼴이 될 것이고 또한 너희 나라에게는 큰 화와 재앙을 면하지 못할 것이다.

참으로 안타깝구나! 이란나라와 그 국민들이 불쌍하구나! 그러나 나 여호와는 너희 나라와 그 백성들도 사랑하느니라. 그러므로 너희는 회개하라. 그리고 나 여호와에게 돌아와 나를 믿고 경배하라. 그리하면 너희가 살리라.

그리고 마지막으로 부탁한다.

너희는 나의 백성, 나의 택함을 받은 민족인 이스라엘을 미워하지 말아라.

그 민족은 나 여호와의 기업이며, 나의 자녀니라. 너희들이 그들을 미워하는 것은 곧 나를 미워하는 것이고 나를 대적하는 일이 된다.

특별히 그들은 나의 진노를 사서 수천 년 동안 나라를 잃고 방랑하며 혹독한 환난을 받았느니라.

그들은 그들의 죄악으로 그 대가를 톡톡히 치르었느니라. 그러므로 그 백성들을 불쌍히 여겨라.

그들이 나라 잃고 집도 절도 없이 나그네와 거지처럼 지내온 삶이 얼마인가?

내 성경책에도 과부와 고아와 나그네를 학대하지 말고 선대하라고 했고, 또한 작은 소자에게 물 한 그릇을 대접해도 결단코 그 상을 잃지 않는다고 했다.

특별히 그들은 이제 자기 땅에 돌아와 안식하고 있느니라. 그들의 환난과 고생을 이해해주어라.

너희의 조상들은 이렇게 하지 않았느니라.

그래서 내가 너희 조상 때에는 너희 페르시아를 크게 축복하고 보살폈느니라.

그러므로 너희도 그와 같이 행하라. 그리하면 너희가 살리라. 그리고 **이스라엘 민족이 자기 땅에 돌아오는 것은 나의 언약을 성취하기 위해서이니라.**

그들이 자기 땅에 돌아와야 나도 이 세상에 재림할 수 있느니라. 그러므로 너희도 나의 뜻을 이해하고 괜히 긁어 부스럼을 만들지 말아라.

질문 7 - 터어키 편 -

터어키 나라에 대해서 말씀해 주세요?

특별히 터어키는 신약성경의 배경이 될 만큼 교회도 많았고 하나님의 백성도 많았는데,

지금은 교회가 하나도 없이 폐허가 되었을 뿐만 아니라 믿는 백성도 찾아볼 수 없는 나라가 되었습니

다. 왜 그렇게 되었습니까? 그리고 종말 기에 터어키는 어떻게 쓰임 받겠습니까?

대답

터어키라고 하는 나라는 고대로부터 많은 나라들의 흥망성쇠가 명멸하였던 곳으로 특히 지정학적으로는 서양과 동양을 연결해주는 관문이며 길목이다.

특히 관문이나 길목의 특징은 사람들이 계속해서 머물러 있지 못할 뿐만 아니라 항시 뿌리를 내리지 못하고 정착하지 못하여, 마치 부평초와 같이 물결 따라 바람 따라 흘러가는 일엽편주와 같다고 할 수가 있겠다.

그러므로 터어키 지방은 늘 상 동서양의 문물을 누구보다도 빨리 받아들이면서도 또한 쉽게 버리는 특징이 있다고도 할 수가 있겠다.

그리고 또한 터어키 지역은 항시 중동지방의 패권을 놓고 서양과 동양 그리고 남방과 북방의 세력까지 합세하여 이전투구의 전쟁을 벌였던 곳으로 늘 상 전란이 끊일 새 없이 일어난 살육과 파괴와 폐허의 땅이기도 한 곳이다.

이처럼 터어키 지방은 유구한 역사 가운데에서 끊임없는 전란과 참화 속에서도 끈질기게 그 명맥을 유지하고 국가를 이루었다고 하는 것은 그 나라의 저력과 강인함을 보여주고 있는 것이다.

그리고 또한 관문이나 길목의 특징은 항시 소통되고 왕래하는 곳이기 때문에 사람의 행동유형으로 분석한다면 유연성, 신속성, 순발력, 융통성, 신축성이 뛰어나다고도 할 수가 있다.

그러므로 터어키 나라와 국민들은 어느 민족보다도 강인하고 유연성, 융통성이 있는 것이 사실인데,

그 실례들을 들어본다면 터어키는 종교가 이슬람국가이면서도 관습적으로나 문화적으로는 폐쇄적이거나 외골수적인 가치관을 가지고는 있지 않다는 사실이다.

특히 중동지방에 있는 다른 이슬람 국가와 같지 않고 모든 면에 있어서 개방적이면서도 융통성을 발휘하여, 정치에 있어서도 서구 구라파의 민주주의 제도를 채택하고 있어 국민들에게도 많은 자유와 권리가 주어진 나라이다. 특히 터어키는 유럽과도 친밀하여 유럽경제 공동체인 EEC의 준 회원국으로서 장차 EU에 정식 가입하기를 소망하는 나라이기도 하다.

그리고 또한 터어키는 다른 이슬람 국가와 같이 종교적으로 정치적, 경제적으로도 이슬람의 여러 기구에 가입하여 중동지방의 이슬람 여러 국가와도 친밀할 뿐 아니라 긴밀하게 협력해 나가고 있다.

그리고 세계 최강대국인 미국과도 친밀하여 중동지방의 여러 다른 반미국가들에게도 미움을 사기도 하지만, 본래 터어키 민족의 사통팔달하는 유연성과 융통성 때문에 원수진 나라가 별로 없이 잘 소통하고 있는 것

이다.(터어키는 옆에 나란히 붙어 있는 이란 나라와는 지리적으로나 역사적으로도 늘 상 함께 하여 마치 쌍둥이와 같이 닮은 특질들이 많을 것 같았는데,

전혀 그렇지가 않을 뿐만 아니라 도리어 두 나라의 국민성이나 가치관 등이 확연히 차이가 난다고 할 수가 있겠다. 그리고 그 영향의 여파가 문화, 정신, 신앙, 정치 등 모든 전반에 걸쳐서 크게 이질적으로 나타나고 있다.)

장차 터어키는 구라파 EU의 회원국이 될 뿐만 아니라, 적그리스도가 출현할 때에 다른 어떤 민족보다도 발 빠르게 환영하고 지지하며 협력하게 될 것이다.

특히 적그리스도가 중동지방과 이슬람권을 통치하기 위해서 터어키 나라를 이용할 것이며 또한 터어키 나라는 여기에 절대적으로 복종하며 충성하게 되는데,

장차 세계가 하나로 통합되면 적그리스도를 대신하여 중동지방을 통치하는 맹주요 작은 뿔이 될 것이고,

또한 적그리스도의 중동지역에 대한 통치의 발판과 수족 역할을 하게 될 뿐만 아니라 적그리스도의 끄나풀이 될 것이다. 그러므로 종말 기에는 중동지방의 모든 나라들은 이 터어키 나라에게 눈치를 보며 순종하게 된다.

참으로 안타깝고 안타깝다. 초대교회 당시에는 기독교의 복음이 왕성하게 꽃을 피우고 세계 복음화를 위해서 견인차 노릇을 하여 많은 교회와 하나님의 백성들이 살던 땅이 이제는 복음의 빛이 없는 흑암의 나라가 되

었으니 이 어찌된 일인가?(특히 소아시아 지방에 왕성하게 역사했던 기독교의 복음과 신앙의 역사가 지금은 왜 사라지고 없어졌는가? 또한 교회들도 폐허가 되어 간신히 흔적만 남게 되었는데 왜 그렇게 되었는가?

그것은 주님께서 요한계시록을 통하여 7교회에게 주신 편지 가운데에서도 우리가 그 이유를 찾아볼 수 있다.

에베소, 버가모, 두아디라, 사데, 라오디게아 교회들에게 주신 주님의 책망과 경고를 통해서 왜 하나님의 교회와 그의 백성들이 사라졌는가를 우리는 분명히 깨달을 수 있다.

또한 우리가 세계 교회사를 통해서도 연구해보면 터어키 지방의 소아시아 교회들만 이 세상에서 소멸된 것이 아니라 작금에 유럽교회와 미국 교회, 그리고 대한민국 교회의 현주소를 보라. 그 교회들이 지금 어떻게 되어가고 있는가?

그러므로 우리는 소아시아 지방의 교회와 그의 백성들이 무슨 연유로 인하여 이 세상에서 사라졌는가? 뿐만 아니라 현재에는 왜 없어졌는가? 를 제대로 된 신앙과 안목을 가지고 있다면 다 깨닫게 될 것이다.

핍박, 환난, 시련, 고난, 가난 등 한마디로 십자가의 신앙을 버리고 풍요, 번영, 형통, 성공주의, 기복주의 등 진리를 떠난 육신적, 정욕적, 세속적인 신앙으로 변질되고 타락하게 될 때에 자연히 기독교는 쇠퇴하게 되는 것이다.

그러므로 기독교가 전파되는 어떤 곳, 어느 민족이든지 간에 위와 같은 상황이나 환경이 똑같이 이루어지게 된다면 동일한 법칙이 적용될 뿐만 아니라 그대로 이루어지게 되므로 소아시아 지역의 교회와 같이 되는 것이다.)

그러나 하나님께서는 터어키 민족을 지극히 사랑하

시고 긍휼이 여기신다. 비록 종말 기에 이르러 사단마귀의 하수인이 되어 적그리스도를 추종하는 수하가 되었지만, 기독교의 복음을 최초로 전파하여 왕성하게 신앙의 꽃을 피웠던 초대교회 당시의 터어키를 하나님은 기억하신다. 너희 터어키 민족도 하루속히 회개하고 내게로 돌아오라. 내가 너희를 구원하겠다.(사단마귀는 과거에 하나님께서 역사하여 신앙의 꽃을 피웠던 나라나 백성들, 지역들이나 도시로 한군데도 빠짐없이 그대로 들어가서 이제는 거꾸로 사단마귀의 나라를 보란 듯이 만들어 가고 있는데 이것은 사단마귀가 이 세상과 인생들을 여러 가지 면에서 지배하기 위한 미혹이며 퀘계이고 모략인 것이다. 특히 이러한 역사를 통하여 사단마귀는 하나님의 백성들에게까지도 신앙의 회의를 가지도록 만들게 할 뿐만 아니라 하늘에 계신 하나님께는 조롱하며 대적하고 있는 것이다.)

질문 8   - 이집트 편 -

이집트에 대해서 말씀해주세요?

왜 이집트는 바벨탑 같은 피라밋트를 많이 세웠으며, 또한 종말 기에 이르러 어떻게 쓰임 받는 나라가 되겠습니까?

애굽은 노아의 아들 함의 자손들이 바벨탑사건 이후에 아프리카 땅으로 내려와 나일 강을 중심으로 세운 나라로서 그 역사와 전통이 세계 제일이다.

그러나 바벨탑 같은 피라미드를 세운 것을 볼 때에 이 민족은 신앙적으로나 영적으로는 사악한 민족이라 아니할 수 없다.

왜냐하면 하나님이 가장 미워하시는 바벨탑 사건으로 인하여 모든 민족들이 징계를 받아 전 세계로 흩어지게 될 때에 당시의 모든 민족들이 크게 각성하고 교훈을 받았을 텐데, 특별히 애굽 사람들은 아프리카로 내려오자마자 매우 신속하게 자기 땅에다 바벨탑을 모방하여 이렇게 피라미드를 세웠다는 것은 매우 놀라운 일이다.

그리고 애굽 사람들이 피라미드나 미이라 같은 것들을 만든 긍극 적인 목적에 대해서 사실 우리가 깊이 생각하고 연구해본다면, 그것은 마치 인간이 하나님의 도움 없이도 살아갈 수 있다는 무신론적 인간 교만의 발상에서 나온 것일 뿐만 아니라 인간의 방법과 지혜로서 영원한 생명을 얻으려고 하는 유물론적 인간만세의 극치의 소산이라고 할 수가 있겠다.(이집트는 인류문명의 시원이라고 해도 과언이 아니다. 그리고 지금도 이집트에는 수천 년 전에 건축되었던 피라미드와 죽은 자들의 미이라가 잘 보존되어 있을 뿐만 아니라, 많은 고고학적 유물들을 유산으로 남겨놓고 있다.

특별히 이집트는 성경에서는 애굽이라고 불리우는데, 이 애굽은 이스라엘 민족과 불가분리의 관계 속에서 하나님의 역사와 섭리를 이루는 나라일 뿐만 아니라 신앙인들에게 있어서는 많은 교훈을 주고 있기도 하다.

특별히 그 중에서도 이스라엘 백성의 출애굽의 역사는 믿는 하나님의 백성들에게는 최고의 감동과 은혜를 주는 신앙의 본적지라고 할 수가 있겠다.)

그러므로 고고학자들이나 작금의 과학계에서도 피라미드나 미이라 같은 유물에 대해서 깊이 연구해 보면 대부분의 학자들이 혀를 내두르며 칭찬을 아끼지 않고 있는데, 특별히 그들의 고대문명의 눈부신 발전과 정교한 과학적 기술과 지식 때문이다.

이처럼 애굽 사람들은 저주받은 함의 자손으로서 더군다나 하나님의 선택과 은총을 덧입을 수 없는 민족과 백성들임에도 불구하고 여기에다가 설상가상으로 바벨탑 같은 피라미드와 영생불사 하는 미이라 같은 것들을 만들어 범죄 하였는데, 이 어찌 하나님의 진노와 심판을 면할 수가 있겠는가? (사실 피라미드나 미이라 같은 것들의 본질적인 의미는 인간이 하나님 없이도 살아갈 수 있다는 교만함과 망령됨을 상징하는 것이고 또한 인간 스스로가 죽음을 극복하고자 하는 패역한 짓이라 아니할 수 없다.)

그러므로 성경 상에서는 애굽은 항시 죄악 된 세상

을 상징하고 있을 뿐만 아니라 그 땅에서 사는 자들은 통치자인 바로를 비롯하여 그의 군대까지도 전부 사단 마귀의 나라와 그 세력으로 표현되고 있는 것이다.

특히 이스라엘 백성들의 출애굽 시 애굽의 바로 왕의 그 강퍅함과 교만함은 불신앙의 으뜸으로서 창세 이후로 인간이 경험하지 못할 하나님의 권능과 기적인 10대 재앙을 보고서도 하나님을 믿지 않았다는 것은 바로 애굽 사람들의 패역함을 단적으로 보여주는 것이라 할 수가 있겠다.

그러나 하나님은 애굽 사람들을 긍휼이 여기시고 은총을 베푸시기 원하시는데, **특별히 이 세상 끝 날에 이르러 이스라엘 땅에 예수님께서 재림하셔서 이 세상을 통치하실 천년왕국 때에는 애굽은 이스라엘 민족과 또한 북방에 있는 앗수르와 함께 세계 3대 복 받을 나라가 된다고 이사야서의 말씀을 통해서 예언하시면서 애굽을 가리켜 내 백성이라고 말씀하셨다.**

그리고 천년왕국시대에 애굽 땅 중앙에는 여호와의 제단이 있게 될 뿐만 아니라 애굽 백성들이 여호와를 알고 제물과 예물을 드리며 경배하게 될 것이라고 예언하셨다.

그리고 또한 애굽 땅에는 여호와의 이름으로 맹세한 다섯 성읍이 있게 될 뿐만 아니라,

가나안 방언, 곧 히브리말을 사용하게 될 것이라고

말씀 하셨다.(이처럼 애굽 사람들이 하나님의 미워하시는 패역한 일들도 저질렀지만 하나님께서는 궁극적으로는 애굽 백성들을 긍휼이 여기시고 돌보시는데,

아마 그렇게 하시는 이유는 모르긴 몰라도 당신의 출애굽의 역사를 이루실 때에 하나님의 언약 백성인 이스라엘 민족을 애굽 땅에서 430년 동안을 살게 하고 번성케 하신 일로 인하여 당신의 언약과 섭리 속에서 신세지고 빚을 진 것을 갚으시는 것이 아닌가 생각해 본다.

그리고 또한 먼 훗날에 아기 예수님도 애굽으로 내려가 헤롯왕의 칼날에서 피하게 된다는 사실이다.

이처럼 애굽은 하나님의 백성들을 보호하고 양육하는 나라라 할 수가 있겠다.

※ 예수께서 십자가 지시고 골고다 언덕에 오르실 때에 너무나 지쳐서 십자가에 치여 쓰러져서 갈 수 없는 것을 로마 군병이 강제로 구레네 사람 시몬에게 지게 한다. 특별히 하나님께서는 이 일도 기억하시고 구레네 사람 시몬의 자손들에게 또한 축복으로 갚으셨다.
이처럼 하나님께서는 자그마한 일이라도 당신을 위해서 힘쓴 일에 대해서는 결단코 잊지 않으시고 반드시 갚으시는 분이시다.)

사19:18-25 "그 날에 애굽 땅에 가나안 방언을 말하며 만군의 여호와를 가리켜 맹세하는 다섯 성읍이 있을 것이며 그 중 하나를 장망성이라 칭하리라
그 날에 애굽 땅 중앙에는 여호와를 위하여 제단이 있겠고 그 변경에는 여호와를 위하여 기둥이 있을 것이요 이것이 애굽 땅에서 만군의 여호와를 위하여 표적과 증거가 되리니 이는 그들이 그 압박하는 자의 연고로 여호와께 부르짖겠고 여호와

께서는 한 구원자, 보호자를 보내사 그들을 건지실 것임이라
여호와께서 자기를 애굽에 알게 하시리니 그 날에 애굽인이
여호와를 알고 제물과 예물을 그에게 드리고 경배할 것이요
여호와께 서원하고 그대로 행하리라 여호와께서 애굽을 치실
것이라도 치시고는 고치실 것인고로 그들이 여호와께로 돌아
올 것이라 여호와께서 그 간구함을 들으시고 그를 고쳐주시리
라 그 날에 애굽에서 앗수르로 통하는 대로가 있어 앗수르 사
람은 애굽으로 가겠고 애굽 사람은 앗수르로 갈 것이며 애굽
사람이 앗수르 사람과 함께 경배하리라
그 날에 이스라엘이 애굽과 앗수르로 더불어 셋이 세계 중에
복이 되리니 이는 만군의 여호와께서 복을 주어 가라사대 나
의 백성 애굽이여, 나의 손으로 지은 앗수르여, 나의 산업 이
스라엘이여, 복이 있을찌어다 하실 것임이니라"

자 그러면 애굽이 주의 재림 직전에는 어떤 나라로
쓰임 받겠는가?

애굽은 장차 아프리카 연합 체제의 맹주가 될 것이
다. 그리고 그 남방 세력의 힘을 이용하여 중동지방의
주도권을 놓고 패권을 다투게 될 때에 북방의 맹주인
이란과 수없는 전쟁을 치르게 되는데, 이 전쟁이 단11
장에 나오는 남방 왕 북방 왕의 전쟁인 것이다.

특히 애굽이 북방의 맹주인 이란과 다투는 이유 중
에 하나는 이슬람의 종교적 주도권 문제도 있는데,

누가 이슬람의 진정한 후계자인가? 하는 자존심을
건 싸움이고 또한 유구한 역사와 민족의 우월성에 대한
두 민족의 자긍심 또한 작용하게 되는 것이다.

그러나 단11장에 기록된 예언과 같이 남방 왕과 북
방 왕의 전쟁은 일전일퇴의 희비 속에서 궁극적으로는

남방의 세력이 북방의 세력에게 패하게 된다.

그 결과 남방의 세력들은 서방의 세력인 EU에게 도움을 요청하여 가까스로 그 명맥을 유지하고 서방세력의 일원이 된다.

나3:8-11 "네가 어찌 노아몬보다 낫겠느냐 그는 강들 사이에 있으므로 물이 둘렸으니 바다가 성루가 되었고 바다가 성벽이 되었으며 구스와 애굽이 그 힘이 되어 한이 없었고 붓과 루빔이 그의 돕는 자가 되었으나 그가 포로가 되어 사로잡혀 갔고 그 어린 아이들은 길 모퉁이 모퉁이에 메어침을 당하여 부서졌으며 그 존귀한 자들은 제비 뽑혀 나뉘었고 그 모든 대인은 사슬에 결박되었나니 너도 취한바 되어 숨으리라 너도 대적을 인하여 피난처를 찾아보리라"

겔30:3-5 "그 날이 가까왔도다 여호와의 날이 가까왔도다 구름의 날일 것이요 열국의 때이리로다
애굽에 칼이 임할 것이라 애굽에서 살륙 당한 자들이 엎드러질 때에 구스에 심한 근심이 있을 것이며 애굽의 무리가 옮기우며 그 기지가 헐릴 것이요 구스와 붓과 룻과 모든 섞인 백성과 굽과 및 동맹한 땅의 백성들이 그들과 함께 칼에 엎드러지리라"

※ 남방 세력인 아프리카도 유럽의 통합기구인 EU와 마찬가지로 아프리카 경제 공동체인 AEC와 아프리카 통일기구인 OAU를 통합하여 만들었다.

그러므로 이제 아프리카도 단일 정부와 경제공동체를 지향하는 가운데 있을 뿐만 아니라 장차 아프리카 연합제국의 의장국은 이집트가 될 것이고 또한 이집트를 좌우 양옆에서 날개가 되어 도울 나라가 리비아와 구스(에티오피아)가 될 것이다.

그리고 현재 에티오피아 아디스아바바에 통합기구의 본부를 두고 있다.(종말 기에 전 세계는 중동지방을 중심으로 4뿔 4대 강국의 연합체제로 묶이게 될 때에 아프리카도 애굽을 중심으로 리비아, 구스, 사우디아라비아가 도와서 남방세력의 한 축을 이룰 것인데,

이때에 석유의 부국인 사우디아라비아가 남방세력의 일원이 되는 것은 바로 북방의 미운 털인 이란 국 때문이다.

그러면 사우디아라비아가 이란 때문에 남방세력으로 들어가는 이유 중의 하나는 사실 종교적인 문제가 매우 큰 비중을 차지하고 있는데, 특히 이슬람 종교는 그 모체와 종주국이 사우디아라비아이다.

그런데 사실 이슬람권에서의 사우디아라비아의 위상은 종교적 성지순례나 이슬람의 신앙적인 모범 국으로서의 역할만 유지하고 있지, 이슬람권의 종교적, 정치적 영향력의 구심점은 되지 못하고 있다.

특히 그러한 역량과 힘을 가지고 있는 나라는 북방의 맹주인 이란인데, 이란은 이슬람의 종주국이 아니면서도 이슬람권을 좌지우지하려는 일에 대해서 사우디아라비아는 항시 곱지 않은 시선을 가지고 있었던 것이다.

그리고 거기에다 21세기에 들어와서도 아직도 절대군주제가 있는 나라는 세계에서도 유일하게 사우디아라비아밖에 없기 때문에 주변 다른 이슬람국가들하고도 활발한 교류를 가질 수가 없으므로 인하여 사우디아라비아 정치 자체가 폐쇄적이 될 수밖에 없는 것이다.

그래서 사우디아라비아는 다른 회교권 국가들로부터도 친밀하지 못한 가운데 있는 데에다 과격한 이란과 같은 나라들하고는 함께하고 협력하기가 여러 가지가 부담스럽고 꺼려져서 사우디아라바아는 남방세력에 편입하게 되는데, 이때에 사우디아라비아는 남방세력의 일원이 되고 또한 많은 재정적, 경제적 협조를 아끼지 않을 뿐만 아니라 유력한 스폰서가 된다.

※ 성경 상에서도 애굽을 위시해서 리비아, 구스가 항상 동맹국이 되어 함께 움직였는데,
그 동맹국 중에는 숩이라는 나라도 있다. 이 숩에 대해서는 성경학자들이 지금까지도 그 정체를 밝히지 못하고 있는데, 사실은 이 나라가 바로 고대에 사우디아라비아 지역의 한 나라였다는 사실이다.)

대하12:2-3 "저희가 여호와께 범죄하였으므로 르호보암왕 오년에 애굽 왕 시삭이 예루살렘을 치러 올라오니 저에게 병거가 일천 이백승이요 마병이 육만이며 애굽에서 좇아나온 무리 곧 리비아와 숩과 구스 사람이 불가승수라"

※ 특별히 이집트와 아프리카 연합체제인 남방의 세력은 종말 기에 이르러 단8장과 계9장의 4뿔의 역사와 단7장의 전쟁과 환난의 바람, 곧 4짐승의 역사가 나타날 때에, 세 번째로 등장하는 짐승인 표범제국이 바로 아프리카의 제국이며 또한 계6장의 4번째 청황색 말의 역사가 남방의 세력을 상징하고 있다.

자 그러면 표범제국에 대해서   단7:6절에서 "그 후
에 내가 또 본즉 다른 짐승 곧 표범과 같은 것이 있는
데 그 등에는 새의 날개 넷이 있고 그 짐승에게 또 머
리 넷이 있으며 또 권세를 받았으며" 라고 말씀하고 있
는데, 표범은 대게 더운 지방의 숲이 많이 우거진 곳에
서 몸을 숨기고 각기 암수 홀로 사는 사나운 맹수이다.
　특히 표범은 점과 줄무늬가 얼룩달룩하게 보호색으
로 위장하고 있어서 수풀 같은데 웅크리고 숨어있으면
찾아내기가 어렵다.

　이처럼 아프리카 땅은 바둑판처럼 일정하게 나누어
져 있어서 꼭 표범의 줄무늬와 같고 빗살무늬 토기와
같다. 그리고 아프리카 제국들은 전 세계에서 모든 면
에 있어서 뒤쳐져 있는 나라들로서, 이 세상에 그 영향
력을 발휘하지 못하고 잊혀진 대륙처럼 여겨졌었으나,
　종말 기에 이르러 마치 숲에 숨어있던 표범이 먹이
를 포착하고 숲에서 갑자기 튀어나오듯이 장차 남방 세
력인 아프리카 제국은 중동에 패권을 잡기 위해서 신속
하게 출몰하여 북방세력과 자웅을 겨루게 될 것이다.

　그리고 표범의 머리가 4개라고 하였다.
　그러면 그 4개의 머리는 무엇을 상징하는가? 그것은
바로 아프리카 대륙의 수장격인 애굽, 리비아, 구스, 사
우디아라비아가 되는 것이다.
　또한 날개가 4개가 된다고 했다.

이 의미는 매우 빠르고 신속하다는 의미이다.(종말 기에 이르러 네 뿔, 네 바람의 역사를 주관하는 존재들은 4생물로서 이 네 뿔, 네 바람은 그들의 권세를 나타내고 있다.

특히 뿔은 강력한 역사를, 바람은 빠르고 신속하다는 뜻인데 이처럼 종말의 역사는 창세 이후로 인간이 생각하거나 판단 할 수가 없을 정도로 순식간에 이루어지게 된다. 그러므로 종말 기에 이르러 하나님의 종들과 그 백성들은 항상 깨어있어야 될 뿐만 아니라 정신 차리지 않으면 망하게 된다는 사실이다. 그리고 이 4생물은 영적이고 은유적으로는 4계절과 동서사방을 상징하는데, 특히 단7장의 4바람이나 계6장의 4말의 역사는 마치 이 세상에 봄, 여름, 가을, 겨울이 있듯이 이 세상에 순차적으로 나타날 역사이고, 또한 마지막 때에 이르러 동시다발로 동서사방에서 나타날 역사라고 중국 편에서 설명하였다.

그래서 장차 순차적으로 4바람, 4짐승의 나라가 이 세상에 나타날 때에는 첫째 짐승 사자는 이슬람제국이고,

둘째 짐승 곰은 영국이고, 셋째 짐승 표범은 미국이 되고, 넷째 짐승 괴물은 EU가 된다고 했다.

이 부분에 대해서는 다음 기회에 상세한 해석을 하도록 하자.)

사30:6-7 "**남방 짐승에** 관한 경고라 사신들이 그 재물을 어린 나귀 등에 싣고 그 보물을 약대 제물 안장에 얹고 암사자와 수사자와 독사와 및 날아다니는 불뱀이 나오는 위험하고 곤고한 땅을 지나 자기에게 무익한 민족에게로 갔으나 애굽의 도움이 헛되고 무익하니라 그러므로 내가 애굽을 가만히 앉은 라합이라 일컬었느니라"

렘13:23 "구스인이 그 피부를, 표범이 그 반점을 변할 수 있느뇨 할 수 있을찐대 악에 익숙한 너희도 선을 행할 수 있으

리라"

합1:8 "그 말은 표범보다 빠르고 저녁 이리보다 사나우며 그 기
        병은 원방에서부터 빨리 달려오는 기병이라 마치 식물을
        움키려하는 독수리의 날음과 같으니라"
사18:1-2 "슬프다 구스의 강 건너편 날개치는 소리 나는 땅이
        여 갈대배를 물에 띄우고 그 사자를 수로로 보내며 이르기
        를 너희 경첩한 사자들아 너희는 강들이 흘러 나누인 나라
        로 가되 장대하고 준수한 백성 곧 시초부터 두려움이 되며
        강성하여 대적을 밟는 백성에게로 가라 하도다"

또한 아프리카는 계6장의 4번째 인을 뗄 때에 청황색 말을 상징하는데, 그러면 청황색 말의 역사에 대해서 더 상세히 알아보자.

계6:7-8절에서 "넷째 인을 떼실 때에 내가 넷째 생물의 음성을 들으니 가로되 오라 하기로 내가 보매 청황색 말이 나오는데 그 탄자의 이름은 사망이니 음부가 그 뒤를 따르더라 저희가 **땅 사분 일**의 권세를 얻어 검과 흉년과 사망과 땅의 짐승으로써 죽이더라" 라고 말씀하고 있는데, 이 뜻은 다음과 같다.

여기서 먼저 청황색은 얼룩달룩, 울긋불긋한 색깔로서, 표범의 가죽이나 아니면 더운 남방지역의 숲이 많이 우거져 여러 가지 나무나 꽃들, 그리고 식물들이 무성하고 화려하게 피어있는 모습으로 상징이 된다.

그리고 청황색은 여러 가지 혼합적인 의미와, 또한 그 정체를 알 수 없는, 이것도 아니고 저것도 아닌 상태를 의미하는 것이기도 하다.(특별히 아프리카 대륙은 수많은 열강들의 식민지로 지배 받았다가 독립했기 때문에

각 나라마다 지배했던 나라들의 영향을 받아서 여러 가지 색깔의 정치, 문화, 이념 등을 유산으로 물려받고 있는 것이 사실이다. 그러므로 아프리카도 북부, 중부, 남부, 동부, 서부 등의 여러 지역마다 정치, 이념, 문화의 차이가 많이 나므로 인하여 그것은 마치 청황색의 색깔과 같이 얼룩달룩하게 혼합되어 있어서 사실은 통합하기가 매우 쉽지 않은 것이다.)

또 이어서 8절의 말씀에 보자.
"탄자의 이름은 사망이니 음부가 그 뒤를 따르더라"

아프리카는 한마디로 죽음의 땅이라 부를 수가 있다.

"~ 그들이 땅 사분의 일의 권세를 얻어 검과 흉년과 사망과 땅의 짐승들로써 죽이더라"

위 말씀은 아프리카 대륙에 적용해도 무리가 없이 정확히 성취되고 있는 말씀이다.
'검', '전쟁', '내전', '흉년', '기근', '가뭄', '사망', '역병으로 죽음'의 땅이고 또한 **땅의 짐승**... 곧 아프리카의 정치 지도자들 중에는 짐승 같은 자들이 수두룩하다. 그리고 또한 "땅 사분의 일"이란 말은 곧 중동지방을 중심한 동서사방의 **4대제국가운데, 다시 말해서 4군데 지역 중 한 지역을 가리키는 것이다.**
이처럼 종말 기에 이르러 아프리카 지역은 청황색 말의 역사라 할 수가 있겠다.

 – 튀니지 편 –

아프리카 최북단에 있는 나라 튀니지에 대해서 말씀
해주시고, 장차 이 나라는 종말 기에 어떻게 쓰임 받게
됩니까? 말씀해주세요?

대답

튀니지는 고대 페니키아 인들이 지중해를 마치 자기
안방처럼 드나들듯이 하면서 세웠던 나라이다.

특별히 이 나라는 아프리카와 지중해 무역을 통해서
크게 번성했던 나라였다.

그러나 로마가 일어나면서 튀니지는 이 로마와 수차
례 전쟁을 치르는 가운데 패배하여 로마의 속주가 되고
말았다.

그 후에 튀니지는 다시는 힘을 쓰지 못하고 계속해
서 세계열강들에 의해서 지배당하다가 20세기에 들어
와서야 가까스로 독립하였다.(튀니지는 이슬람 국가이면
서도 터어키와 같이 모든 면에 있어서 개방적이며 온건한
노선에 속하는 나라로서 중동과 서양의 통로 역할을 잘 수
행하고 있다.

특히 튀니지는 친 서방 노선을 기조로 하여 EU와 가깝고
또한 아랍 권과의 연대도 돈독히 강화하고 있다.

그리고 마국과도 실질적 경제협력 증진을 도모하고 있다.

　　이처럼 튀니지는 아프리카의 변방에 있으면서도 실질적으로는 그들의 문화와 정치, 사회, 경제 등이 잘 발전되어 있을 뿐만 아니라 다른 폐쇄적인 이슬람 국가와 같지는 않다. 그러나 튀니지는 개방화 되어 있어서 마치 구라파의 일원이 된 나라라고 할 정도로 흡사하다. 그리고 지도상으로도 튀니지는 유럽에 가까이 붙어 있다.)

　　특별히 튀니지는 종말에 이르러 EU와 적그리스도 나라의 수하가 되어 아프리카를 통치하는 데에 발판과 가교 역할을 할 것인데, 그것은 마치 중동지방의 터어키와 같을 것이다.(로마제국 시대에도 지배를 받아 속주가 되었던 것처럼 종말 기에 이르러서도 재생로마인 EU에 속하게 될 것이다.

※ 적그리스도는 전 세계를 통합하고 통치를 용이하게 하기 위해서 각 지역마다 적그리스도의 수족이 되어 앞잡이 노릇할 나라들을 세운다.
　왜냐하면 세계의 수많은 나라들을 전부 적그리스도가 혼자서 관리하고 통제하며 통치하기가 어렵기 때문에 절대적으로 적그리스도에게 충성하고 복종하는 나라들을 임명하여 대신하게 한다.
　그래서 아프리카에는 튀니지가 앞잡이가 될 것이고 중동지방에서는 터어키가 적그리스도의 수족이 될 것이다.)

질문 10 - 독일 편 -

독일에 대해서 알고 싶습니다.

독일은 세계 1,2차 대전도 일으켰던 나라인데 종말에는 어떻게 쓰임 받겠습니까?

대답

독일은 유럽연합 내에서도 가장 힘 있는 나라로서 경제력, 과학기술 등 모든 면에 있어서 세계 제일의 나라다, 라고 말해도 조금도 손색이 없는 민족이다.

특히 독일 국민들의 근면성, 성실성은 세계에 있어서도 모든 나라가 본받을 만한 정신력을 가진 나라로서, 제1,2차 세계대전의 전쟁을 통해서 전국토가 잿더미가 되었음에도 불구하고 다시 재건하여 명실공히 세계 경제 GDP가 다섯 손가락 안에 드는 부자 나라가 되었다.

그러나 그들에게도 큰 과실이 있는데, 세계 1,2차 대전을 일으킨 나라로서 유럽과 세계에 엄청난 시련과 고통을 안겨주었고, 특히 2차 세계대전을 일으켰던 주범 히틀러는 인종청소를 지시해서 유태인을 비롯하여 1,700만 명을 학살하였다.

이처럼 독일인들은 긍정적인 측면에서는 세계 민족과 나라들에게 선도할 만한 정신과 가치관도 가지고 있지만, 부정적인 측면으로서는 사악하고 악마적인 야누스적 기질의 모습도 가지고 있다는 사실이다.(서양의 2

326

대 원류인 정신적 사고는 헬라, 헤브라이즘으로서 특히 헬라적 사고 체계는 독일에서 꽃을 피웠다고 볼 수 있는데,

독일은 인본주의를 바탕으로 이성과 합리주의에 기초하여 물질과 현실세계에 실증적, 과학적, 기계 기술적 발전에 대해서 큰 역사를 일으켰다고 볼 수가 있다.

한마디로 독일의 정신적 사고력에 있어서는 인간 이성과 인본주의에 있어서 가장 합리적인 모델의 나라라고 할 수가 있다.

그러나 이와 반면에 종교개혁을 일으켰던 루터나 또한 영적, 신앙적 부흥을 일으켰던 진젠도르프 백작 같은 사람도 독일에서 나왔다는 것이 의외의 일이기도 하다.)

특별히 독일은 마지막 때에 있어서 적그리스도의 나라 EU에 경제적으로나 정치적으로서 반드시 수장 격으로 쓰임 받게 될 것이다.(로마제국의 영광을 다시 한번 일으키고자 하는 열망 속에서 EU가 탄생되었는데,

특별히 EU의 나라가 수십 개가 되다 보니 하나의 국가가 된다는 것은 쉽지 않은 일이다.

그러나 독일을 위시해서 프랑스, 영국 등 EU국가 내에서도 정치적으로 힘이 있거나 경제적으로 부유하거나 또한 땅이 크고 국민들의 숫자가 많은 나라가 아무래도 EU에서 제 목소리를 내고 힘을 쓰게 되는데, 특별히 독일이 이 여러 나라 중에서 모든 면에 있어서 월등하기 때문에 EU에서는 실질적인 수장국가가 되는 것이다.)

그리고 독일은 본래 그 전신이 신성로마제국의 후예로서 그 정신과 가치관이 옛날 로마제국의 영광을 재현

하고자 하는 강렬한 야심 속에서 생겨난 국가라고 할
수가 있다.

그러므로 그러한 정신과 사상의 뿌리에서 히틀러 같
은 독재자가 출현했는지도 모른다.(이제 하나님의 종말의
역사를 마무리 짓기 위해서 예언된 말씀대로 적그리스도가
출현하게 되는데, 그 적그리스도는 옛날 로마제국의 영광을
재현하기 위해서 나타난 단7장의 바다에서 나온 4번째 짐승
인 공룡괴물 같은 나라에서 반드시 나온다.

특별히 바다는 지중해 권을 상징하는 바 그 지중해를 중
심으로 일어난 EU가 적그리스도의 왕국이 되는 것이다.)

이처럼 독일은 그 정신과 사상이 헬라 적 사고를 바
탕으로 가장 합리적이고 이성적인 인본주의 사고 속에
서 가장 인간적이고 현실적이며 유물론적인 사고에 기
초한 나라이다.

그러므로 독일민족은 이 세상에서는 특별히 번영하
고 성공할 수밖에 없는 특질을 가지고 있는 나라인 것
이다.

그렇기 때문에 세계대전을 2번이나 치루고 나서 전
국토가 폐허가 되고 쑥대밭이 되어도 오뚜기처럼 다시
일어날 수밖에 없는 힘을 가지고 있는데, 사실 그 연유
가 다 이와 같은 근본적인 사상과 배경 때문에 그렇다.

특별히 하나님께서는 종말 기에 이르러 독일을 강대
국이 되게 하시므로 1,2차 세계대전까지 일으키게 하셨
다. 그리고 잿더미 위에서 나라를 다시 일으켜 강대국

이 되게 하셨는데, 이것은 또한 독일이 제 3차 세계대전도 또다시 일으킬 수 있는 힘과 국력을 가지게 되었다는 사실이다.

사람도 강한 힘을 가지게 되면 그 힘을 쓰고자 할 것이고, 또한 부나 권력을 가지게 되면 반드시 남용하게 되고 부패나 타락이 반드시 오게 된다.

이처럼 나라와 민족도 그 국력이 신장되고 융성하게 되면 그 남아도는 힘을 선린이웃의 정신을 가지고 이웃나라와 공유하고 도와주어야 함에도 불구하고,

그 힘의 논리를 가지고 국제사회의 무법자가 되어서 약소국을 부당하게 괴롭혀온 일들에 대해서 우리는 역사를 통해서 수없이 보아왔다.

이처럼 독일민족은 그 국민의 사상과 가치관이 국수적인 면에 있어서는 뛰어나고 훌륭하지만, 또 다른 야누스적인 본성 면에 있어서는 약육강식의 논리를 가진 사나운 맹수와 같은 기질이 있어서 언젠가는 또다시 폭발하게 될 것이다.(작금에 독일은 2차 세계 대전에서 패한 후 강대국에 의해서 강제로 분할 점령된 다음에 독일의 군사력을 무장 해제시키고 많은 부분에 있어서 여러 가지 법령이나 국제조약으로 제재하게 하여 다시는 독일이 사나운 맹수와 같이 일어나지 못하도록 만들었을 뿐만 아니라 또다시 세계를 흔들 수 없도록 하였으나, 그러나 이제는 EU라고 하는 거대한 통일제국을 통하여 그 본색을 또다시 드러내게 될 것이다.

특별히 이일에 사단마귀가 독일민족을 이용하게 될 것이고, 독일민족은 자기도 모르는 사이에 과거처럼 똑같은 함정에 또다시 빠지게 된다.

이처럼 사람의 본성이나 한 나라의 국민성을 개과천선 시킨다는 것은 매우 어려운 것이 사실이다.)

그리고 가장 중요한 비밀을 하나 밝히려고 한다. 그것은 다름이 아니라 바로 적그리스도의 나라,

EU연합국의 수장이기도 한 독일에서 장차 적그리스도가 나오게 될 것이다.

앞으로 나타날 적그리스도는 마치 히틀러같이 교활하며 지혜롭고 또한 뛰어난 웅변술을 가지고 있으며, 그리고 사람들을 자기 마음대로 조종하고 움직일 수 있는 신비한 매력을 가진 가장 인본 적이고 가장 현실적인 자가 독일에서 나온다.

바로 이 자가 다니엘서에 나오는 작은 뿔이며, 불법의 사람, 자기를 가리켜 하나님이라고 참칭하는 자인데, 이자는 그 성정이 옛날 느부갓네살 왕 같고 또한 헤롯임금, 네로 황제와 같은 자로서 장차 온 세상을 정복할 것이고 또한 수많은 나라들을 짓밟을 것이다.

그리고 인정사정이라고 하는 것은 조금도 없을 뿐만 아니라 눈 하나 깜빡거리지 아니하고 수많은 사람들을 살해하고도 양심의 가책이라고는 눈꼽만큼도 찾아볼 수 없는 인면수심의 강포한 짐승 같은 자이다.(독일은 이세상 나라에서는 성공할 수밖에 없는 정신과 가치관을 가지고

있다.

그러나 이 세상에서 잘 되고 성공할 수 있다는 것은 사실 신앙적으로나 영적인 면으로서는 바람직하지 못하다.

그러므로 사도요한도 요1서2:15-17절에서
"이 세상이나 세상에 있는 것들을 사랑치 말라 누구든지 세상을 사랑하면 아버지의 사랑이 그 속에 있지 아니하니 이는 세상에 있는 모든 것이 육신의 정욕과 안목의 정욕과 이생의 자랑이니 다 아버지께로 좇아 온 것이 아니요 세상으로 좇아 온 것이라 이 세상도, 그 정욕도 지나가되 오직 하나님의 뜻을 행하는 이는 영원히 거하느니라"
이 세상을 사랑하면 하나님의 사랑이 우리 안에 거할 수가 없다고 하였고,

야고보기자는 약4:4에서
"간음하는 여자들이여 세상과 벗된 것이 하나님의 원수임을 알지 못하느뇨 그런즉 누구든지 세상과 벗이 되고자 하는 자는 스스로 하나님과 원수되게 하는 것이니라"
세상과 벗된 것이 하나님과 원수가 된다고 하였다.
이처럼 독일은 인본적으로, 물질적으로, 현실적으로 이세상의 주관자인 사단마귀와 합치될 수밖에 없는 유물론적 정신과 사상의 바탕을 가지고 있는 나라이다.(칸트, 헤겔, 막스 등등 수많은 철학자등을 배출한 나라이다.)

※ 인도는 종교적으로, 신비적으로 사단마귀와 합치될 수밖에 없는 바탕을 가지고 있는 나라이기 때문에 거짓선지자가 나온다. 이처럼 하나님이시거나, 사단마귀이거나 이

땅에서 일하려면 반드시 마음에 합한 사람이나 국가를 만나야 하는데, 사단마귀가 이 세상을 장악하고 있는 가운데 있어서, 독일민족은 사단마귀와 함께 일할 수 있는 가장 합당한 나라인 것이다.

※ 예수님의 12제자 중에 가롯 유다는 사단마귀가 그 마음에 들어갈 수밖에 없는 악성을 가졌기에 결국은 사단마귀의 도구가 된 것이다.)

특별히 적그리스도는 자기의 정체를 은밀히 감추고 때가 오기만을 기다리고 있는데,

현재에 있어서는 EU에 정치적으로 유명하거나 드러난 사람이 아닐 뿐만 아니라 EU의 국민들도 전혀 예상하지 못할 사람이다.

그러나 그는 EU에서도 큰 힘을 가지고 있는 나라 독일에서 반드시 나오게 될 것이다.

그러면 구체적으로 그 자가 누구인가? 중국의 모택동은 "권력은 총구에서 나온다."고 하였다.

그러므로 이 자는 아마 EU의 군사령관이나 EU의 실질적인 무력을 가진 자로서 언제든지 자기 마음대로 그 힘을 바로 사용할 수 있는 군대의 수장일 것이다.(적그리스도는 독일과 아울러 EU에서도 영향력을 순식간에 펼칠 수 있는 실질적인 무력을 가진 자이다.)

바로 이러한 자가 은밀히 야심을 숨기고 있다가 EU의 대표적인 10개국의 10명의 왕들 중 3명을 먼저 복종시키고 나머지 7명도 설득시켜서 수하를 삼아,

그 EU를 대표한 10명의 왕들의 지지를 받아 EU를 자기 수중으로 집어삼킬 것이다.

그래서 단7:7-8에

"내가 밤 이상 가운데 그 다음에 본 네째 짐승은 무섭고 놀라우며 또 극히 강하며 또 큰 철 이가 있어서 먹고 부숴뜨리고 그 나머지를 발로 밟았으며 이 짐승은 전의 모든 짐승과 다르고 또 열 뿔이 있으므로 내가 그 뿔을 유심히 보는 중 다른 작은 뿔이 그 사이에서 나더니 먼저 뿔 중에 셋이 그 앞에 뿌리까지 뽑혔으며 이 작은 뿔에는 사람의 눈 같은 눈이 있고 또 입이 있어 큰 말을 하였느니라"

말씀을 단7:23-25절

"모신 자가 이처럼 이르되 네째 짐승은 곧 땅의 네째 나라인데 이는 모든 나라보다 달라서 천하를 삼키고 밟아 부숴뜨릴 것이며 그 열 뿔은 이 나라에서 일어날 열 왕이요 그 후에 또 하나가 일어나리니 그는 먼저 있던 자들과 다르고 또 세 왕을 복종시킬 것이며 그가 장차 말로 지극히 높으신 자를 대적하며 또 지극히 높으신 자의 성도를 괴롭게 할 것이며 그가 또 때와 법을 변개코자 할 것이며 성도는 그의 손에 붙인바 되어 한 때와 두 때와 반 때를 지내리라"

라고 해석하고 있는데, 이 작은 뿔은 EU의 대표적인 10개국의 10명의 왕들 중의 한 사람이 아니고 전혀 예상 밖의 인물이라는 것이다.

뿐만 아니라 또한 단8:8-12절의

"수염소가 스스로 심히 강대하여 가더니 강성할 때에 그 큰 뿔이 꺾이고 그 대신에 현저한 뿔 넷이 하늘 사방을 향하여 났더라 그 중 한 뿔에서 또 작은 뿔 하나가 나서 남편과 동편과 또 영화로운 땅을 향하여 심히 커지더니 그것이 하늘 군대에 미칠 만큼 커져서 그 군대와 별 중에 몇을 땅에 떨어뜨리고 그것을 짓밟고 또 스스로 높아져서 군대의 주재를 대적하며 그에게 매일 드리는 제사를 제하여 버렸고 그의 성소를 헐었으며 범죄 함을 인하여 백성과 매일 드리는 제사가 그것에게 붙인바 되었고 그것이 또 진리를 땅에 던지며 자의로 행하여 형통 하였더라"

말씀을 단8:23-25절

"이 네 나라 마지막 때에 패역 자들이 가득할 즈음에 한 왕이 일어나리니 그 얼굴은 엄장하며 궤휼에 능하며 그 권세가 강할 것이나 자기의 힘으로 말미암은 것이 아니며 그가 장차 비상하게 파괴를 행하고 자의로 행하여 형통하며 강한 자들과 거룩한 백성을 멸하리라 그가 꾀를 베풀어 제 손으로 궤휼을 이루고 마음에 스스로 큰체하며 또 평화한 때에 많은 무리를 멸하며 또 스스로 서서 만왕의 왕을 대적할 것이나 그가 사람의 손을 말미암지 않고 깨어지리라"

라고 해석하고 있는데, 수 염소의 제국이 무너지고 동서사방의 4뿔인 4대강국이 일어날 때 이 4대 강국 중의 한나라에서 작은 뿔이 일어나 세계를 지배할 것을 말씀하고 있는 것이다.

이처럼 독일은 이 세상에서 가장 합리적이고 현실적이며 인본적인 나라로서, 사단마귀가 종말에 이르러 세상 가운데에서 자기의 뜻을 펼칠 수 있는 나라로 선정하게 된다. 그리고 또한 이 나라 백성 가운데에서 한사람을 선택하여 적그리스도를 세우게 된다.

그러므로 이러한 일을 이루기 위해서 사단마귀도 무엇이든지 심는 대로 거두는 법칙의 일환으로서 사악한 씨를 독일제국에다가 심어서 세계전쟁을 2번이나 일으키게 하였던 것이고, 또한 적그리스도를 예표 할 인물인 히틀러를 출현하게 하였던 것이다.(히틀러가 독일제국에서 나타난 것은 바로 독일의 근본적인 사상과 가치관에서 나온 독일민족의 결산이며 총아인 것이고, 독일나라가 해산한 아들인 것이다.
그리고 독일민족은 1,2차 세계대전을 통하여 저지른 만행으로 얼마나 많은 사람들을 죽였는가? 특히 2차 세계대전 때만 해도 4천만 명이나 되는 사람이 죽었는데 이 얼마나 큰 죄악이고 범죄인가?

사실 우리가 성경을 통해서도 여러 가지를 깨닫게 되지만, 아! 글쎄 카인이 수많은 사람을 죽인 것도 아니고 단지

동생 아벨 한사람을 죽인 걸 가지고도 그 땅에서 죽은 자의 피소리가 울부짖는다고 하였다.

카인은 그 후 땅까지 저주를 받아 방랑하는 나그네가 되었는데, 하물며 수천만 명을 죽인 독일제국은 그 죽은 사람들의 피와 그 죽은 영혼들의 망령이 원통하고 억울하다고 울부짖으며 그 원한을 갚아달라고 외치는 소리가 독일제국을 떠나지 않고 있는 것이다.

그러므로 하나님의 심은 대로 거두는 법칙에 따라 이 세상 누구든지 다 보응을 받을 수밖에 없는데, 개인이든 자연이든 국가이든 예외라고 하는 것은 있을 수가 없다.

그러므로 독일제국은 자기들이 자각하지 못하는 사이에 과거에 일으켰던 1,2차 세계대전 같은 전쟁을 또다시 발발시키는 주범이 될 것이고, 이에 히틀러 같은 전쟁광 적그리스도를 또다시 나오게 할 것이다.

그리고 이 일에는 온 세계를 다스리시는 하나님의 공의의 법에 따라 사단마귀에게 권세를 허락하심으로 사단마귀가 독일제국을 수중에 넣고 조종하게 될 것이다.

참으로 우리는 이러한 일들을 보면서 자업자득이란 말과 함께 복수는 복수를 부르고 피는 피를 부른다.

그리고 더러운 곳에는 파리가 끼고, 쓰레기 같은 오물들이 있는 곳에는 반드시 쥐가 모여들 수밖에 없다는 사실을 새삼 깨닫게 된다.)

이제 장차 나타날 적그리스도는 히틀러와 같이 온 세계를 전쟁의 소용돌이로 빠지게 할 것이고,

또한 수많은 사람들을 죽이면서도 그것을 자랑으로

여기고 기념하며 자기를 가리켜 하나님이라 선포하고 모든 민족들에게 자기를 숭배할 것을 강요하게 되는데, 그것은 마치 과거에 히틀러가 자기가 통치했던 나라를 제 3제국이라고 명명하였던 것과 같이 적그리스도도 장차 히틀러와 똑같이 행할 것이다.(과거에 제3제국과 히틀러를 통하여 수없는 핍박과 죽음과 환난의 고통을 당했던 사건들은 장차 똑같이 마지막 때에 이 세상에 다시 나타날 대환난의 예표인 것이다.)

그러므로 장차 EU는 독일에서 나올 짐승 같은 자 적그리스도가 지배하게 될 것이다.(모든 만유 속에는 씨를 심으면 심은 대로 거두는 법칙이 운용되게 하신 것이 하나님이 세우신 원칙이다.

특히 독일은 그러한 면에서 이 세상에 수많은 나라와 민족들에게 큰 고통과 아픔을 심었다. 그래서 종말 기에 이르러 전 세계 사람들에게 큰 고통과 아픔을 줄자가 또다시 나오게 되는데 바로 그 자는 독일의 국민이면서도 또한 아이러니칼하게도 유태인의 혈통을 가진 자이다.

특별히 독일의 히틀러가 유대인들이라면 극도로 미워하여 유럽에 유대인들을 모조리 없애기 위해서 600만명이나 죽였는데, 그 유대인의 혈통을 가진 자가 공교롭게도 독일에서 나타나 전 세계를 지배하게 될 것이다.

참으로 무서운 일이다. "사람이 무엇으로 심든지 그대로 거둔다"는 성경말씀이 그대로 성취되는 사건이다.

그러므로 우리는 이 세상사는 동안에 선한 것들을 심어야 한다. 그러나 만일 그렇지 않고 도리어 악을 심는다면 반드

시 악을 거두게 되는데, 우리는 앞서 살펴본 대로 독일나라
를 통해서 큰 교훈을 얻게 되는 것이다.

　아무런 까닭 없이 수많은 유대인들을 죽여서 독일 땅에
뿌려졌던 그 피가 또다시 망령으로 되살아나 수많은 독일인
들을 멸망의 구렁텅이로 빠지게 하는 원흉이 될 것이다. 그
러므로 그 피 흘린 죄가 어디로 가겠는가?)

※ 유대인들은 나라를 잃고 전 세계를 수천 년간 유
랑하면서 수많은 고통과 아픔, 그리고 시련을 당
할 때에 나라가 없는 설음을 비롯하여 전 세계 사
람들에게 조롱과 핍박, 환난과 죽음을 이루 말 할
수없이 당하였다.

그 때에 저들은 그 마음과 가슴에 씻을 수없는 상
처와 아픔이 한 맺힘이 되고 쓴 뿌리가 되어, 나
중에는 독기가 생겨서, 우리 유대민족은 이제부터
라도 늦지 않았다!

우리가 똘똘 뭉치고 단합하여 그 힘을 길러야 하
며 또한 강한 민족이 되어야 하겠다.

그리고 또한 우리 민족이 강대국들에 의해서 좌지
우지 되지 않는 나라가 되어야 하는데, 그렇게 되
기 위해서는 우리가 어떻게 해야 할 것인가?

이에 유대민족은 이를 악물고 결심하여 세계에서
가장 강하고 위대한 민족이 되기 위해서 몸부림쳐
왔던 것이다.

그러므로 그들이 그렇게 노력한 결과 세계를 움직이는 보이지 않는 손이 되었고, 또한 노벨상 같은 것들은 다 휩쓸었던 것이다.

또한 그들은 세계를 유랑하는 중에 터득한 것이 있는데, 그것은 다름 아닌 돈과 물질의 힘이 이 세상에서는 가장 중요하다는 것을 깨닫고 그들은 수단과 방법을 가리지 않고 돈을 모아,

작금에 이르러서는 그들이 모든 금융권과 세계 경제계를 주물럭거리게 되었던 것이다.

그리고 이에 한걸음 더 나아가 세계 정치에도 관여하여 유대나라를 세계에서 아주 힘 있게 그 위상을 세워가고 있을 뿐만 아니라 현재 얼마 안 되는 땅덩어리와 또한 숫자도 얼마 되지 않는 국민들이 아랍의 수억만의 사람들과 대치하고 있으면서도 당당하게 버티고 있는 것이다.

그리고 그들은 자기들의 신앙과 자국민들의 정신력이 세계 어느 민족보다도 더 뛰어나다고 판단하면서 자기들의 우월성에 대해서 큰 자부심을 가지고 있는 것이 사실이다.

그러면서 그들은 또 생각하기를 차라리 세계를 유대인에 의해서 지배하는 것이 더 낫겠다.

만일 그렇게 된다면 세계는 위대한 역사를 이루게

될 것이다 라고 생각하고 유대인들의 뛰어난 두뇌
들이 모두 모여 세계를 정복하기 위해서 만들어낸
음모의 내용이 시온의정서라는 것이다.

특별히 이 시온의정서의 내용을 보면 이 세계를
지배하고자 하는 구체적인 유대인들의 계획과 야
심들이 고스란히 나타나 있는데, 만일 그들에 의
해서 세계를 지배하게 된다면 그들은 성경 신28장
에 기록된 말씀과 같이 유대인들이 세계 모든 민
족위에 뛰어나게 될 뿐만 아니라,
머리가 되고 꼬리가 되지 않는다는 말씀 속에서
세계 어느 나라에서든지 존경받고 우대받는 민족
이 될 것이다 라고 생각하면서 이제는 또다시 지
난 날처럼 전 세계를 방랑하거나 유랑하지 않고
홀대받지 않는 민족이 될 것이라는 희망 속에서
음모와 모략을 꾸며온 것이다.
그리고 유대인들은 또한 그 시온의정서의 내용을
구체적으로 실현하기 위해서 프리메이슨 같은 어
용조직을 만들어 세계를 지배하기 위해 야심을 펼
쳐가고 있는 중에 그들은 더 큰 욕망을 가지게 되
었다.
특별히 그것은 다음과 같은 것인데, 진정 유대인
들이 세계를 지배하기 위해서는 세계 대왕까지도
유대인이 되어야 한다는 야심 속에서 그들은 음모

를 꾸미게 되었는데, 그것이 바로 유럽연합제국 EU에다가 유대인의 혈통 가진 자를 심어서 장차 유대인이 EU의 대통령이 되게 하는 일이었다.
그래서 그들은 은밀히 세계 정복의 야욕을 실현하기 위해서 온갖 방법을 다 동원하게 되는데,
그 때에 유럽의 금융의 황제, 유대인 로스차일드가도 이 유대인의 음모를 실현시키기 위해서 모든 재정적인 뒷받침을 다 해주게 된다.

또한 유대인의 시온의정서를 실현시키기 위해서 은밀히 조직된 프리메이슨은 이제 그 세력이 점점 더 커져서 현재 미국과 유럽을 서서히 지배해가고 있다. 그리고 이 보이지 않는 암흑의 세력이 이 세상을 유대인의 세상으로 만들어가기 위해서 힘을 쓰고 있는 것이다.
그리고 그들이 세워놓은 이상의 세계 곧 신세계의 질서를 이루기 위해서 전 세계를 은밀히 정복해갈 때에 특별히 유대인들이 전 세계 사람들에게 수없는 아픔과 고통을 당한 독기를 이제는 전 세계 민족들에게 다시 되돌려주는 앙갚음을 하게 되는 것이다.
그러나 이러한 유대인의 음모는 이스라엘 나라의 대다수 국민들은 잘 알지 못하는 일이다.
 하지만 이제 그들의 음모가 구체화되고 그 세력

이 매우 커져서 미국과 유럽의 정치계, 경제계, 문화, 과학, 기술 등 모든 분야에까지 그들의 수중에 넘어가고 있을 뿐만 아니라, 이제는 점점 더 모든 나라에게까지 그 손길을 뻗쳐나가고 있는 실정이다. 그러므로 작금에 이르러서는 프리메이슨이나 시온의정서 같은 내용들에 대해서는 이제 그들의 두드러진 활동으로 인하여 전 세계 사람들 중에서도 알만 한 사람은 다 알게 되는 상태에 이르게 된 것이다.

그리고 사실 이러한 악한 음모와 불법의 비밀조직들은 세계 어느 나라에서든지 종종 있어 왔지만, 작금에 나타난 이 음모들은 그 뒷 배후에는 무서운 사단마귀의 퀘계와 역사 속에서 이루어지고 있다는 것을 우리가 분명히 깨달아야 하겠다.

왜냐하면 이 음모는 궁극적으로 사단마귀가 이 세상의 지배를 가속화시키기 위한 불법의 비밀이기 때문이다.

살후2:3-8 "누가 아무렇게 하여도 너희가 미혹하지 말라 먼저 배도하는 일이 있고 저 불법의 사람 곧 멸망의 아들이 나타나기 전에는 이르지 아니하리니 저는 대적하는 자라 범사에 일컫는 하나님이나 숭배함을 받는 자 위에 뛰어나 자존하여 하나님 성전에 앉아 자기를 보여 하나님이라 하느니라
내가 너희와 함께 있을 때에 이 일을 너희에게 말한 것을 기억하지 못하느냐 저로 하여금 저의 때에 나타나게

하려 하여 막는 것을 지금도 너희가 아나니 불법의 비밀
이 이미 활동하였으나 지금 막는 자가 있어 그 중에서
옮길 때까지 하리라 그 때에 불법한 자가 나타나리니 주
예수께서 그 입의 기운으로 저를 죽이시고 강림하여 나
타나심으로 폐하시리라"

※ 참으로 하나님의 역사는 기이하다. 타락한
인류를 구원하시기 위해서 하나님께서 직접
인간의 몸을 입으시고 유대나라의 백성으로
오셔서 구세주가 되었다.
그러나 마지막 때에 이르러 종말을 완성하
기 위해서 사단마귀에게도 그 권세를 허락
하실 때에 그 사단마귀가 인간의 몸속에 들
어가 이 세계를 파멸시키기 위해서 적그리
스도로 나타나는데, 그 역시 유대인의 몸을
빌려서 오게 된다는 사실이다.

구원도 유대인이고 멸망과 심판도 유대인을
통해서 이루어지니, 굳이 시온의정서를 만들
지 않아도 이미 하나님께서는 세계를 구원
하고 심판하시기 위해서 구약시대 아브라함
으로부터 신약의 예수님 그리고 종말의 역
사를 완성할 일까지도 유대나라와 유대인들
을 통해서 시작과 끝을 맺으신다는 사실이
다.

※ 특히 육적 유대인들은 그 눈이 가려져서 그들이 날마다 달달 봉사처럼 암기하였고 또한 그토록 사모하고 소망하였던 그 말씀의 실체가 유대백성들 가운데 오셨지만, 그들은 결국 구세주를 알아보지 못하고 주님을 십자가에 못 박았다.

빌3:7-21 "그러나 무엇이든지 내게 유익하던 것을 내가 그리스도를 위하여 다 해로 여길뿐더러 또한 모든 것을 해로 여김은 내 주 그리스도 예수를 아는 지식이 가장 고상함을 인함이라 내가 그를 위하여 모든 것을 잃어버리고 배설물로 여김은 그리스도를 얻고 그 안에서 발견되려 함이니 내가 가진 의는 율법에서 난 것이 아니요 오직 그리스도를 믿음으로 말미암은 것이니 곧 믿음으로 하나님께로서 난 의라

내가 그리스도와 그 부활의 권능과 그 고난에 참예함을 알려하여 그의 죽으심을 본받아 어찌하든지 죽은 자 가운데서 부활에 이르려 하노니 내가 이미 얻었다 함도 아니요 온전히 이루었다 함도 아니라 오직 내가 그리스도 예수께 잡힌바 된 그것을 잡으려고 좇아가노라

형제들아 나는 아직 내가 잡은 줄로 여기지 아니하고 오직 한 일 즉 뒤에 있는 것은 잊어버리고 앞에 있는 것을 잡으려고 푯대를 향하여 그리스도 예수 안에서 하나님이 위에서 부르신 부름의 상을 위하여 좇아가노라

그러므로 누구든지 우리 온전히 이룬 자들은 이렇

게 생각할찌니 만일 무슨 일에 너희가 달리 생각하
면 하나님이 이것도 너희에게 나타내시리라 오직
우리가 어디까지 이르렀든지 그대로 행할 것이라
형제들아 너희는 함께 나를 본받으라 또 우리로 본
을 삼은 것 같이 그대로 행하는 자들을 보이라 내
가 여러 번 너희에게 말하였거니와 이제도 눈물을
흘리며 말하노니 여러 사람들이 그리스도 십자가의
원수로 행하느니라
저희의 마침은 멸망이요 저희의 신은 배요 그 영광
은 저희의 부끄러움에 있고 땅의 일을 생각하는 자
라 오직 우리의 시민권은 하늘에 있는지라 거기로
서 구원하는 자 곧 주 예수 그리스도를 기다리노니
그가 만물을 자기에게 복종케 하실 수 있는 자의
역사로 우리의 낮은 몸을 자기 영광의 몸의 형체와
같이 변케 하시리라”

그러면 유대인들이 왜 주님을 알아보지 못하였는
가? 그것은 하나님의 깊은 섭리와 경륜이기도 하
지만 당시에 유대인들은 영적이고 내적인 신령한
눈이 가려져서 주님을 알아보지 못한 것이다.
그들의 신앙적 관점은 육신적, 물질적, 가시적, 현
실적인 가치관 속에서 이 세상에다가 영광과 소망
을 두었기 때문이다.
그러므로 신약시대의 성도들도 마찬가지로 옛날
당시의 육적 이스라엘들처럼 만일 이 세상에다가
영광과 소망에 목적을 두고 신앙생활을 하게 된다

면 반드시 그 신앙생활은 실패하게 될 뿐만 아니
라 또한 그것은 진정 참된 신앙생활이라 할 수가
없는 것이다.

롬8:5-14 "육신을 좇는 자는 육신의 일을, 영을 좇는 자는
　　　　영의 일을 생각하나니 육신의 생각은 사망이요 영의 생
　　　　각은 생명과 평안이니라
　　　　육신의 생각은 하나님과 원수가 되나니 이는 하나님의
　　　　법에 굴복치 아니할 뿐 아니라 할 수도 없음이라 육신에
　　　　있는 자들은 하나님을 기쁘시게 할 수 없느니라
　　　　만일 너희 속에 하나님의 영이 거하시면 너희가 육신에
　　　　있지 아니하고 영에 있나니 누구든지 그리스도의 영이
　　　　없으면 그리스도의 사람이 아니라 또 그리스도께서 너희
　　　　안에 계시면 몸은 죄로 인하여 죽은 것이나 영은 의를
　　　　인하여 산 것이니라
　　　　예수를 죽은 자 가운데서 살리신 이의 영이 너희 안에
　　　　거하시면 그리스도 예수를 죽은 자 가운데서 살리신 이
　　　　가 너희 안에 거하시는 그의 영으로 말미암아 너희 죽을
　　　　몸도 살리시리라
　　　　그러므로 형제들아 우리가 빚진 자로되 육신에게 져서
　　　　육신대로 살 것이 아니니라 너희가 육신대로 살면 반드
　　　　시 죽을 것이로되 영으로써 몸의 행실을 죽이면 살리니
　　　　무릇 하나님의 영으로 인도함을 받는 그들은 곧 하나님
　　　　의 아들이라"
고후4:16-18 "그러므로 우리가 낙심하지 아니하노니 겉 사
　　　　람은 후패하나 우리의 속은 날로 새롭도다
　　　　우리의 잠시 받는 환난의 경한 것이 지극히 크고 영원한
　　　　영광의 중한 것을 우리에게 이루게 함이니 우리의 돌아
　　　　보는 것은 보이는 것이 아니요 보이지 않는 것이니 보이
　　　　는 것은 잠간이요 보이지 않는 것은 영원함이니라"

346

그러므로 작금에 크리스챤들은 독일민족이나 육적 이스라엘 백성들처럼 이 세상과 보이는 가시적인 세계나 육적, 물질적 생활을 더 중요시하고 쫓아 가는 신앙생활이 돼서는 안 되겠다. 그러나 만일 그렇게 되지 못한다면 말세에 이르러 신앙생활에 있어서 반드시 실패하게 될 뿐만 아니라 도리어 사단마귀의 지배하에 들어가게 될 수 있다는 사실 이다.

마16:21-28 "이때로부터 예수 그리스도께서 자기가 예루살
렘에 올라가 장로들과 대제사장들과 서기관들에게 많은
고난을 받고 죽임을 당하고 제 삼일에 살아나야 할 것을
제자들에게 비로소 가르치시니 베드로가 예수를 붙들고
간하여 가로되 주여 그리 마옵소서 이 일이 결코 주에게
미치지 아니하리이다
예수께서 돌이키시며 베드로에게 이르시되 사단아 내 뒤
로 물러 가라 너는 나를 넘어지게 하는 자로다 네가 하
나님의 일을 생각지 아니하고 도리어 사람의 일을 생각
하는도다 하시고
이에 예수께서 제자들에게 이르시되 아무든지 나를 따라
오려거든 자기를 부인하고 자기 십자가를 지고 나를 좇
을 것이니라 누구든지 제 목숨을 구원코자 하면 잃을 것
이요 누구든지 나를 위하여 제 목숨을 잃으면 찾으리라
사람이 만일 온 천하를 얻고도 제 목숨을 잃으면 무엇이
유익하리요 사람이 무엇을 주고 제 목숨을 바꾸겠느냐
인자가 아버지의 영광으로 그 천사들과 함께 오리니 그
때에 각 사람의 행한대로 갚으리라
진실로 너희에게 이르노니 여기 섰는 사람 중에 죽기 전

에 인자가 그 왕권을 가지고 오는 것을 볼 자들도 있느
니라"

이제 **마지막 때가 다 되어가고 있는 이때에 주님
을 사모하고 기다리는 하나님의 백성들은 이세상
과 땅의 것들을 소망하지 말고 천국과 영원한 것
들을 사모하자.**

그러나 만일 그렇지 못할 때에는 그들은 살았다고
하나 죽은 자이고 또한 주님과는 상관없는 자들이
될 뿐만 아니라, 도리어 주님과 원수가 되어 주님
을 십자가에 못 박고 또한 사도들과 주의 성도들
을 핍박하였던 유대인들과 같이 사단의 도구나 사
단의 회가 될 수 있다는 사실이다.(우리가 하나님과
예수를 믿어도 만일 그 궁극적인 소망을 이 세상과 땅
에다 둔다면 유대민족이나 독일민족과 같이 사단마귀
에게 속하게 될 것이다.)

빌3:3-4 "하나님의 성령으로 봉사하며 그리스도 예수로 자랑
  하고 육체를 신뢰하지 아니하는 우리가 곧 할례당이라
  그러나 나도 육체를 신뢰할만하니 만일 누구든지 다른
  이가 육체를 신뢰할 것이 있는 줄로 생각하면 나는 더욱
  그러하리니"
계2:9 "내가 네 환난과 궁핍을 아노니 실상은 네가 부요한
  자니라 자칭 유대인이라 하는 자들의 훼방도 아노니 실
  상은 유대인이 아니요 사단의 회라"

참으로 독일민족이나 육적 유대민족이나 신기루

같은 이세상의 영광을 구하다가 하나님과 원수가 되었으나, 하나님께서는 아브라함의 언약을 기억하시고 종말 기에 이르러 하나님의 성령인 늦은 비의 역사를 육적 유대인들에게 부어주심으로 인하여 유대인들은 회심하게 되고 그들은 또다시 하나님의 백성으로 돌아오게 된다. 그러므로 우리는 오직 하나님만이 우리 인생들의 생명이고 기업이며 영광이라는 사실을 바로 알고 깨닫자.

> 골3:1-4 "그러므로 너희가 그리스도와 함께 다시 살리심을 받았으면 위엣 것을 찾으라 거기는 그리스도께서 하나님 우편에 앉아 계시느니라
> 위엣 것을 생각하고 땅엣 것을 생각지 말라 이는 너희가 죽었고 너희 생명이 그리스도와 함께 하나님 안에 감취었음이니라
> 우리 생명이신 그리스도께서 나타나실 그 때에 너희도 그와 함께 영광 중에 나타나리라"

※ 유럽 대륙은 장차 큰 홍수와 강물의 범람으로 도시들과 들판들이 물에 잠길 때가 많을 것인데, 특별히 그것은 기후 변동의 이상으로 비가 많이 와서도 그렇게 되겠지만, 또한 남극과 북극의 얼음들이 녹아서 바다의 해수면이 높아지기 때문이라고 하나님께서 17년 전에 본 필자에게 계시해 주셨다. (유럽대륙은 치산치수와 도시의 정비가 잘 되어 있을 뿐만 아니라, 지상낙원과 같이 자연환경을 잘 가꾸고 보존

한 선진국의 나라이다.

그러므로 유럽 사람들은 마치 이 세상에다가 유토피아를 건설한 것처럼 자만심에 빠져 있을 뿐만 아니라,
이제는 유럽이 통합되어 단일정부가 들어서면 나라끼리도 서로 전쟁할 필요가 없게 되니 이제는 유럽대륙의 안전과 평화만 있을 것이라는 착각 속에 살게 된다.
이에 유럽 사람들의 신앙은 점점 식어지게 되어 하나님의 백성의 특질은 사라지고 적그리스도의 출현과 더불어 그에 걸 맞는 백성이 될 것이다.)

그러므로 유럽 대륙의 홍수 범람은 하나님께서 내리시는 재앙으로서, 유럽 사람들이 자기들이 잘 가꿔놓은 자연환경이나 도시정비나 치산치수에 대한 자긍심과 오만함의 바벨탑을 깨뜨리는 재앙이 된다.
그러므로 모든 인생들은 하나님 이외에는 이 세상 어떤 것도 신뢰할 수 없을 뿐만 아니라 참된 평화와 진정 안심할 수 있는 것은 이 세상 어디에도 붙잡을 수 없다는 사실이다.
또한 인간 최고의 발전된 과학기술과 문명도 자연계 앞에서는 얼마나 무력한 존재인가를 새삼 깨닫게 해주는 재앙이기도 한 것이다.

그리고 생각해보라! 홍수의 범람으로 도시와 집과 들판이 물에 잠긴다면 사람들은 손 놓고 아무것도 할 수가 없을 것이다.

그러므로 유럽대륙의 홍수 범람은 인간의 한계 상
황과 연약함을 깨닫게 해주는 재앙이기도 하다.
그러므로 하나님께서는 그 재앙으로 유럽 사람들의
마음을 회개시키고 하나님을 찾으며 신앙을 가지게
하기 위해서 시련을 주시는 것이다.

질문 11　- 영국 편 -

　영국에 대해서 말씀해주세요? 영국은 과거에는 해가
지지 않는 나라라고 할 정도로 전 세계를 지배해왔는
데, 어떻게 영국이 그렇게 큰 나라가 되었습니까? 그리
고 종말에 이르러서는 영국은 어떻게 쓰임 받겠습니까?

대답

　영국은 유럽에서도 서쪽 변방에 있는 섬나라로서,

　유럽대륙과는 동떨어져 있어서 유럽 본토의 나라들
과 비교해볼 때 모든 면에 있어서 뒤떨어져 있었고 또
한 교류도 활발하지 못했기 때문에 영국은 미개한 땅이
었다.(섬이나 항구도시 등은 육지에 있는 도시나 마을보다
도 더욱 미신과 우상숭배가 만연되어 있고,

　또한 바다에 선척을 띄우고 항해하는 선원이나 어부들
도 역시 마찬가지이다.)

　그러나 로마제국이 영국의 브리튼 정복 이후에 그

루트를 통해서 로마제국에서 흥왕하였던 기독교가 전래
됨으로, 영국은 수준 높은 세계 문명의 이식과 더불어
세계 종교인 기독교가 영국을 개량 화 시키는데 있어서
큰 영향력을 끼치게 된다.

그 후 영국은 미신과 우상숭배에서 빠져나오게 되
었을 뿐만 아니라 미개한 나라가 문명국으로 발돋움하
게 된 것이다.

그리고 기독교의 복음은 영국을 신앙의 나라로 변화
시켜 영국의 왕들도 기독교 신앙을 가지고 나라를 통치
하게 되었을 뿐만 아니라 기독교가 국교가 되었고 성경
도 영어로 번역하여 영국이 말씀 위에 세워진 나라가
되었다.(엘리자베스 여왕은 사람들에게 "온 천하를 다 준다
고 하여도 성경하고는 바꿀 수가 없다"라고 하였다.
또한 빅토리아 여왕은 왕이 되기 전에 잠시도 자기 손을
떠나지 않았던 성경을 펴놓고 "주여 내가 여왕이 되면 말씀
대로 정치를 하게 해달라고 기도했다고 한다.)

그리고 또한 위대한 신앙인들인 웨슬레, 죠지뮬러,
스펄전 등 기라성 같은 교회의 인물들이 나타나,
신앙적으로 영국은 명실 공히 우뚝 솟은 상아탑 같
이 세계 교회를 리드하는 나라가 되었던 것이다.
참으로 영국은 하나님께서 기뻐하실 신앙의 나라가
되므로 인하여 하나님께서는 이 민족을 축복하실 수밖
에 없었던 것이다.

352

그래서 영국은 신28:1-14절

"네가 네 하나님 여호와의 말씀을 삼가 듣고 내가 오늘날 네게 명하는 그 모든 명령을 지켜 행하면 네 하나님 여호와께서 너를 세계 모든 민족 위에 뛰어나게 하실 것이라 네가 네 하나님 여호와의 말씀을 순종하면 이 모든 복이 네게 임하며 네게 미치리니 성읍에서도 복을 받고 들에서도 복을 받을 것이며 네 몸의 소생과 네 토지의 소산과 네 짐승의 새끼와 우양의 새끼가 복을 받을 것이며 네 광주리와 떡 반죽 그릇이 복을 받을 것이며 네가 들어와도 복을 받고 나가도 복을 받을 것이니라

네 대적들이 일어나 너를 치려하면 여호와께서 그들을 네 앞에서 패하게 하시리니 그들이 한 길로 너를 치러 들어왔으나 네 앞에서 일곱 길로 도망하리라 여호와께서 명하사 네 창고와 네 손으로 하는 모든 일에 복을 내리시고 네 하나님 여호와께서 네게 주시는 땅에서 네게 복을 주실 것이며 네가 네 하나님 여호와의 명령을 지켜 그 길로 행하면 여호와께서 네게 맹세하신 대로 너를 세워 자기의 성민이 되게 하시리니 너를 여호와의 이름으로 일컬음을 세계 만민이 보고 너를 두려워하리라

여호와께서 네게 주리라고 네 열조에게 맹세하신 땅에서 네게 복을 주사 네 몸의 소생과 육축의 새끼와 토

지의 소산으로 많게 하시며 여호와께서 너를 위하여 하늘의 아름다운 보고를 열으사 네 땅에 때를 따라 비를 내리시고 네 손으로 하는 모든 일에 복을 주시리니 네가 많은 민족에게 꾸어 줄찌라도 너는 꾸지 아니할 것이요 여호와께서 너로 머리가 되고 꼬리가 되지 않게 하시며 위에만 있고 아래에 있지 않게 하시리니 오직 너는 내가 오늘날 네게 명하는 네 하나님 여호와의 명령을 듣고 지켜 행하며 내가 오늘날 너희에게 명하는 그 말씀을 떠나 좌로나 우로나 치우치지 아니하고 다른 신을 따라 섬기지 아니하면 이와 같으리라"

말씀과 같이 축복받는 나라가 되어 그 영토가 지구상 땅덩어리 1/4을 차지하게 하셨고 해가 지지 않는 나라로 강대국이 되게 하신 것이다.
이처럼 하나님을 경외하고 그의 말씀을 듣고 지켜 행하는 사람이나 나라는 이 세상에서 축복을 받게 만드실 뿐만 아니라 영광스럽게 하신다는 사실이다.

그러므로 영국은 하나님이 함께 하는 나라가 되었고 세계를 지배하게 되었던 것이다.(하나님께서 영국을 축복하시고 강대국이 되게 하신 가장 큰 이유는 팔레스틴을 이슬람 국가인 오스만 제국에게서 되찾아 2,000년간 유랑했던 유대민족을 자기 땅에 돌아갈 수 있도록 돕게 하기 위해서였다.
이처럼 영국이 강대국이 된 것은 스스로에 의해서 되어진 것이 아니고, 하나님의 크신 섭리와 역사 속에서 이루어졌다고 하는 사실을 우리가 분명히 깨달아야 하겠다.)

그러나 작금에 영국은 너무나 신앙이 타락하고 변질
되어 불의와 더러움과 죄악의 나라가 돼가고 있다.
특히 영국은 심령술, 신비의 마술과 마법이 은밀한
가운데 성행하고 있는데, 이것은 사단마귀와 영교 하는
일이 될 뿐만 아니라,
사단마귀가 그 국민들의 마음과 사상을 지배하게
만드는 일로서, 하나님께서 가장 미워하시고 가증하게
여기시는 악한 짓이다.
그래서 구약역사 속에서는 이러한 심령술이나 신비
술을 하며 악한 영들과 접촉하는 영매나 박수, 무당,
점치는 자, 초혼 자 들을 돌로 쳐 죽이게 하셨다.(영국
의 작가 죠엔롤랑이 쓴 헤리포터는 바로 신비 술과 마술, 마
법의 이야기로서 전 세계에 4억부 이상의 책이 팔렸고, 영
화로도 만들어져 공전의 대 히트작이 되었는데,
특별히 영국에서 헤리포터와 같은 소설이 나오게 되었다
고 하는 것은 바로 그 시대의 정서와 가치관과 환경적 상황
속에서 나온 결과물이라고 하는 사실이다.
한마디로 영국 국민의 마음과 생각 속에는 이미 마법과
심령술과 신비 술에 대한 것들이 일상화되어져 있을 뿐만
아니라, 그러한 풍토가 조성되어 있으므로 헤리포터와 같은
이야기들이 회자되고 또한 재미있어 하므로 인하여 누구나
거부감 없이 그러한 책들을 읽게 되었다고 하는 사실이다.)

또한 영국은 마법과 심령술과 신비 술에 대한 것들

만 성행하는 것이 아니고 유전공학이나 IT나 첨단과학기술에 있어서도 상당히 발전되어 인간 바벨탑을 쌓아가고 있다.

특히 유전공학적으로도 둘리 양 복제나 인간 복제에 대한 부분도 상당히 발전되어 있어서 인간의 윤리적으로 금기시 되어 있는 부분까지도 넘어서서 하나님의 창조의 법칙과 질서를 어기고 있는데, 다 이러한 것은 무신론적 인간만세주의 발상과 사상 속에서 나온 하나님을 대적하는 일이며 악한 짓인 것이다.(제임스본드가 주인공으로 나오는 007시리즈는 영국 문화가 내놓은 대표적인 영화이다.

이 영화의 가장 핵심적인 내용은 첨단 과학기술을 통하여 흥미진진하게 펼쳐지는 첩보전 이야기이다.

우리는 이 영화를 통해서도 영국 국민들의 정서와 가치관을 단번에 알아볼 수 있는 것이다.)

더군다나 영국은 인간의 인권 등이 상당히 발전되어 있고 또한 사회보장제도가 잘 된 나라로서, 인간이 이 땅에서 평등하게 큰 차별 없이 살아가는데 있어서는 매우 이상적인 나라라고 할 수가 있으나, 이제는 거꾸로 복음 전도를 위해서 노방전도나 축호전도 같은 것들을 행하면 인권 법에 걸려서 벌금을 물게 되거나 구속조치 되어버리는 복음의 사각 지대의 나라가 되고 말았다. 참으로 어이없고 안타까운 일이다.

영국은 기독교를 국교로 삼은 나라이고 특히 성직자들조차도 나라의 공무원처럼 국가가 월급을 지불해주었

고, 또한 전 국민이 기독교 신앙으로 무장하였던 나라
였지만, 지금은 기독교의 신앙을 찾아볼 수가 없을 정
도로 무늬만 기독교인 나라가 되고 말았다.

※ 기독교는 고난과 핍박과 시험 속에서 더 왕성하게
부흥하고 발전한다.

그러나 거꾸로 평안, 부요, 번영이 올 때에는 기독
교는 반드시 타락하게 되었고 또한 쇠퇴와 몰락의
길을 걸었다. 우리는 세계 기독교 역사 속에서도 충
분히 경험하며 교훈을 받을 수 있다.

특별히 영국도 세계를 정복하고 부요와 번영을 누
렸지만 몇 세기가 지나지 않아 쇠락하게 되었다.

특히 영국은 하나님 제일주의 신앙과 말씀에 의해
서 축복을 받았었고 또한 세계 최강대국이 되었었
으나, 영국이 신앙과 말씀에서 떠나게 됨으로 국가
의 번영도 쇠퇴하게 되었다.

이제는 유럽 변방의 한 나라로 전락하여 EU의 일원
이 되었을 뿐만 아니라 장차 적그리스도의 나라에
속하게 될 것이다.

※ 영국은 단7장에 나오는 4바람의 4짐승 중 두 번째
이며 또한 4대 강국의 하나인 곰의 제국으로서,
종말 기에 이르러 마치 4계절인 봄, 여름, 가을, 겨
울이 오게 되는 것과 같이 순차적으로 나타나게 될
때에, 바로 두 번째인 탐욕스런 곰의 제국으로 나타

나게 된다.(영국은 해양국가로서 그 정복지를 미대륙이
나 미개한 나라들을 대상으로 삼았기 때문에 가능했던
것이다. 만일 그렇지 않고 유럽이나 문명국가로 정복지
를 삼았다면 불가능 하였을 것이다.)
특별히 영국은 러시아처럼 전 세계의 땅을 1/4이나
집어삼킨 나라이다.

참으로 탐욕스럽기가 이루 말할 수 없는 나라이다.
(단7장에 나오는 4짐승의 출현을 해석함에 있어서 두 부
분으로 해석해야 하는데, 첫 번째 해석은 시간적인 방법
으로서 장차 순차적으로 짐승의 나라가 4번 나타난다는
것이고, 또한 두 번째 해석은 공간적인 해석으로서 곧
동시다발로 짐승의 나라가 동서남북으로 종말 기에 나타
나게 된다는 사실이다.
그러므로 영국은 시간적인 해석 속에서는 순차적으로 두
번째 나타날 곰의 제국이 된다.
그러나 공간적인 해석으로서는 북방의 러시아가 곰의 제
국이 된다.
특히 곰의 제국의 원형은 고대에 아세아와 아프리카, 그
리고 유럽의 일부들까지 정복하여 대제국을 건설했던 페
르시아의 탐욕스러운 모습을 그 전신으로 삼았을 뿐만
아니라 상징하며 예표하고 있다.)
그리고 영국은 단8장에 나오는 수양의 제국을 또 상
징하는데, 특별히 수양의 제국은 고대에 탐욕스러운 곰
의 제국인 페르시아를 상징한다.

그리고 또한 이 페르시아 제국은 그때 당시에 하나님의 백성들을 보호해 주었을 뿐만 아니라 바벨론에 포로 되었던 이스라엘 민족을 자기 땅에 돌아가게 도와주었는데, 영국도 종말에 이르러 전 세계를 유랑하며 떠돌던 유대인들을 자기 땅에 돌아갈 수 있도록 도와주었다는 사실이다.(페르시아의 고레스 왕은 바벨론을 무너뜨리고 칙령을 발표했는데, 그것은 바로 "이스라엘 민족은 자기 땅에 돌아가도 좋다"는 내용이었다.

이처럼 영국도 아랍 제국에서 팔레스타인을 빼앗은 후 "이스라엘 민족은 자기 땅에 돌아가도 좋다"는 선언을 하게 되었는데, 그것이 바로 영국 외상인 벨포어가 선언한 것이다.)

이처럼 고대의 페르시아나 근세에 나타난 영국이나 모두가 다 하나님의 백성인 이스라엘 민족을 돕게 하셨고 자기 고향 땅으로 돌아가게 해주었다.

그러므로 하나님께서는 이 두 민족을 대제국이 되도록 역사하셨고 또한 강대국이 되도록 도와주셨다.(세상에서도 가난한 자를 돕거나 선한 일을 행하면 그 일로 인하여 사람들에게 칭송을 듣거나 아니면 나라에서도 표창을 내리기도 한다.

그런데 하물며 영국과 페르시아는 나라를 잃고 방황하며 수많은 고난과 핍박을 받은 이스라엘 민족에게 나라를 되찾게 만들어 주었고 자기 고향 땅으로 돌아가게 하였으니 이 얼마나 선하고 아름다운 일을 하였는가?

특별히 성경에서도 나그네와 과부와 고아를 홀대하지 말고 도와주라고 하셨을 뿐만 아니라, 만일 도와주지 않으면 여호와가 재판장이 되신다고 말씀하셨다.

또한 적은 소자에게 그리스도의 이름으로 물 한 그릇을 대접해도 결단코 상을 잃지 않는다고 말씀하셨는데, 하물며 한 민족의 나라와 땅을 찾게 도와주고 심지어 그들의 신앙까지도 찾게 만들어주었으니 이 얼마나 위대한 일을 하였는가?

물론 페르시아와 영국이 행한 일들은 하나님의 예정하신 섭리와 그 분의 언약을 성취하기 위한 일이었지만,

사실 그들이 행한 일들은 전능하신 하나님의 마음을 감동케 하였을 뿐만 아니라 기쁘게 해드린 일이 되는 것이다.)

그리고 또한 영국을 수양의 제국이라 한 것은 영국 국교가 기독교이고 전 국민이 기독교 신앙을 가졌기 때문이다.

마25:31-34, 41 "인자가 자기 영광으로 모든 천사와 함께 올 때에 자기 영광의 보좌에 앉으리니 모든 민족을 그 앞에 모으고 각각 분별하기를 목자가 양과 염소를 분별하는 것 같이 하여 양은 그 오른편에, 염소는 왼편에 두리라 그 때에 임금이 그 오른편에 있는 자들에게 이르시되 내 아버지께 복 받을 자들이여 나아와 창세로부터 너희를 위하여 예비된 나라를 상속하라... ~ 또 왼편에 있는 자들에게 이르시되 저주를 받은 자들아 나를 떠나 마귀와 그 사자들을 위하여 예비된 영영한 불에 들어가라"

그러나 단8장에 나오는 수양의 제국인 페르시아는

서쪽에서 맹렬하게 달려오는 수 염소의 제국인 헬라 제
국에게 무참하게 패하여 무너지게 되고 짓밟히게 된다.

이처럼 영국도 서쪽에서 일어난 초강대국인 미국에
의해서 강대국의 자리를 내주고 미국의 수하가 된다.
(세계에 있는 어느 신문만평에 보니 영국이 미국의 애완견
이 된 시사만화를 본 적이 있다. 이처럼 영국은 미국의 그늘
로 들어가서 미국으로부터 간섭과 지시를 받는 나라가 되었
을 뿐만 아니라 전적으로 협력하고 움직이는 나라가 되었다.
특별히 불법의 비밀인 프리메이슨 조직은 미국의 정치를
완전 장악하여 조종하고 있을 뿐만 아니라, 영국조차도 정,
재계까지 은밀하게 다 장악해가고 있다.
이제 두 나라는 불법의 비밀인 프리메이슨에 의해서 한
나라가 돼가고 있다. 그리고 영국은 미국의 의중을 유럽에
전하는 발판과 가교의 역할을 하는 중매 장이다.)

특히 **영국과 미국의 역사적 관계는** 마치 고대 제국
페르시아와 헬라 제국의 역사적 관계와 똑같다는 사실
이다.

질문 12 **- 미국 편 -**

미국에 대해서 말씀해주세요?
특별히 미국은 세계 최강대국입니다. 작금에 이 세상

에서는 미국을 상대할 나라가 없습니다. 그러면 미국은 계속해서 초강대국이 되겠습니까? 그리고 종말에 미국은 어떻게 쓰임 받겠습니까?

미국이 이 세상에서 부유하고 세계 최강대국이 되게 하신 일은 다 하나님의 섭리와 경륜 때문이다.

특별히 하나님께서는 미국을 통해서 세계 선교도 크게 감당케 하심으로 인하여 모든 민족들에게 복음을 전하게 하셨다.

그러므로 하나님께서는 미국을 통해서 하나님의 나라가 확장되게 하시기 위한 섭리 속에서도 미국을 위대하게 하셨다.

그리고 또한 미국이 축복받고 강대국이 되게 하신 것은 미국의 신앙의 선조들 때문이기도 하다.(유럽에서 신앙의 자유를 찾아 미국으로 건너온 청교도들과 훌륭한 신앙인들로 말미암아 미국 땅이 축복을 받게 되었다는 것은 이 세상 누구든지 신앙을 가지고 있는 자라면 부인할 수 없는 사실이다.

그리고 유럽에서 신앙을 지키기 위해서 미국으로 건너온 청교도들과 훌륭한 신앙인들이 그 신앙 때문에 얼마나 많은 시련과 핍박과 고통을 당한 일들과 또한 그들을 통해서 미국이 축복받게 된 일들에 대해서는 여기서 더 이상은 설명하지 않겠다.)

그러나 작금에 미국은 어떠한가? 과연 하나님을 섬기며 신앙을 가진 나라라고 할 수가 있겠는가?

우리는 너무나 타락하고 부패하며 더럽고 추악한 미국의 모습을 보게 된다.

과연 저 땅이 신앙의 선조들이 세운 나라인가? 의심하지 않을 수 없다. 온갖 불의, 음란, 살인, 강포, 패괴 등등 열거할 수 없을 정도로 미국은 썩었고 더러우며 타락하였다.

왜 이렇게 되었는가? 그것은 물론 부요와 번영과 축복으로 인하여 신앙의 변질을 가져온 것이 틀림없다. 그리고 더 나아가 미국이 세계 최강국이 되어 이제는 미국을 대적할 나라가 없게 되었으므로 인하여 자만과 교만 속에서 타락과 죄악이 관영하게 되었는지도 모른다.(이 세상에서는 미국을 상대할 나라가 없다.

그러므로 미국과 미국인들은 대단한 자만심 속에 살아왔다. 이에 하나님께서는 미국인들을 깨우치고 회개시키기 위해서 9.11 테러 같은 사건이 일어나도록 허락하셨다.

이 테러를 통해서 미국인들은 두려움에 떨었고, 또한 회개하는 사람들이 많았다고 한다.

특별히 이 사건은 미국인들에게 전쟁은 국가와 국가끼리 전면적인 전쟁만이 있는 것이 아니고, 이렇게 후방이나 자국 내에서도 무서운 테러를 통해서 파괴와 살상과 재난을 당할 수가 있구나! 하는 깨달음이다.

그리고 작금에 전쟁의 양상은 핵무기와 대량살상 무기의 발달로 인하여 자칫 잘못하면 전 세계가 끝장날 수 있는 일도 생길 수가 있다는 사실이다.

그러므로 하나님께서도 이러한 참혹한 전쟁을 피하게 하려고 세계 지도자들의 마음에 전면 전쟁을 하려는 마음을 갖지 못하게 하셨다.

그래서 소규모의 전쟁이나 테러로서 그 전쟁의 양상이 바뀌게 된 것이고, 또한 전면 전쟁의 무서움을 세계 인류의 마음속에 강하게 인식시키게 하심으로서 할 수만 있으면 전쟁을 피하도록 하였을 뿐만 아니라, 하나님께서는 섭리 적으로도 역사하셔서 전쟁들을 억제케 하고 계신 것이다.

그러나 만일 그렇지 않고 이 땅에서 시도 때도 없이 큰 전쟁이 자주 벌어지게 된다면 인류는 이미 멸망을 당하게 될 것이고 또한 하나님께서 말씀으로 정해 놓으신 종말의 역사도 성취 할 수가 없는 것이다. 그래서 하나님께서는 작정된 기한까지 이 세계에서 큰 전쟁이 발발 돼서는 안 되기 때문에 막고 계신 것이다. 그리고 사실 이 세상만사는 하나님의 절대 주권 속에서 이루어지고 있기 때문에 인간이 아무리 발버둥치고 노력하고 수고한다고 해서 되는 것은 아니기도 하지만.....

그러나 마지막 때가 되면 하나님께서는 인류의 마지막 전쟁을 허락 하신다. 그러면 그 때에는 이 세상에 적그리스도가 나타나 중동지방 유브라데 강에서 세계 3차 대전을 일으켜 엄청난 재난을 가져오게 되는데, 그 전쟁의 피해는 상상 불허로써 수많은 죽음과 재앙이 임하여 인류는 큰 고통을 받게 될 것이다.)

그러나 하나님께서는 미국을 사랑하신다.

그러기 때문에 그들을 회개시키시고 깨닫게 하려고 미국 안에 허리케인, 토네이도, 태풍 같은 재난들을 주고 있다. 그러나 이러한 재앙들을 받으면서도 미국민들이 회개치 않을 시에는 장차 미국 땅에는 큰 지진들이 일어나게 될 것이고 또한 바다에서는 해일들이 일어나게 됨으로 인하여 미국 땅은 폐허가 되게 만드신다는 사실이다. 그래서 이제는 점점 그 재앙들이 횟수가 많아지고 그 강도가 세어지고 있다.

그리고 나중에는 심지어 미국 땅의 일부가 바다로 침몰하거나 갈라지는 일도 생긴다고 하셨다.

이제 미국은 외부의 적으로 인하여 초강대국의 지위를 내려놓는 것이 아니고, 미국 땅에 임할 자연적인 재앙으로 인하여 경제가 파탄나고 또 기근이 와 궁핍하게 될 뿐만 아니라 가난하게 되어 스스로 망하게 된다고 하셨다.

그래서 이제는 이 세계를 지배했던 나라는 하나의 전설이 되고 옛 이야기가 될 뿐만 아니라, 사람들의 기억 속에서 미국이라는 나라가 희미하게 될 것이고 또한 그것은 마치 그 옛날 아메리카 대륙이 탐험가들에 의해서 발견되기 전처럼 미지의 대륙이 될 것이다. 그리고 또한 미국이라는 나라가 잊혀진 존재가 될 것이라고 말씀하셨다.

그러므로 미국은 그 죄악 된 생활들을 빨리 청산하고 하루 속히 회개하여 하나님께로 돌아와야 하겠다. 그리고 그들의 선조들의 신앙을 본받아 다시한번 우리는 하나님을 믿는다는 미국의 달러화에 쓰여져 있는 역사적 표어와 같이 세계민족을 기독교 신앙으로 선도하는 나라가 되어야 하겠다.(사실 미국은 신앙적으로나 선진국가로서나 또한 모든 면에 있어서 전 세계 민족들이 본받아야 할 점들이 너무나 많은 것이 사실이다. 그리고 그 중에서도 특별히 대통령이 취임식을 할 때 대법원장 앞에서 한 손을 성경 위에 올리고 선서한다. 그리고 선서를 마치면서 "그러므로 하나님이시여 나를 도우소서"라고 말하는데, 참으로 이 모습이 얼마나 신앙적으로 멋지고 훌륭한가?

그러나 작금에 와서 미국의 내막과 실상을 들여다보면,
그중에서도 인간이 이 세상에서 살아갈 때에 가장 으뜸이 되고 이슈가 되며 또한 현실과 실제 생활에 있어서 절대적 생명과 같은 미국의 정치는 한마디로 불법의 비밀인, 곧 사단마귀의 수족이라 할 수 있는 프리메이슨 같은 어둠의 조직이 장악하고 있을 뿐만 아니라 이제는 미국의 정치를 조종해 가고 있다는 사실이다.

그리고 정치하는 자들도 점점 더 하나님을 믿는 신앙에서 멀어지고 이탈되어 세상의 풍조와 교훈 속에서 인기를 얻는 데만 골몰하여, 성적 타락의 극치인 동성연애와 같은 음란한 일들을 합법화시킴으로써 도덕적 타락과 부패를 조장하고 있을 뿐만 아니라, 자유와 인권도 신앙보다 위에다 두게 해서 이제는 대중 앞에서나 사람들 앞에서 신앙의 간증 적 표현이나 전도도 할 수 없는 세상을 만들었다.

그리고 또한 작금에는 타락 된 미국의 모든 문화, 예능, 영화, 음악, 교육, 과학, 기술 등 또한 사회전반에 걸쳐 모든 것들이 총망라 되어서, 심지어 자기 스스로도 자각하지 못하는 가운데 전 세계를 타락시키고 죄악을 가중시키게 하는 더러움과 가증케 하는 어미가 되었다.

한마디로 전 세계에 복음을 전하는 나라가 아니라, 이제는 음란과 더러움과 온갖 불의, 불법, 살인, 강간 등 이루 헤아릴 수 없이 많은 죄악들을 전하며 유행시키고 선도하는 선진국가가 되었다는 말이다.

사23:16-18 "잊어버린바 되었던 기생 너여 수금을 가지고 성읍에 두루 행하며 기묘한 곡조로 많은 노래를 불러서 너를 다시 기억케 하라 하였느니라 칠십년이 필한 후에 여호와께서 두로를 권고하시리니 그가 다시 취리하여 지면에 있는 열방과 음란을 행할 것이며 그 무역한 것과 이익을 거룩히 여호와께 돌리고 간직하거나 쌓아 두지 아니하리니 그 무역한 것이 여호와 앞에 거하는 자의 배불리 먹을 자료, 잘 입을 자료가 되리라"

렘51:7 "바벨론은 여호와의 수중의 온 세계로 취케 하는 금잔이라 열방이 그 포도주를 마시고 인하여 미쳤도다"

계18:2-7 "힘센 음성으로 외쳐 가로되 무너졌도다 무너졌도다 큰 성 바벨론이여 귀신의 처소와 각종 더러운 영의 모이는 곳과 각종 더럽고 가증한 새의 모이는 곳이 되었도다 그 음행의 진노의 포도주를 인하여 만국이 무너졌으며 또 땅의 왕들이 그로 더불어 음행하였으며 땅의 상고들도 그 사치의 세력을 인하여 치부하였도다 하더라 또 내가 들으니 하늘로서 다른 음성이 나서 가로되 내 백성아, 거기서 나와 그의 죄에 참예하지 말고 그의 받을 재앙들을 받지 말라 그 죄는 하늘에 사무쳤으며 하나님은 그의 불의한 일을 기억하신지라 그가 준 그대로 그에게 주고 그의 행위대로

갑절을 갚아주고 그의 섞은 잔에도 갑절이나 섞어 그에게
주라 그가 어떻게 자기를 영화롭게 하였으며 사치하였든지
그만큼 고난과 애통으로 갚아 주라 그가 마음에 말하기를
나는 여황으로 앉은 자요 과부가 아니라 결단코 애통을 당
하지 아니하리라 하니"

그러므로 전 세계는 미국을 본받아 더욱 타락하고 부패해
가고 있을 뿐만 아니라 이제는 그 악한 것들을 본받아 마치
옛날 노아 때와 소돔과 고모라 때와 같은 상황에 이르게 되
었는데, 사실 미국은 너무나 타락하고 죄악이 관영하여 옛날
노아 때와 소돔과 고모라 때보다도 더 심각하므로 하나님의
맹렬한 진노와 심판만 남겨놓고 있다는 사실이다.

※ 미국 내에서 종종 일어나는 총기 사건들은 미국 사람들
의 사상과 가치관 그리고 정서를 반영하고 있다.
한마디로 인명 경시의 풍조로 인간을 파리 목숨보다도
하찮게 여기는 인면수심의 극치라 할 수가 있는데,
특별히 이러한 일에 대해서 사도바울이 딤후3:1-7절의
"네가 이것을 알라 말세에 고통하는 때가 이르리니 사람
들은 자기를 사랑하며 돈을 사랑하며 자긍하며 교만하며
훼방하며 부모를 거역하며 감사치 아니하며 거룩하지 아
니하며 무정하며 원통함을 풀지 아니하며 참소하며 절제
하지 못하며 사나우며 선한 것을 좋아 아니하며 배반하
여 팔며 조급하며 자고하며 쾌락을 사랑하기를 하나님
사랑하는 것보다 더하며 경건의 모양은 있으나 경건의
능력은 부인하는 자니 이 같은 자들에게서 네가 돌아서
라 저희 중에 남의 집에 가만히 들어가 어리석은 여자를
유인하는 자들이 있으니 그 여자는 죄를 중히 지고 여러
가지 욕심에 끌린바 되어 항상 배우나 마침내 진리의 지

식에 이를 수 없느니라"

라고 하신 말씀과 똑같게 되었다고 하는 사실이다. 그리고 종종 일어나는 총기 살인과 같은 극단적인 범죄로 인하여 이제는 사람끼리도 서로 신뢰하지 못하고 또한 극도로 불안하고 두려워하게 되어 많은 사람들이 정신적으로도 이상증세들이 점점 나타나고 있을 뿐만 아니라 급증 하고 있다.
그리고 또한 이처럼 개인이나 사회가 건강하지 못하게 되니, 기괴묘묘한 일들이나 상식을 벗어난 행동들이 마치 정상적인 것처럼 일상화되어져가고 있을 뿐만 아니라 그러한 일들을 조장하고 행하는 사람들이 많이 생겨나고 있다. 또한 그러한 것들이 대중적인 문화로 자리를 잡아가고 있을 뿐만 아니라 매우 크게 성행하고 있다.

예를 들면, 얼굴이나 신체와 복장에도 완전히 파격적으로 치장하고 징그러운 문신이나 몸짓, 그리고 생활습관 등이 전혀 인간적으로는 정상적인 삶이라 할 수 없는 많은 돌출된 행동이나 기괴한 습관들이 당연시 되어가고 있을 뿐만 아니라 상식화 돼 가고 있다.)

특별히 미국은 단7장에 나오는 종말 기에 나타날 4짐승의 하나인 표범제국으로서 사납고 강한 나라이다. (단7장에 나오는 4짐승의 제국은 시간적 해석으로는 순차적으로 사자, 곰, 표범, 괴물의 순서로 나타나는데, 첫째 사자는 이슬람 제국이 당시에 세계를 지배한다는 뜻이고, 이어서 둘째 곰의 제국인 영국이 세계를 지배하고 또한 셋째 표범

제국인 미국이 세계를 지배한다.

그리고 미국의 시대가 다하면 뒤를 이어서 세계를 지배할 나라는 EU가 되는 것이다. 그리고 종말 기에 4짐승이 동시 다발로 또 나타나게 되는데, 동방제국은 사자인 중국, 북방은 곰인 러시아, 남방은 표범인 아프리카, 서방은 괴물로 EU가 된다.)

창세 이후로 이처럼 사납고 신속하며 강한 군사력을 가진 나라는 찾아 볼 수가 없을 정도이다.

물론 거기에는 과학기술의 발전도 한 몫하고 있는 것이 사실이지만 어쨌든 미국은 강한 군사력을 가진 나라가 틀림없다. 이 세상 어느 나라이든 작금에 미국을 대적하여 이길 나라가 없다.

우리는 이라크 전쟁을 통하여 미국에 그 강한 면모를 금새 알아 볼 수 있는데, 특별히 이라크는 100만 대군을 가진, 중동에서 가장 강력하고 전쟁에 능한 나라임에도 불구하고 미국과 전쟁을 통하여 단번에 무너지게 되는 것을 볼 때에 미국의 강함을 우리는 새삼 또 한번 놀라게 되는 것이다.

※ 표범은 바둑판처럼 일정한 무늬와 점을 가지고 있어서 언제든지 보호색으로 위장하고 있으며,
또한 암수 각기 홀로 살며 은밀히 숨어 있다가 갑자기 신출귀몰하게 나타나 먹이를 잡는 사나운 동물이다.(콜롬부스가 아메리카 대륙을 발견하기 전까지는 감추어졌던 나라 미국이 신출귀몰 하게도 20세기에 세

계 최강대국의 나라로 갑자기 나타나 전 세계를 지배하고 있는 것이다.)

미국은 50개주가 마치 바둑판처럼 일정하게 나뉘어져 있을 뿐만 아니라,

미국 국민은 오대양육대주에서 미국으로 건너온 인종 전시장이라 할 만큼 얼룩달룩, 울긋불긋한 전 세계 인종들이 다 모여 살고 있다.

그것은 마치 표범의 가죽처럼 얼룩달룩한 무늬를 가지고 있는 것과 같다고 할 수가 있겠다.

그러므로 미국을 합중국이라 하는 것이다.

또한 미국은 영국과 함께 단8장에 나오는 수 염소의 제국이다. 이 수 염소의 제국은 1차적으로는 헬라제국과 알렉산더 대제를 말씀하는 것이다.

특별히 알렉산더 대제는 단8장의 예언된 말씀과 같이 페르시아의 서쪽에서 마치 수 염소의 발이 지면에 닿지 않을 정도로 순식간에 달려와 수양의 제국인 페르시아제국을 무너뜨리고 아세아, 아프리카, 유럽에 이르기까지 대제국을 건설하였다.

그러나 그것도 잠시잠간뿐이었는데, 얼마 후에는 알렉산더가 사망하게 된다.

그리고 그 후에는 그의 나라가 그의 자손들에게 돌아가지 아니하고, 그의 부하들에 의해서 전 세계가 4대 제국으로 나뉘어지게 된다.

이처럼 현대판 헬라 제국인 미국도 외부의 적이나 아니면 미국보다 더 큰 강대국에 의해서 무너지는 것이 아니라 자기 스스로가 무너지게 되는데, 그것은 마치 알렉산더의 나라 헬라제국과 같이 장차 미국이 그 힘을 잃게 되면 전 세계가 4뿔의 역사, 곧 4대 연합체제로 나뉘게 될 것이다.

단8:5-8 "내가 생각할 때에 한 수염소가 서편에서부터 와서 온 지면에 두루 다니되 땅에 닿지 아니하며 그 염소 두 눈 사이에는 현저한 뿔이 있더라 그것이 두 뿔 가진 수양 곧 내가 본바 강 가에 섰던 양에게로 나아가되 분노한 힘으로 그것에게로 달려가더니 내가 본즉 그것이 수양에게로 가까이 나아가서는 더욱 성내어 그 수양을 쳐서 그 두 뿔을 꺾으나 수양에게는 그것을 대적할 힘이 없으므로 그것이 수양을 땅에 엎드러뜨리고 짓밟았으나 능히 수양을 그 손에서 벗어나게 할 이가 없었더라 수염소가 스스로 심히 강대하여 가더니 강성할 때에 그 큰 뿔이 꺾이고 그 대신에 현저한 뿔 넷이 하늘 사방을 향하여 났더라"
단8:18-22 "그가 내게 말할 때에 내가 얼굴을 땅에 대고 엎드리어 깊이 잠들매 그가 나를 어루 만져서 일으켜 세우며 가로되 진노하시는 때가 마친 후에 될 일을 내가 네게 알게 하리니 이 이상은 정한 때 끝에 관한 일임이니라 네가 본바 두 뿔 가진 수양은 곧 메대와 바사 왕들이요 털이 많은 수염소는 곧 헬라 왕이요 두 눈 사이에 있는 큰 뿔은 곧 그 첫째 왕이요 이 뿔이 꺾이고 그 대신에 네 뿔이 났은즉 그 나라 가운데서 네 나라가 일어나되 그 권세만 못하리라"

이처럼 미국도 영국의 서쪽 땅에서 일어나 수양의 제국인 영국을 무릎 꿇게 하고, 미국은 그 영국의 세계 지배권의 바톤을 이어받아 세계 최강대국이 되었다.

그러나 이제 미국의 시대가 다 되면 전 세계가 중동 지방을 중심으로 4뿔의 역사, 4대 강국으로 나뉘어 패권을 다투게 되다가 EU에 의해서 정복당하게 되는데, 그 시나리오가 계9장의 유브라데강 전쟁과 단11장의 전쟁 내용이다.

그리고 특별히 알렉산더 대제의 치적 가운데 하나는 정복한 나라마다 헬라의 문화, 언어, 사상을 전하여 헬라 화시키고 또한 자기의 이름을 따서 알렉산드리아라고 하는 도시도 당시에 여러 지역에다가 건설하였다. 이처럼 작금에 전 세계는 미국의 문화와 사상과 생활, 관습까지도 미국을 따라하고 모방하고 배우고 있을 뿐만 아니라, 이제는 이 세상에서 어떤 사람이든지 간에 미국의 언어를 배우지 않으면 글로벌 시대에서 도태할 수밖에 없고, 또한 어떤 분야이든지 간에 영어를 모르면 소통이 되지 않는 세상이 되었다.(예를 들면, 컴퓨터 부품 하나하나의 명칭부터 프로그램 할 수 있는 윈도우까지도 전부 영어가 들어가 입력되어 있다.)

그러므로 영어를 모르면 컴퓨터를 만질 수도 없고 운용할 수도 없을 뿐만 아니라 현대문명에서 소외될 수밖에 없는 세상이 되었다.

또한 그뿐만 아니라 미국의 먹는 음식까지도 전 세계에 보급되어 사람들의 입맛까지도 바꾸어놓았다.

햄버거, 코카콜라, 치킨버거 등, 특별히 옛 말에 모든 길은 로마로 통한다는 말처럼, 작금의 세상은 미국을 통하지 않으면 이 세상에서 뒤떨어질 수밖에 없는 낙오자가 된다는 사실이다.

그러므로 이처럼 미국은 모든 면에 있어서도 알렉산더 대왕의 나라, 헬라제국의 후예라 할 수가 있겠다.

그리고 마지막으로 왜 미국은 수 염소 제국이라 하는지 또한 그러한 나라가 될 수밖에 없는지 우리가 그 이유를 살펴보자.

먼저 양과 염소에 대한 말씀은 마25장에서 비유의 절정을 이루고 있는데, 그것은 다음과 같다.

우리 주님이 이 세상에 다시 오시게 되면, 이 세상을 반드시 심판하시게 되는데, 그 때에는 마치 목자가 양과 염소를 구별하여 나누듯이 한다고 했다.

그러면 그 때에 주님 앞에 서서 심판 받게 되는 대상은 사람들 뿐 만이 아니라 모든 민족과 나라도 주님 앞에 서서 심판을 받게 된다.

그 때에 수많은 나라들이 주님 앞에 서서 기독교의 복음과 신앙을 어떻게 받아들이고 그 복음에 대해서 어떻게 대응하고 행하였으며 협력하였는가에 대한 판결이 이루어져 심판받게 된다.

그리고 또한 한사람, 한사람이 주님을 믿어서 구원받

게 되거나 또한 믿지 않을 때에는 심판을 받아야 하는 것처럼, 나라와 민족들도 복음화를 이루고 구원을 받게 되거나 아니면 심판을 받아야 하는 것이다.(옛날 페르시아 사람들처럼 하나님을 믿었던 유대 백성들에게 관대 하였을 뿐만 아니라 자기 땅에 돌아갈 수 있도록 도와주고 협력해줄 때에 그것이 오른편에 구원받는 양의 나라가 될 것이다.

이처럼 영국은 양의 제국이 될 만한 모든 조건들을 갖추고 있는데, 특별히 그 중에서도 영국은 양의 제국의 자격이 될 으뜸 되는 조건으로서 종교도 기독교 국가일 뿐만 아니라 더 나아가 페르시아 사람들처럼 유대인들도 자기 땅에 돌아갈 수 있도록 도와주었다.)

자 그러면 미국은 양의 국가인가? 사실 미국은 하나님의 백성들을 잘 보호하고 도와주었을 뿐만 아니라, 세계 선교도 세계 모든 기독교 국가 중에서 제일 많이 해왔다.

그리고 또한 팔레스타인에 살고 있는 유대인들도 잘 보호하고 도와주며 지켜주고 있을 뿐만 아니라, 미국은 대통령까지도 취임 선서를 성경에 손을 얹고 하고 있다,

하지만 미국의 국교는 기독교가 아니다.

미국은 모든 면에 있어서 자유를 숭상하고 있기 때문에 종교도 기독교가 국교가 아닌 종교자유 국가이다. 그리고 특히 미국은 종교적 자유 때문에 작금에는 넌크

리스챤들이 들고 일어나 모든 기독교의 사상과 문화, 풍속, 사회제도적인 문제까지도 기독교의 색깔을 빼버리려고 법적으로나 제도적으로 반론을 펴며 제소하고 있는 실정이다.

그러므로 미국은 표면적인 모습은 양의 모습을 가지고 있으나 모든 면에 있어서 신앙보다는 자유를 더 중하게 여기고 있기 때문에 그 근본적인 문제에 있어서는 수 염소 제국이라 할 수가 있다.(마치 양과 염소가 비슷한 것처럼 보이지만 근본적으로 태생이 다른 것과 같이 하나님께서는 두 동물인 양과 염소를 캐릭터로 사용하여 우리 인생들에게 많은 교훈들을 주고 계신다.)

질문 13 - 호주 편 -

호주는 오세아니아 지역의 큰 섬으로서 대다수의 사람들은 호주를 지상낙원이라고 말하는데, 과연 호주는 지상낙원입니까? 그리고 종말에는 어떻게 쓰임 받겠습니까?

대답

호주는 세상 사람들이 이구동성으로 말하는 것처럼 자연환경이나 기후 등 모든 면에 있어서 지상낙원과 같이 사람들이 살기에 너무나 좋은 땅이다.

그리고 자연환경도 많이 오염되지 않아서 청정무구한 지역이라 할 수가 있다.(호주가 유럽사람 탐험가들에 의해서 발견되기까지는 미개한 원시부족들이 살던 땅이었다. 그들은 너무나 미개해서 미신을 숭배하거나 토템을 숭배했지만, 그러나 그때 당시에 그들의 마음은 도덕적으로 타락하지 않았고 또한 인격적으로도 사악하지 않아서 선한 면모들이 많이 있었다.

그러나 그것은 물론 호주의 섬이 대륙으로부터 멀리 떨어져 있어서 선진된 문명을 접할 기회가 별로 없었기 때문이었다.

※ 선진된 문명은 한마디로 인간 바벨탑을 쌓고자 하며 끊임없이 인간의 탐심을 자극하여 블랙홀처럼 빨아들이기를 원할 뿐만 아니라 무엇이든 소유하기를 좋아하며, 또한 자아를 만족시키려는 이기적인 욕망 속에서 참된 인격과 도덕성을 배제시키고 변화와 발전만 하려는 것이 그 본질이다.
이처럼 과거에 호주대륙에 살던 원주민들은 타락된 문명을 접할 기회가 없어서 그 순수성을 지킨 것인지도 모르겠다.

※ 인간이 에덴동산에서 하나님과 교제하며 살아갈 때에는 신앙이 필요하지, 문명이 필요 없었다. 다시 말해서 인생들이 하나님의 품 안에 있을 때에는 문명이 필요 없다는 이야기이다.
그러나 인간이 에덴동산에서 추방된 후 이 세상에서 하

나밖에 없는 동생을 죽인 카인의 후손들로 말미암아 인류의 문명은 시작되었는데, 그 문명이란 것은 인간이 하나님 없이도 이 세상에 잘 적응하고 살아가기 위해서 자연과 물질 등을 지배하고 다스리고 이용하여 인간에게 필요한 모든 것들을 창작해내는 것일 뿐만 아니라,
인간이 머리를 쓰고 연구하고 고안해내어서 기술이나 과학, 예술 등을 발전시키고 세련되게 만든 모든 것들이나 또는 삶의 양식과 정신적 소산 등을 가리킨다.
특별히 문명의 대표적인 것들을 열거해본다면, 바벨탑, 피라미드, 건축, 도로, 의류, 음식, 심지어 학교, 법, 사회, 회사도 전부 문명에 속하게 되는데, 한마디로 인간이 이 세상에 살면서 고안해내고 만든 모든 것들이 전부 문명이라 할 수가 있겠다.
사실 인류의 문명은, 결국 인간이 하나님 없이도 살아갈 수 있다는 인간만세주의의 발상 속에서 나온 하나님을 반하는 사단적인 것이 대부분이다.)

그러나 호주는 자연환경이나 기후 등은 지상낙원이지만, 그 땅 위에 살고 있는 인간들은 음란, 살인, 강포, 패괴가 가득할 뿐만 아니라 점점 더 타락이 만연되어가고 있다.
그러므로 하나님께서는 호주 국에 대해서 진노하고 계신다. 특히 과거에는 대륙에서 멀리 떨어져 선진된 문명 곧 사악한 문명에서 제외되어 있어서 그래도 순수한 지역이었으나, 현재는 매스미디어의 발달로 온갖 더러움과 음란과 죄악들이 호주 땅에도 만연하여, 타락된

나라 미국이나 영국, 일본 같은 나라에 살고 있는 것이나 매한가지가 되었다.

그러므로 호주 나라와 국민들은 더럽고 추악한 타락된 생활들을 하루속히 버리고 회개하여 하나님을 잘 경외하며 또한 신앙으로 사는 나라가 되어야 하겠다.

그러면 하나님께서도 주의 재림 기까지 호주 대륙에 큰 어려움을 주지 않고 축복하시지만, **만일 그렇지 않을 시에는** 하나님께서는 진노하셔서 호주 대륙에 큰 재앙을 내리시는데, 그 재앙은 다른 것이 아니고 장차 지구상 공기를 에워싸고 있는 대기권의 오존층을 크게 파괴시켜 남극대륙에서부터 호주대륙에 이르기까지 오존층의 구멍이 크게 뚫리게 하여, 사람들이 대낮에도 마음 놓고 거리와 들판을 다니지 못하도록 하게 하실 뿐만 아니라 자연환경도 파괴되어, 이제는 호주대륙이 사람들이 살지 못할 땅이 되게 하시겠다고 17년 전에 계시해주셨다.

그러므로 하나님께서는 호주 국민들에게 지상 낙원과 같이 너무나 살기 좋은 땅을 주셨음에도 불구하고 그와 같이 좋은 곳에서 범죄하고 타락된 생활을 하게 된 다면 그것은 바로 하나님의 은총을 저버리게 되는 것이고 또한 하나님의 진노와 심판을 받을 수밖에 없게 된다는 사실이다.

　　그러므로 하나님께서는 지상낙원인 호주대륙에 인간의 죄악으로 인하여 자연환경까지도 저주 받게 해서 이제는 거꾸로 인간에게 재앙으로 되갚아주는 일이 생기게 되는 것이다. 라고 말씀하셨다.(호주국민들은 자기들이 사는 곳이 인간이 살기에 너무나 좋다는 교만과 자만심 속에서 만일 함부로 아무렇게나 살고 또한 거룩하고 경건하게 살지 않을 뿐만 아니라 그 땅에서 사는 자들이 금수와 버러지 같이 산다면 하나님께서도 그 땅을 더 이상 더럽히도록 내버려 둘 수가 없는 것이다.

　　그래서 하나님께서는 호주 땅에도 재앙을 내리게 하시므로 이제는 호주 대륙이 지상낙원이 아니라 꺼꾸로 이글이글 불타는 땅이 되게 하므로 그들의 자만심과 콧대를 꺽고,

　　모든 인생들은 이세상의 어떤 것도 믿거나 의지하지 말고 오직 하나님만을 경외하며 사는 것이 인생의 도리이고 본분이라는 것을 호주대륙을 통하여 또 인생들에게 보여줄 종말의 교훈이 되는 것이다.)

　　그러므로 종말 기에 이르러 호주 대륙은 지상낙원에서 졸지에 지상지옥의 세상이 되는데, 사람들은 그때 가서야 진흙구덩이나 동굴무덤 속에서도 목숨을 부지하고 살고 있다는 것에 대하여 하나님께 감사하게 되고 또한 회개하며 믿음을 가지게 될 것이다.(호주대륙은 오존층이 벗겨져서 사람들이 직접 태양빛을 쐴 수 없게 된다.

　　만일 태양빛이 인간의 신체에 직접 닿게 되면 인간은 피부암이나 각종 질병이 생기고 노화로 일찍 죽거나 병들이 생겨 고통 받게 된다.

　　그래서 호주 사람들은 지상에서 살지 못하고 전부 땅 속으로 들어가 지하에 집을 짓고 살게 될 것이고, 또한 지하에다가 도시나 거리도 건설하게 될 뿐만 아니라,

　　사면이 바다이기 때문에 바다 속 해저에 도시를 건설하고 그곳으로 피난가게 될 수도 있다는 사실이다. 그러므로 호주 국민들은 종말 기에 이르러 이러한 저주와 재앙을 받지 말고 하나님을 잘 믿어서 그 땅에서 주님의 재림을 맞이하는 백성들이 되어야 하겠다.

　　그러나 인간의 죄 성은 뼈 속 깊이 박혀있어서 호주의 백성들도 결국은 범죄하여 하나님의 진노로 재앙을 받게 될 것이다. 그러면 그 때에는 호주 대륙이 지상낙원이 아니고 땅 속의 지하 감옥이 될 것인데,

　　그것은 마치 과거에 영국의 죄수들을 호주대륙으로 보내어 유배시켰던 것처럼, 호주대륙은 하나님의 진노로 저주받은 섬이 될 뿐만 아니라 마치 죄수를 가두어 두었던 감옥 같은 섬이 될 것이다.)

본 필자는 예수 믿을 때부터 요한계시록에 대해서 너무나 궁금하였고 또한 간절히 알기를 원하며 사모해 왔다. 그러므로 이에 하나님께서는 본 필자의 마음을 아시고 지혜와 명철을 주시되 은총을 베푸시어 날개달린 스랍천사까지 보내주셔서 장래의 일과 세계의 모든 역사들까지도 분명히 깨닫도록 도와주셨다.(본 책의 내용 중 어떤 부분에 있어서는 하나님의 계시가 없었지만 본 필자의 지혜로써 성경을 근거로 하여 작금에 벌어지는 여러 가지 상황과 현실에 비추어 합당하게 해석한 부분도 있다는 사실을 염두 해두기 바란다.)

그리고 성경말씀도 열어주셔서 구약의 선지서와 신약의 계시록도 능통하게 해석할 수 있도록 도와주셨다.

그러나 본 필자의 영성이 사도요한이나 선지자들에게 미치지 못하였을 뿐만 아니라 깊은 영계에도 진입하지 못하였다.

그리고 또한 지구 바깥에는 공중권세 잡은 마귀들이 진을 치고 있을 뿐만 아니라 우주에는 사단마귀들의 거점인 흑암의 세력이 어마어마한 숫자가 결집되어 있는 것이다.

이제 그들의 날이 얼마 남지 않았기 때문에 전 우주에 흩어져 있던 마귀들이 다 출동하여 천국과 지구 사이의 우주에서 포진하여 엄청난 세력으로 하늘보좌와 천국을 넘보며 결전의 날만 기다리고 있다.

또한 그 뿐만 아니라 지구에서 천국으로 오가는 모든 영계 통로와 길목을 막고 올라가는 기도도 내려오는 응답도 훼방하며 대적하고 있는 것이다. 그러므로 작금에 믿는 성도들이 아무리 용을 쓰고 기도해도 마음에 감동이 없고 응답이 없는 이유가 다 이러한 사단마귀의 방해 책동이 있었기 때문이다.

그리고 또한 인간의 범죄와 죄악은 사단마귀의 세력을 극대화시켜서, 그것은 마치 교통법규를 어기면 교통순경이 쫓아와 스티커를 발부하듯이 이세상과 우주계와 또한 범죄 한 인간계까지 사단마귀의 수중으로 넘어가게 되므로 인하여 꼼짝없이 그 악한 것들의 지배를 받게 되는 것이다.

그래서 하늘에서 오는 계시와 신령한 힘과 능력 등 곧 위로부터 내려오는 선물들을 지상에 사는 하나님의 백성들이 받을 수 없게 되었을 뿐만 아니라, 심지어 우리가 기도하고 간구하는 것들조차도 천국으로 올라가지 못하게 되고 또한 허공을 맴돌게 된다는 사실이다.

그러므로 이 땅에서 사역하는 하나님의 종들이나 성도들은 마치 머리깍인 삼손과 같이 무력한 존재가 되어서 하나님의 일들을 힘 있게 감당하지 못하고 도리어 정욕과 욕망에 사로잡히고 육신적으로 떨어지게 될 뿐만 아니라 타락하고 변질되게 되는 것이다.

그러므로 마음의 더러움이나 어둠이 조금이라도 있으면 하늘 문은 닫히게 되어 열리지 않을 뿐만 아니라 천사가 계시를 가져와도 미혹 받게 되어 잘못 보거나 잘못 해석하게 되어 엉뚱한 소리를 하게 된다. 그리고 또한 사단마귀도 광명의 천사로 나타나 깜쪽같이 계시 받는 자를 속이게 되는데, 본 필자도 수없이 미혹 받고 잘못 해석하여 스스로 곤혹스러운 때가 많이 있었다.

> 딤후2:20-21 "큰 집에는 금과 은의 그릇이 있을 뿐 아니요
> 나무와 질그릇도 있어 귀히 쓰는 것도 있고 천히 쓰는 것
> 도 있나니
> 그러므로 누구든지 이런 것에서 자기를 깨끗하게 하면 귀
> 히 쓰는 그릇이 되어 거룩하고 주인의 쓰심에 합당하며
> 모든 선한 일에 예비함이 되리라"

그러므로 사도요한이나 이사야, 다니엘처럼 그 마음에 한 점의 티끌도 없이 마음이 청결하고 거룩하며 사심과 욕심이 없어야 될 뿐만 아니라, 아무런 명예도 탐하지 않고 오직 하나님과 주님만을 위해서 목숨도 바칠 수 있는 순교자적인 삶과 청빈한 생활 곧 진실한 영성을 가지기 전에는 절대로 계시를 받아서는 안 된다는 사실을 깨달았다.

그래서 과거에도 천국에 입신을 하여 천국을 다 보고 왔다는 사람들이나 다미선교회처럼 계시를 받아도 나중에 그 계시가 맞지 않을뿐더러 이루어지지 않아 엉

터리가 된 것은 다 이와 같은 이유 때문인 것이다.(마음
이 청결한 자가 복이 있나니 저희가 하나님을 볼 것이다)

　　그러므로 본 필자도 사도요한의 계통으로서 독수리
적 사명을 받았지만, 그 마음에 완전한 중심성결을 이
루지 못하여 미혹된 계시를 받을 수 있으므로 필자가
쓴 본 책에 대해서도 성경 말씀과 같이 절대 진리로써
100% 장담할 수 없다는 사실을 독자들에게 밝히면서,
혹시라도 나중에 그 예언이 적중하지 않는 부분이 있
면 그것은 본 필자의 허물과 죄악 때문에 미혹 받은 것
으로 알고 용서와 양해를 구하는 바이다.(말년에 사도요
한과 같이 땅의 모든 일 뿐만 아니라 사람과의 관계도 완전
히 끊어져 이세상의 모든 것으로부터 자유로워진 상태에서
신앙 때문에 유배당했던 절해의 고도 밧모 섬과 같은 곳에
서만이 오직 주님과 하늘만 바라볼 때에 온전한 계시를 받
을 수 있다.)

　　그러나 본 책은 장차 이루어질 마지막 때의 역사를
계시 받아 다 증거 한 것이니, 하나님의 말씀과 대조하
여 읽는다면 종말에 대해서 여러분들은 분명히 깨닫게
될 뿐만 아니라 믿음과 확신을 가지게 될 것이다.
　　그리고 주님의 재림을 준비하며 신부단장을 하게 될
것이다.

　　이제 주님 오실 때가 다 되어가고 있다는 사실이다.
그래서 본 필자도 너무나 시급하여 본 책을 불가피하게

낸 것이다. 아무쪼록 본 책을 통하여 당신들의 영안이 열어질 수 있기를 간절히 바란다.

그리고 이 글은 읽는 독자들이여 주님의 재림을 속히 준비해야 할 것이다. 그리고 또한 언제까지나 이 죄많은 세상에서 두마음을 품고 머뭇머뭇 거리면서 어찌 살겠는가? 옛날 소돔성에 있는 롯의 가족처럼 지체하지 말고 빨리 바벨론과 같은 곳에서 빠져나와 거룩한 생활을 통하여 주님을 맞이하여야 하겠다.

살전5:23 "평강의 하나님이 친히 너희로 온전히 거룩하게 하시고 또 너희 온 영과 혼과 몸이 우리 주 예수 그리스도 강림하실 때에 흠없게 보전되기를 원하노라"

마라나타! 주 예수여 어서 오시옵소서!!

－ 오메가 말씀선교회
사역과 집회 내용 －

- 오메가 말씀선교회 사역과 집회 내용 -

본회는 예수그리스도를 구세주로 믿고 삼위일체 하나님을 믿는 기독교와 크리스챤들로 구성되며 또한 초교파 모임이다.

□ 본회의 목적

1. 다시 오실 재림 예수님을 세계만방에 증거하며 그때를 위하여 준비하는 모임이다.
2. 타락해가는 기독교를 진리가운데로 바로 세우며 부패와 타락을 방지하는 모임이다.
3. 교권 교파의 다툼을 피하고 그리스도 안에서 상호일치를 도모하며 서로 돕고 협력하여 그리스도의 사랑을 실천하는 모임이다.
4. 비 진리와 이단, 사이비로부터 진리를 수호하며 교회와 성도를 보호하고 참 교회를 세워가는 모임이다.

□ 말씀집회 내용

·창세기의 비밀과 영성
·4복음서의 영성 및 종말론
·출애굽기의 역사와 영성
·주기도문 강해
·레위기의 성별론
·팔복의 영성

·역대 상·하의 상급론과 신정통치
·말씀의 비밀과 권세와 축복
·에스라, 느헤미야의 구원론
·십자가와 보혈의 은혜
·에스더의 구국의길
·기도와 금식의 축복

·민수기의 천로역정   ·욥기서의 비밀과 영성
·서신서의 영성 및 종말론   ·성령의 은사와 능력
·신명기의 축복론   ·시편, 잠언, 전도서의 영성
·성령의 열매   ·찬양과 경배의 역사
·여호수아서와 사사기의 영적전쟁 ·아가서의 사랑과 신부단장
·요한계시록 난해 해석 및 영성 ·사랑과 구제의 은총
·룻기서의 복음의 은총과 비밀   ·대선지서 강해 및 영성
·사무엘 상·하의 심령성전 건축 ·소선지서 강해 및 영성
·열왕기 상·하의 통치와 리더쉽 ·출애굽 영성48단계
·다니엘 예언서 난해해석 및 강해 ·4대 법(믿음, 성령, 진리, 계명)

·종말론, 영성론, 축복론, 구원론, 성령론, 교회론, 은사론,
  이단분별론, 천사론, 사단 마귀 귀신론, 영계론
·성막론<기독, 구원, 교회, 청지기, 영성, 말씀 등등으로 해석>

□ 은사집회 내용-입신, 환상, 영서, 예언, 통역 등 각종 역사
   의 시간

·당신의 은사진단 및 사명자의 길 확인
·술 중독자, 담배 흡연자 고침 받으며
·미혹의 영 거짓 영을 분별하며
·인생과 사업 및 가정에 실패한자 회복
·더러운 귀신을 쫓으며 정신질환자 치료받고
·갖가지 질병 등이 치료되며
·방언의 은사가 불같이 임하며
·영성훈련 및 은사활용과 발전

□ 다니엘 예언서 강해 세미나

난해구절의 모든 비밀이 풀린다
구약의 요한계시록이며 마지막 때의 비밀이 모두 숨겨져 있는
다니엘서는 오늘날 성도들이 알아야 할 매우 귀중한 말씀이다.
특별히 다니엘서의 비밀이 열리게 되면 장차 전 세계에 일어날
일들을 다 진단 할 수 있다. 그러므로 이 말씀의 비밀을 알아
시대적 사명을 감당하며 주님 오시는 때를 예비하고 때를 따라
양식을 나누어줄 지혜로운 종이 누구뇨?

사46:10 "내가 종말을 처음부터 고하여 아직 이루지 아니한 일을
         옛적부터 보이고 이르기를 나의 모략이 설 것이니 내가 나의 모
         든 기뻐하는 것을 이루리라"

□ 내용

·장차 일어날 바벨론 왕국
·적 그리스도를 예표한 느브갓네살
·슬기로운 다섯 처녀와 신부단장
·금신상의 비밀과 짐승의 표666
·기독교인들을 핍박할 4짐승의 나라
·한 이레와 7년 대 환난은 그 기간이 7년인가?
·수양과 수염소 시대와 4뿔 시대가 온다
·2300주·야 비밀의 정확한 해석은?
·70이레의 비밀과 하나님의 공의
·남방 왕과 북방 왕의 전쟁은 종말의 서곡
·한때, 두때, 반때의 시험

·계시록의 1260일과 다니엘서의1290일 1335일의 날짜의 의
  미는?
·그 외에 다니엘서의 모든 비밀이 해석됨

□ 계시록 난해구절 해석 세미나

성삼위 하나님께서 부족한 종에게 특별한 은총을 베풀어 주셔서
마지막 때의 비밀인 계시록의 말씀을 깨닫게 되어 공개하오니
참석하셔서 놀라운 하나님의 감추었던 만나를(계2:17) 맛 보시기
를 바랍니다. 주님의 재림이 심히 가까운 때에 잘못된 계시록의
해석으로 말미암아 수많은 영혼이 미혹되고 또 진리에서 이탈하
여 하나님의 역사와 섭리가 멸시를 당하게 되었습니다. 그러므
로 믿는 그리스도 인들 조차도 주님의 재림과 계시의 말씀에 대
해서 회의를 가지게 되었습니다. 그러나 주의 말씀은 온 천지가
없어진다고 하여도 일점일획도 땅에 떨어지지 않고 반드시 다
이루게 될 것입니다(마5:18). 이런 때에 하나님의 종들은 마지막
때의 비밀을 먼저 깨달아 맡겨주신 양떼들을 잘 인도하여 주님이
오실 때에 슬기로운 다섯 처녀와 같이 준비시켜 어린양의 혼인잔
치에 들어가게 할 수 있도록 힘써야 할 것입니다. 특별히 그러기
위해서는 주의 종들이 먼저 사도요한과 같이 "꿀처럼 단 작은
책을 받아먹고 많은 백성과 나라와 방언과 임금에게 다시 예언"
하여야 할 것입니다(계10:9, 11).

□ 이번 세미나를 통해서

1. 계시록의 비밀이 낱낱이 해석되고 궁금한 점이 다 풀리게
   될 놀라운 해석이며 가지각색의 해석들 중 잘못된 해석들

을 전부다 바로잡아 줄 것입니다

2. 오직 성경을 통해서만 증거 되고 해석되어 질 것입니다. 그렇다고 해서 성경상의 비유와 상징으로만 해석되는 것은 아닙니다

3. 엉뚱하고 이상한 해석은 말씀을 근거로 다 정리되어 질 것이며 또 "스스로 내가 무엇이다"라고 주장하면서 이곳에만 와야 산다고 하는 잘못된 주장들을 전부 물리치게 될 것입니다

4. "벌써 나팔이 울렸다. 또 내가 인을 친다"는 등의 미혹된 말은 전부 말씀을 통하여 분별할 것입니다. 그리고 무엇보다 계시록의 난해한 모든 말씀이 일목요연하게 깨달아지게 될 것입니다

5. 계시록의 말씀과 구약의 예언서를 통해서 이 세상의 일어날 일들과 세계 열방 나라들의 역사가 다 풀려지게 될 것입니다.

·예수께서 구름타고 오심에 대해서?
·보좌 앞에 일곱 영이란?
·과연 첫째 나팔은 울렸는가?
·어린양의 일곱 뿔과 일곱 눈의 의미는?
·일곱별(사자)의 역사와 일곱 촛대(교회)의 역사는 지금도 존재하는가?
·일곱 교회의 역사 중 이기는 자가 받는 상급들의 진정한 의미는?
·네 생물과 24장로는?
·4색깔 말의 재앙과 역사
·음부, 무저갱, 불 못은?

·일곱인, 일곱 나팔, 일곱 대접의 구성과 진정한 실체와 비밀
　은?

·이마에 인 맞은 자와 144,000명의 성도는 누구인가?

·해 입은 여자와 사내아이는?

*세계3차 대전과 아마겟돈의 전쟁은 같은가?

·두 감람나무는 무엇인가?

·휴거의 정확한 성경적 근거는?

·새 예루살렘은 무엇이며 어디에서 내려오는가?

·붉은 용, 바다짐승, 땅 짐승은 무엇을 상징하며 그들이 쓰고
　있는 면류관과 뿔과 머리는?

·천년왕국에는 어떤 자들이 들어가는가?

·음녀와 바벨론의 정체는?

·그 외에 계시록의 모든 궁금한 점들을 전부 해석할 것입니
　다.

□ 출애굽 영성 48단계 세미나

　이스라엘 백성들이 출 애굽하여 광야 생활을 거쳐 가나안
정복 그리고 솔로몬 왕국 시대까지 성도의 신앙 성장을 48
단계로 나누어 세밀하게 체계화 시켜 도표화 한 신앙생활
노정의 길잡이요 지도책과 같은 신 천로 역정인 성경진리
세미나 !!!

특 징 :

　크리스챤의 신앙생활의 모든 비밀, 성장, 구원, 원리가 전
부 성경적 진리로 명쾌하게 해석 됨으로 신앙생활 하는 중
에 발생하는 모든 문제, 시험, 고난, 역경, 모순, 갈등, 기타

394

등등의 모든 난제를 내담자나 상담자, 예언 은사자등을 찾아 카운셀링을 받지 않아도 본인 스스로가 성경 말씀을 통해서 전부 깨닫게 되는 놀라운 구원과 영적 성장도이다.

아울러 성막론 도표를 통해서 성령론, 신론, 말씀론, 구원론, 영성론, 종말론, 언약론 등 기독교 의 전반적인 교리, 조직신학등을 모두 배우게 된다. (현재까지의 성막론은 기독론과 교회청지기론으로만 해석 되어 왔으나 본 성막론은 지금까지의 해석을 뛰어넘는 공부이다)

오메가말씀선교회 대표 제갈요한 목사
연락처 032)763-3820, 010-3640-3820
http://cafe.daum.net/omega.cafe

"창조의 모든 비밀이 밝혀지다"
– 책 내용 목차 –

은 아담의 후손인 사
람들
- 천사보다 뛰어난 사람
- 현대판 네피림

질문41. 창세 때 만든 땅과 현
재의 땅은?

질문42. 오대양 육대주는 언제
만들어졌는가? 왜 오
대양 육대주인가? 오
대양 육대주의 영적인
비밀

질문43. 에덴동산은 어디에 있
었는가?

질문44. 아틀란티스 대륙은 실
제 존재했는가?

　- 아틀란티스 대륙은 어
디에 있었으며 지금은
왜 사라졌는가?

　- 콜롬보스보다 3천년
앞서 아메리카 대륙에
진출한 아틀란티스인
들

　- 마야, 잉카, 아즈텍 문
명은 언제 시작되었
나?

질문45. 태양빛보다 왜 식물을
먼저 만드셨나?

질문46. 넷째 날 만든 태양,
달, 별은 태양계를 말
하나?

질문47. 지구는 태양에서 떨어
져나왔나?

질문48. 지구가 자전하고 공전
한 때는 언제부터인
가?

질문49. 달은 왜 만드셨으며
언제 만들었나?

질문50. 태양계 안의 행성은
12개인가?

질문51. 태양계의 12개의 행
성과 야곱의 12아들
및 1년은 12달

질문52. 마24장 "해가 어두워
지고 달이 빛을 내지
아니하며 별들이 하늘
에서 떨어진다"는 뜻
은?

질문53. 일자와 연한과 사시와
징조, "징조"의 의미
는?

질문54. 고전15장 해, 달, 별
의 영광은 무엇인가?

　- 하나님 나라의 상급과
영광과 주권의 격차

제갈 요한 목사

한빛 장로교회 담임 목사

총회신학교 연구원 졸업

예능 출판사 대표

오메가 말씀 선교회 대표

저서 : 창조의 모든 비밀이 밝혀지다

　　　요한 계시록 난해구절 해석 교안

　　　그 외 다수의 성경공부 도표자료 및 테이프

말씀과 계시를 통한 요한계시록 난해구절 해석

종말의 모든 비밀이 밝혀지다

초판인쇄 / 2014년 3월 31일

초판발행 / 2014년 4월 10일

지 은 이 / 제갈 요한

펴 낸 이 / 제갈 용

펴 낸 곳 / 예능 출판사

출판등록 / 제62호(1997.8.18 등록)

주　　　소 / 인천광역시 동구 화수동 2-7. 3호

전　　　화 / 032) 763-3820, Fax. 765-8296

　　　　　010-2556-8291,　010-3640-3820

ⓒ 2014. 제갈요한, Printed in korea

값. 16,000

국립중앙도서관 출판시 도서목록(CIP2014009672)